Peter Brown:
Macht und Rhetorik in der Spätantike
Der Weg zu einem »christlichen Imperium«

Aus dem Englischen von Victor von Ow

Deutscher
Taschenbuch
Verlag

Fachliche Betreuung und Übertragung der
Anmerkungen ins Deutsche: Kai Brodersen

Von Peter Brown
ist im Deutschen Taschenbuch Verlag erschienen:
Die Keuschheit der Engel. Sexuelle Entsagung, Askese und
Körperlichkeit im frühen Christentum (dtv 4627)

Deutsche Erstausgabe
Mai 1995
Deutscher Taschenbuch Verlag GmbH & Co. KG, München
© 1992 The University of Wisconsin Press
Titel der Originalausgabe:
›Power and Persuasion in Late Antiquity. Towards a Christian
Empire‹ (Curti Lectures)
© 1995 der deutschsprachigen Ausgabe:
Deutscher Taschenbuch Verlag GmbH & Co. KG,
München
Umschlaggestaltung: Dieter Brumshagen
Umschlagbild: ›Gruppe von Philosophen‹; Römisches Mosaik
(© AKG Berlin 1994)
Satz: IBV Satz- und Datentechnik, Berlin
Druck und Bindung: C. H. Beck'sche Buchdruckerei,
Nördlingen
Printed in Germany · ISBN 3-423-04650-3

Inhalt

Es war mir eine große Ehre, die Curti-Vorlesungen für das Jahr 1988 halten zu dürfen, und gleichzeitig ein großes Vergnügen, wieder in Madison (Wisconsin) zu sein, an stillen Wassern und unter guten Freunden, Kollegen und hochangesehenen Gelehrten. Eine besondere Freude war es für mich, die Bekanntschaft mit Merle Curti zu machen und mit dem vorliegenden Bericht über ein längst vergangenes Zeitalter einen Beitrag zu den humanistischen Idealen zu leisten, welche er in seinen Forschungen über das moderne Amerika stets hochgehalten hat.

Der Leser sollte wissen, daß diese vier umfangreichen Kapitel aus den drei Vorlesungen erwachsen sind, die ich damals gehalten habe, und daß die drei Vorlesungen selbst nur den Beginn eines persönlichen Bildungsprozesses bezeichnen, von dem ich hoffe, daß er noch weit über die Veröffentlichung dieses Buches hinaus andauern wird. In diesem Licht muß das Werk gesehen werden. Es handelt sich um einen Essay, mit aller Vorläufigkeit, ja Einseitigkeit, die dieser Gattung eignen. Geschrieben wurde er in erster Linie, um mich selbst, meine Leser sowie künftige Studenten der spätrömischen Geschichte an bestimmte Themen aus der politischen, kulturellen und religiösen Geschichte jener Epoche heranzuführen, über die inzwischen schon umfangreiche, neuere Forschungsarbeiten existieren.

Die überraschenden Ergebnisse vieler dieser wissenschaftlichen Arbeiten sind bisher noch nicht hinreichend gewürdigt worden. Darum habe ich meinen Essay in Form einer Synthese verfaßt. Er behandelt bestimmte Aspekte des Zeitraums zwischen 300 und 450 n. Chr. im Licht der neueren Forschungsergebnisse. Ich habe versucht, die traditionelle Kultur der Oberschicht in einen sozialen und politischen Kontext zu stellen, der ihrer fortdauernden Bedeutung und ihren impliziten Zielsetzungen mehr Gewicht beimißt, als das in den bisherigen Untersuchungen der Fall war. Ich habe mich ebenfalls bemüht, den wachsenden Einfluß der christlichen Bischöfe nicht nur mit dem Auftreten eines neuen, nämlich des christlichen Gesellschaftsbildes in Verbindung zu bringen – wofür wir über reichhaltige Quellen verfügen –, sondern auch mit bestimmten sozialen Entwicklungen in den spätrömischen Städten, die wir nur bruchstückhaft nachvollziehen können.

Der Leser sollte sich über die Vorläufigkeit einiger der Hypothesen im klaren sein, die in diesem Buch über die Beziehungen zwischen verschiedenen kulturellen, religiösen und sozialen Phänomenen aufgestellt werden. Aber er darf auch zuversichtlich sein. Für beinahe jeden Aspekt dieser Epoche haben neu erschlossene Quellen sowie die Hinzuziehung bislang unbeachteter Zeugnisse und die geistvolle Neuinterpretation seit langem bekannter Sachverhalte den Weg zu einer neuen Sichtweise jenes Zeitalters eröffnet, welches den endgültigen Triumph des Christentums im Römischen Reich, die Gründung des byzantinischen Imperiums und den Verfall und Untergang der westlichen Reichshälfte erlebte. Es ist außerordentlich ermutigend, auf einem bestimmten Gebiet gemeinsam mit Wissenschaftlern zu arbeiten, die in jüngster Zeit so viele anerkannte Grundsätze und vertraute Quellen in Frage gestellt und neu bewertet haben.

Wenn ich in wenigen Worten die Veränderungen in der historischen Bewertung des spätrömischen Reiches zusammenfassen sollte, die meine eigene Darstellung in den folgenden Kapiteln beeinflußt haben, so würde ich sagen, daß wir heute besser Bescheid wissen und auch aufgeschlossener sind gegenüber den religiösen und kulturellen Erwartungen der spätrömischen Bürger den politischen, administrativen und sozialen Entwicklungen ihrer Zeit gegenüber. Es ist, als ob eine Mondlandschaft, deren Umrisse sich einst in überirdischer Klarheit in den Standarddarstellungen der politischen und administrativen Veränderungen des Zeitalters abzeichneten, heute weichere Konturen angenommen hätte, weil sie nun in eine Atmosphäre getaucht ist, die schwer an den Hoffnungen und Ängsten trägt, welche tief in den religiösen und kulturellen Erwartungen der Beteiligten verwurzelt waren. Wenn es meiner Darstellung gelungen ist, einige der Formen wiedererstehen zu lassen, in denen gebildete Zeitgenossen auf die vielen dramatischen Entwicklungen reagierten, die im 4. und 5. nachchristlichen Jahrhundert vonstatten gingen, will ich zufrieden sein. Wenn sie andere davon überzeugen sollte, daß diese Arbeit geleistet werden kann, möglicherweise noch besser als in diesem Essay, so soll mich das aufrichtig freuen.

Aus diesem Grunde habe ich in den Anmerkungen soweit als möglich auf die neueste Forschung Bezug genommen und bei den Quellen gerne Passagen gewählt, für die es Übersetzungen in moderne Sprachen oder neuere Kommentare gibt. Die Quellen sind dabei in der Weise zitiert, die in der Forschungsliteratur zur Antike üblich ist; nur bei schwer zugänglichen oder wenig bekannten Texten führe ich die verwendete Edition an, so – neben neueren Ausgaben – die Band- und Spaltenzahl in den von J. P. Migne begründeten und in Paris seit 1844 erschienenen Sammlungen der *Patrologia Graeca* (PG) und der *Patrologia Latina* (PL). Bei den umfangreichen Werken, Reden und Briefen des Libanios nenne ich stets auch die Band- und Seitenzahl der elfbändigen Ausgabe von R. Förster (Leipzig 1903–1922), bei den Reden des Themistios die der dreibändigen von H. Schenkl, G. Downey und A. F. Norman (Leipzig 1965–1974), und bei den neu gefundenen Briefen des Augustinus die Seitenzahl der Ausgabe von J. Divjak im Corpus Scriptorum Ecclesiasticorum Latinorum (Band 88, Wien 1981) und der Pariser Edition in der Bibliothèque augustinienne (Œuvres de Saint Augustin Band 46 B: Lettres 1*–29*, Paris 1987). Informationen über die zitierten Quellenautoren, ihre Ausgaben und Übersetzungen findet man rasch auch im Tusculum-Lexikon griechischer und lateinischer Autoren des Altertums und des Mittelalters (3. Aufl. München und Zürich 1982) und in dem Werk von B. Altaner und A. Stuiber, Patrologie: Leben, Schriften und Lehre der Kirchenväter (8. Aufl. Freiburg, Basel, Wien 1978, Nachdruck 1993).

Im Zuge dieses persönlichen Bildungsunternehmens ist mir außerordentlich großzügige Hilfe zuteil geworden. Die John Simon Guggenheim Foundation ermöglichte es mir, die spätrömischen Stätten in der Türkei und in Syrien zu bereisen. Ich möchte darauf hinweisen, daß die Erforschung ganzer Landschaften – einst von zentraler Bedeutung für die Geschichte des frühen Christentums und des Oströmischen Reiches – nur dank zahlloser Persönlichkeiten – Türken, Syrer und Exilpalästinenser – gelingen konnte, deren außerordentliche Höflichkeit, Geschicklichkeit und manchmal hochherziger Mut das Reisen in jenen entlegenen Gegenden überhaupt erst möglich machten. Die Erfahrungen während eines Aufenthalts von wenigen Tagen in Aphrodisias in Karien waren für die Entstehung des Buches in ganz besonderem Maße inspirierend. Diese spätklassische Stadt wurde für mich – wie für so viele Gelehrte meiner Generation – zu neuem Leben erweckt durch die außerordentliche Großzügigkeit eines überaus interessierten und engagierten Gastgebers, des inzwischen verstorbenen Kenan Erim. Ich möchte die Erinnerung an diesen Mann lebendig halten, der nun in seiner geliebten Heimatstadt ruht, deren einzigartige Schätze er so vielen Menschen erschlossen hat.

Die Kollegen von der Princeton University, vor allem diejenigen vom Fachbereich Geschichte, haben auf beinahe jeder Stufe zu dem langwierigen und schwierigen Prozeß beigetragen, in dessen Verlauf die Überlegungen des ersten Vorlesungskonzepts durch eine wachsende Einsicht in die Komplexität des gesellschaftlichen und politischen Lebens im spätrömischen Reich geläutert und konsolidiert wurden. Die Seminare des Shelby Cullom Davis Center, das damals unter der Leitung von Lawrence Stone stand, gaben mir 1988/89 Woche für Woche neue Anregungen zu Sachverhalten, die den in diesem Buch behandelten verwirrend ähnlich waren.

Aber letztlich verdankt das Manuskript am meisten den Kollegen aus meinem eigenen Fachgebiet. Charlotte Roueché und Garth Fowden haben die Entwürfe immer wieder in einer Weise kommentiert, daß sie nicht nur reichlich Informationen aus dem großen Schatz ihres Wissens beigesteuert, sondern auch ganz entschieden die Perspektiven und die Struktur des gesamten Essays verändert haben. Schließlich half mir Judith Herrins willkommene Kritik, den inneren Zusammenhalt der Darstellung zu verstärken, die ansonsten leicht in Einzelthemen hätte zerfallen können. Mit Offenheit, Selbstlosigkeit und Geduld wirkten diese Leser aber noch auf eine viel grundlegendere Weise an der Entstehung des Buches mit, als nur gelehrte Kommentare beizusteuern oder offensichtliche Fehler zu korrigieren: Der ständige Ansporn ihrer Freundschaft bildete die Brücke zwischen der endgültigen Fassung dieses Werkes und seinen früheren, weniger zufriedenstellenden Entwürfen.

Bei der Abfassung der Reinschrift half mir Olga Savin, die sich nicht nur als fähige Textverarbeiterin, sondern auch als aufmerksame Leserin meines Manuskriptes erwies. Die deutsche Ausgabe hat dankenswerterweise Kai Brodersen vom Institut für alte Geschichte der Universität München fachlich betreut.

Zum Schluß möchte ich vor allem meiner Frau Petsy danken. Sie hat voller Zuversicht über den Ausgang nicht nur die Mühen der Reisen mit mir geteilt, sondern auch die täglichen Beschwerlichkeiten der Arbeit, in deren Verlauf ich drei Vorlesungen, die ich frohgemut und in guter Gesellschaft gehalten hatte, zu diesem Buche verarbeitete. Ich hoffe, daß mein Versuch, ein so komplexes und in schnellem Wandel begriffenes Forschungsgebiet darzustellen, für Studierende, die sich mit dem spätrömischen Reich befassen, von Nutzen sein wird. Er würde sich damit würdig in eine Vorlesungsreihe jener Universität einfügen, an der kein Geringerer als Michael Rostovtzeff seine Laufbahn in Amerika begann.

1. *Devotio:* Autokratie und Eliten

Dieses Buch behandelt bestimmte Aspekte der Kontrolle politischer Macht in der Spätzeit des Römischen Reiches. Es versucht, die Erwartungen darzustellen, mit denen die Angehörigen der Oberschicht dem Kaiser und seinen Beamten gegenübertraten, um die Grausamkeit und die fiskalische Maßlosigkeit abzumildern, die für die Regierung des Römischen Reiches im 4. und 5. nachchristlichen Jahrhundert charakteristisch waren. Dabei sollen nicht alle Vorgehensweisen und Strategien derartiger Interventionen angeführt werden: Vielmehr wird sich die Darstellung auf die kulturellen und religiösen Elemente konzentrieren, von denen man annehmen durfte, daß sie die kaiserliche Macht trotz all ihrer gebieterischen Majestät der Beeinflussung zugänglich machen würden.

Das erste Kapitel enthält einen kurzen Abriß der sozialen und administrativen Strukturen, innerhalb derer die Macht des Kaisers normalerweise auf diejenigen einwirkte, die ihre Folgen abzumildern versuchten. Dabei soll deutlich werden, in welchem Ausmaß die kaiserliche Verwaltung trotz ihrer beträchtlichen Stärkung gegenüber vorhergehenden Jahrhunderten immer noch auf die Zusammenarbeit mit den oberen Schichten der Städte und Provinzen angewiesen war, wenn sie ihre Vorhaben wirkungsvoll realisieren wollte. Die strukturelle Schwäche der Zentralregierung machte es erforderlich, daß sie sich auf die *devotio,* die loyale Unterstützung, einer breiten und vielgestaltigen Schicht einflußreicher lokaler Honoratioren verlassen konnte. Dies führte zur Ausbildung einer Regierungssprache und zu gelegentlichen Gesten der Gunst und Gnade, die in den Untertanen das Gefühl wachhielten, daß der Kaiser und seine Repräsentanten vor Ort dazu gebracht werden könnten, sich an jene Normen zu halten, auf die sich die Vertreter der Oberschicht zu berufen suchten.

Das zweite Kapitel befaßt sich mit der traditionellen Kultur der Oberschicht, wie sie durch das Erziehungssystem der *paideia* vermittelt wurde. Dabei soll die Rolle, die diese Kultur für die Schaffung einer gemeinsamen Weltanschauung bei allen Angehörigen dieser Oberschicht spielte, bestimmt und dargestellt werden, wie sie hochgespannte Verhaltensnormen der Höflichkeit und Selbstbeherrschung aufstellte, die im Ideal einer milden und aufgeklärten Herrschaftsweise gipfelten.

Das Vorherrschen von Idealen, die die *paideia* vermittelte, erklärt als weitere Eigenart des politischen Denkens jener Zeit die häufige Erwähnung der einflußreichen Rolle der Philosophen. In Wirklichkeit waren die Philosophen eher Randfiguren im politischen Geschehen der Spätantike, einige lebten sogar als überzeugte Einzelgänger, stolz darauf, jeden Kontakt zur staatlichen Sphäre zu vermeiden. Dennoch fühlte sich der Philosoph der Spätantike durch eine lange Tradition berechtigt, als unparteiischer Berater, ja sogar als Kritiker der Machthaber zu wirken. Er hatte eine klar umschriebene Rolle im Prozeß der politischen Einflußnahme, auch wenn er diese Rolle oft nicht wahrnahm oder sie unbedeutenden, beamteten Jasagern überließ.

Das dritte Kapitel erörtert die sozialen Veränderungen in den spätrömischen Städten, die dazu führten, daß Vertreter des Christentums in Bereichen hervortraten, die bis dahin ausschließlich der traditionellen Oberschicht vorbehalten waren. In den letzten Jahrzehnten des 4. Jahrhunderts zeigten Bischöfe und Mönche, daß sie ebensogut Einfluß auf die Entscheidungen der Machthaber zu nehmen verstanden wie die Philosophen.

In vielerlei Hinsicht traten sie als verwirrend neuartige Protagonisten auf. Aber sie konnten ihren Einzug auf der Bühne der spätrömischen Politik halten, weil ihre Zeitgenossen sie brauchten, um die Rollen zu übernehmen, die in den vorhergehenden Jahrhunderten von den Trägern der *paideia* konzipiert worden waren. Ein aristokratischer Bischof wie Ambrosius in Mailand, aber auch ein unkultivierter Mann aus der syrischen Bergwelt wie der Eremit Makedonios in Antiochia vermochten ihre Wirksamkeit zu entfalten, weil sie bereits Rollen vorfanden, die sie problemlos übernehmen konnten, nämlich diejenigen der »wahren« Philosophen. Sie verkörperten von nun an das Ideal des unerschrockenen und freimütigen Weisen, aber indem sie diese althergebrachte Rolle übernahmen, erfüllten sie sie mit grundlegend neuem Inhalt. Die stark religiösen Akzente, mit denen sie ihre Interventionen versahen, führten eine neue Welt transzendenter Werte in ein Kontrollsystem ein, das bis dahin auf einer rein innerweltlichen Begründung beruht hatte. Das Hauptanliegen derjenigen, die »durch die *paideia* geprägt gewesen waren«, hatte in der Selbsterziehung einer herrschenden

Schicht gemäß den klassischen Verhaltensnormen bestanden.[1] Die Bischöfe und Mönche hingegen redeten vom Zorn und der Gnade einer neuen, obersten Gottheit.

Das Vordringen des Übernatürlichen deutete nicht nur auf das Vorhandensein eines neuen Glaubens. Ein weiteres Element machte sich in der Innenpolitik des Imperiums bemerkbar. Die Bereitschaft des Kaisers, auf Bischöfe zu hören so wie früher auf Philosophen, beinhaltete zugleich seine Anerkennung neuer Formen von Lokalgewalten. Diese Gewalten konnten ein furchtbares Antlitz zeigen: Ihre nichtchristlichen Opfer nannten sie nicht zu Unrecht eine »usurpierte Autorität«.[2] Die unerlaubte Zerstörung größerer Heiligtümer der alten Religion, straflose Angriffe auf jüdische Synagogen und schließlich die Ermordung eines führenden Mitglieds des angesehenen Stadtrates von Alexandria, der Philosophin Hypatia, im Jahre 415 – diese Gewalttaten zeigten, wie sich das Klima in den Städten verändert hatte. Diese waren teilweise in die Hände neuer Führer gefallen, die nicht aus der alten Oberschicht stammten, und die Stadtbewohner suchten für ihre Beschwerden Abhilfe in neuen, bedrohlicheren Formen direkter Aktion.

Das vierte Kapitel beschließt deshalb das Buch mit einer Beschreibung der Entwicklung einer neuen Herrschaftssprache innerhalb der christlichen Literatur und damit gleichzeitig einer neuen Begründung für die Kontrolle dieser Herrschaft, in der sich das neue Gleichgewicht zwischen kaiserlicher Autokratie, lokalen Honoratioren und der christlichen Kirche im Oströmischen Reich des 5. Jahrhunderts widerspiegelte.

Im Mittelpunkt der gesamten Darstellung werden die Ostprovinzen des Römischen Reiches stehen, die sich von der Donau bis zum Euphrat und vom Schwarzen Meer bis zum oberen Nil und weiter westlich bis in die Cyrenaica erstreckten und damit das Territorium von nicht weniger als zehn modernen Staaten umfaßten (Griechenland, Bulgarien und das südlich der Donau gelegene Rumänien in Europa; dazu die Türkei, Syrien, Jordanien, Libanon, Israel, Ägypten und Libyen im Nahen Osten). In diesem gesamten Gebiet, letztlich eine gewaltige Föderation unterschiedlicher Regionen, lebten die herrschenden Schichten im Bewußtsein einer gemeinsamen griechischen Kultur, und man erwartete von ihnen, daß sie eine strikte Loyalität gegenüber dem

[1] Libanios, Briefe 994, 2 (XI 124).
[2] Eunapios, Leben der Sophisten 472.

13

theoretisch ungeteilten Römischen Reich bewiesen. Letzteres war jedoch kaum je der Fall, denn nur dreizehn Jahre lang, von Konstantins Eroberung der Ostprovinzen im Jahre 324 bis zu seinem Tod im Jahre 337, und dann noch einmal sieben Jahre lang in der gesamten Zeit bis zum Tode Theodosius' I. im Jahre 395, blieben die östlichen und westlichen Teile des Reiches unter der Herrschaft eines einzigen Kaisers vereinigt. Bis zum Jahr 395 wurden die Ostprovinzen vorwiegend – danach ausnahmslos – von einem Kaiser regiert, der, entweder aufgrund von Vereinbarungen oder weil er keine andere Wahl hatte, einem Mitregenten im Westen die lateinisch sprechenden Provinzen des Reiches – von Britannien bis zu den heutigen Grenzen von Griechenland, Bulgarien und Rumänien – überlassen mußte.

Wenn das Schwergewicht auf die östlichen Provinzen gelegt wird, so respektiert dieses Buch lediglich die Trennlinie innerhalb der römischen Welt, die schon im 4. Jahrhundert erkennbar war und die im 5. Jahrhundert durch den Zusammenbruch des weströmischen Reiches Bestand erhielt, sowie die Entstehung eines eigenen oströmischen Staatsgebildes, das zum Vorläufer des byzantinischen Reiches wurde.

Die Entscheidung, vorwiegend von den Ostprovinzen zu handeln, bedeutet notwendigerweise, die römische Welt unter einer eingeschränkten und in vielerlei Hinsicht eigentümlichen Perspektive zu betrachten. Man übersieht leicht die Grenzen, die ein solcher Blickwinkel auferlegt. Die Bevölkerung des spätrömischen Reiches lebte in einer weiter gefaßten Welt, als unsere sauberen Trennungen zwischen Ost und West, zwischen Lateinisch und Griechisch erkennen lassen. Viele Menschen der damaligen Zeit hatten ein überraschend breites Gesichtsfeld.

Um nur ein schlagendes Beispiel zu nennen: Die Quellen für die östlichen Teile des Reiches aus dem 4. und 5. Jahrhundert sind überwiegend in griechischer Sprache verfaßt. Der Begriff »Griechischer Osten« ist sicherlich der beste Nenner, um die besondere kulturelle Wirklichkeit zu beschreiben, die uns in der Mehrzahl dieser Quellen begegnet. Dennoch dürfen wir es nicht dabei belassen, denn schließlich beschäftigen wir uns mit einem politischen System, das eine Mehrzahl alter Kulturzonen umspannt. In vielen dieser Regionen verbanden die Angehörigen der herrschenden Schichten ebenso wie ihre Untergebenen die Hochachtung vor der griechischen Kultur mit der Fähigkeit, sich mühelos in den Idiomen auszudrücken, die sich aus den führenden Sprachen des alten Orients entwickelt hatten: nämlich in

Altsyrisch, das sich direkt vom Aramäischen herleitete, welches lange die *lingua franca* des »Fruchtbaren Halbmondes«, jenes Gebietes von Gaza bis Südmesopotamien, gewesen war, oder in Ägypten in einem Koptisch, das die letzte und flexibelste Entwicklungsstufe jener Sprache vorstellte, die einst die Pharaonen gesprochen hatten. Doch wurden alle diese Regionen durch ein Regierungssystem zusammengehalten, das in beinahe aufdringlicher Weise römischen Charakter trug. Kein gebildeter oder einflußreicher Grieche – nicht einmal ein Lehrer der griechischen Rhetorik wie Libanios von Antiochia – konnte es sich leisten, vor dieser Tatsache die Augen zu verschließen. Latein war die Muttersprache fast aller Kaiser dieses Zeitalters. In den oberen Rängen des Staatsdienstes hatten traditionelle kulturelle Grenzen praktisch keine Bedeutung, hochrangige Beamte des Imperiums wechselten ohne Schwierigkeiten von einer Reichshälfte in die andere. Kenntnis des Römischen Rechts und tadellose Beherrschung der lateinischen Sprache galten als unabdingbare Voraussetzung für ein Weiterkommen bei Hofe, und in den Provinzen brachte die Kenntnis der lateinischen Sprache der griechisch sprechenden Bevölkerung erhebliche Vorteile im Umgang mit den Vertretern des römischen Staates.

Gelegentlich begegnen wir auch zwei westlichen Mittelmeerprovinzen in unserer Abhandlung, nämlich Italien und Nordafrika. Sie zeigen deutlich, daß es hinreichend Probleme gab, die den gesamten antiken Mittelmeerraum sowohl in seinen griechisch als auch in seinen lateinisch sprechenden Teilen betrafen. Die Kraft einer gemeinsamen Form urbanen Lebens, die fortbestehende Anziehungskraft, die Rom als Resonanzboden für aufstrebende Talente auch auf die Bewohner der östlichen Reichshälfte ausübte, und vor allem die strategische Logik, die Mailand – im Zentrum des Straßensystems, das von Gallien über Norditalien zum Balkan und von dort nach Konstantinopel führte – zum Angelpunkt wiederholter Versuche östlicher Kaiser machte, sich zum einzigen oder zumindest führenden Herrscher der gesamten römischen Welt aufzuschwingen: Alle diese Faktoren sorgten dafür, daß Mailand, Aquileia, Rom und in geringerem Maße Karthago niemals völlig aus dem Blickfeld der führenden Schichten von Konstantinopel, Antiochia und Alexandria verschwanden.

Der Leser sollte sich keinen Illusionen hingeben. Politische Macht, nicht Rhetorik, bestimmte das politische Leben in allen Regionen des spätrömischen Reiches. Das Imperium des 4. Jahrhunderts, wie wir es durch seinen bedeutendsten lateinischen Historiker Ammianus Marcellinus beschrieben finden, gebärdete sich ausgesprochen autoritär. Ammianus hielt es für ungewöhnlich und lobenswert, daß Kaiser Valentinian I. nicht versuchte, »den Nacken seiner Untertanen durch strafrechtliche Vorschriften zu beugen«[3]. In der Regel wurde nämlich sowohl in weltlichen als auch in religiösen Angelegenheiten durch kaiserlichen Befehl Gehorsam erzwungen. John Matthews formuliert es in seiner meisterhaften Studie folgendermaßen: »Die kaiserliche Regierung zu Zeiten Ammians zeichnete sich in der griechisch-römischen Geschichte durch ihre Größe und vielfältig gegliederte Organisation aus, durch ihre Präsenz in allen Bereichen der Gesellschaft, durch ihre barocke Verwaltungssprache und durch die wohlberechnete Gewaltanwendung, mit der sie ihren Willen durchzusetzen versuchte.«[4]

Gegen solch ein gewaltiges Herrschaftssystem erscheint die Sprache, mit der gebildete Persönlichkeiten des spätrömischen Reiches die Interessen der Gesellschaft zu artikulieren versuchten, als wirklichkeitsfremd. Den vornehmen Griechen wurde während ihres Studiums immer noch eingeschärft, »sich mit den Reden des Demosthenes vertraut zu machen«, und auf ähnliche Weise schulten sich ihre lateinischen Zeitgenossen an den Werken Ciceros.[5] Dadurch wurde eine politische Sprache in das 4. Jahrhundert hineingetragen, die zur Zeit der freien griechischen Stadtstaaten und der Römischen Republik ihre volle Ausbildung erfahren hatte. Aber schon Demosthenes und Cicero selbst hatten ihre Reden im Schatten drohender Tyrannei gehalten, und im Jahre 300 n. Chr. war die Art von Politik, wie sie ein Historiker im Athen der klassischen Zeit oder im republikanischen Rom vorgefunden hätte, eine Erscheinung längst vergangener Zeiten.[6] Es ist tatsächlich verführerisch, die Mehrzahl der Zeugnisse für die politischen Anschauungen der gebildeten Schichten aus dieser Zeit als überholte Rhetorik abzutun. Die Vorstellung, daß die Politik eines riesigen, despotischen Imperi-

[3] Ammianus Marcellinus, Res Gestae 30, 9, 5; dazu J. Matthews, The Roman Empire of Ammianus, London 1989, 256.

[4] Matthews (Anm. 3) 253.

[5] Libanios, Briefe 1261, 2 (XI 339).

[6] M. I. Finley, Das politische Leben in der antiken Welt, München 1991; F. Millar, The Political Character of the Classical Roman Republic, Journal of Roman Studies 74, 1984, 1–19; ders., Politics, Persuasion and the People before the Social War (150–90 B.C.), Journal of Roman Studies 76, 1986, 1–11; J. A. North, Democratic Politics in Republican Rome, Past and Present 126, 1990, 3–21.

ums in der Sprache des klassischen Athen ihren Ausdruck finden könne, die fortgesetzte Betonung der klassischen politischen Tugenden wie Freiheit der Rede, Respekt vor den Gesetzen, Milde bei der Herrschaftsausübung und politische Überzeugungskraft sowie die obligatorischen, schmeichelhaften Vergleiche zwischen zeitgenössischen Kaisern und den großen Staatsmännern der Griechen und Römer: Das alles ist als »völlig abstrakt und gekünstelt«[7], »langweilig« und »fade«[8] bezeichnet worden. Die meisten Wissenschaftler gehen davon aus, daß das geistige Rüstzeug der klassisch gebildeten Schicht für die Beschreibung der politischen »Wirklichkeit« des 4. und 5. nachchristlichen Jahrhunderts schadlos außer acht gelassen werden könne.

In den ersten Kapiteln dieses Buches werde ich einen Ausweg aus dem Dilemma suchen, das durch die scheinbare Dissonanz zwischen spätrömischer Oberschichtenkultur und spätrömischer politischer Wirklichkeit gegeben ist. Ohne der klassischen Rhetorik übermäßiges Gewicht für die politische Entscheidungsfindung im späten Imperium beizumessen, wird man sagen können, daß wir es nicht mir einer völligen Trennung von »Sprache« und »Wirklichkeit« zu tun haben. Der ständige Appell an Verhaltensnormen, die im Wege der Erziehung aus der klassischen Vergangenheit abgeleitet wurden, bildete vielmehr einen der Aspekte der spätrömischen politischen Praxis, die insgesamt erheblich komplexer war, als man auf den ersten Blick annehmen sollte. Die Nuancen des spätrömischen politischen Denkens und die Vielgestaltigkeit der politischen Spielregeln verdienen eine größere Aufmerksamkeit, als ihnen in vielen Untersuchungen aus jüngerer Zeit zuteil geworden ist. Diesen Fragen wollen wir uns im folgenden zuwenden.

In seiner Vorlesung über die Verfassung des spätrömischen Reiches aus dem Jahre 1910 wies John B. Bury auf die geringe Beachtung hin, die man der Regierungsform geschenkt habe, »welche gewöhnlich als absolute Monarchie bezeichnet wird... Der Grund dafür liegt vermutlich in der scheinbaren Einfachheit einer Verfassung, welche die höchste Macht ausschließlich einem einzigen Manne zuerkennt. Wenn wir feststellen, daß der Wille des Monarchen souverän sei, haben wir anscheinend alles Not-

---

[7] R. MacMullen, Some Pictures in Ammianus Marcellinus, Art Bulletin 46, 1964, 437; wieder in: Ders., Changes in the Roman Empire, Princeton 1990, 81.
[8] R. MacMullen, Corruption and the Decline of Rome, New Haven 1988, 113.

wendige zu diesem Thema gesagt«.[9] Tatsächlich wäre allein über die theoretischen Grundlagen des Kaisertums erheblich mehr zu sagen. Jüngere Untersuchungen haben Wert auf die Feststellung gelegt, daß das spätrömische Reich weiterhin ein *Rechtsstaat* geblieben ist. Es gibt ausreichende Beweise dafür, daß Ammianus Marcellinus die spätrömische Wirklichkeit nicht verfehlte, als er gegen Ende des 4. Jahrhunderts seine eigene, prosaische Definition der kaiserlichen Macht vorlegte, so wie sie von ihm und seinen Zeitgenossen verstanden wurde: »Es gab ordentliche Gerichte mit festen Verfahrensregeln, und deren Einhaltung machte das Wesen dessen aus, was Ammianus... einen ›bürgerlichen Rechtsstaat‹ nannte, *civile iustumque imperium.*«[10]

Andere Forscher haben betont, daß selbst die Theoretiker der kaiserlichen Autokratie einen deutlichen Unterschied zwischen der Willkür des Tyrannen und der zivilisierten Beachtung der Gesetze durch einen legitimen Herrscher machten, wobei sie auf die lange Tradition der hellenistischen Abhandlungen zurückgreifen konnten, die den Herrscher als Philosoph auf dem Königsthron darstellten.[11] Unlängst wurde untersucht, welcher Grad an Dichte und Dauerhaftigkeit diesem Rechtssystem als Sammelpunkt für die Opposition und als Koordinatensystem für die Kritik an einzelnen Herrscherfiguren zukam, wie sie bei den Untertanen bis über die Regierungszeit Justinians hinaus immer wieder zu verzeichnen war.[12]

Wir sollten hier vielleicht eine weitere Dimension dieser Betrachtungen ins Auge fassen. Die Untersuchungen zum spätrömischen Recht und zur politischen Theorie haben sich fast ausschließlich auf die Rolle des Kaisers konzentriert. Dabei laufen sie jedoch Gefahr, die gewaltige »institutionalisierte Selbstüberhebung« allzu wörtlich zu nehmen – jene Überzeugung nämlich, daß alle Macht und politische Initiative von der Person des Kaisers auszugehen habe. Diese Auffassung begründete die Defini-

[9] J. B. Bury, The Constitution of the Later Roman Empire, (University College London: Creighton Memorial Lecture) Cambridge 1910, 1 f.

[10] Matthews (Anm. 3) 252.

[11] J. Karayannopoulos, Der frühbyzantinische Kaiser, Byzantinische Zeitschrift 49, 1958, 368–384; wieder in: H. Hunger (Hg.), Das byzantinische Herrscherbild, (Wege der Forschung 341) Darmstadt 1975, 235–257.

[12] I. Čičurov, Gesetz und Gerechtigkeit in den byzantinischen Fürstenspiegeln des 6.–9. Jhdts., in: L. Burgmann, M. T. Fögen, A. Schminck (Hgg.), Cupido Legum, Frankfurt a. Main 1985, 33–45; Ch. Gizewski, Zur Normativität und Struktur der Verfassungsverhältnisse in der späteren römischen Kaiserzeit, (Münchener Beiträge zur Papyrologie und antiken Rechtsgeschichte 81) München 1988.

tion des Kaisertums im 4. Jahrhundert ähnlich, wie später die absolutistischen Machtansprüche Ludwigs XIV. in Frankreich. Aber in beiden Fällen stand der Herrscher nicht wirklich allein. Die absolute Monarchie war in der Spätantike ebenso wie im Frankreich des späten 17. Jahrhunderts nur deshalb so effizient, weil ihre Diener gelernt hatten – im Falle des Römischen Reiches aufgrund der Erfahrung vieler Jahrhunderte –, »wo die Grenzen der absolutistischen Machtausübung lagen«[13]. Diese Grenzen sollen hier kurz umrissen werden.

Die umfangreiche nominelle Macht des Kaisers mußte von seinen Amtsträgern in den Provinzen in konkrete Maßnahmen umgesetzt werden. Dabei sollten wir uns immer vor Augen halten, daß der Kaiser in einer beinahe unüberbrückbaren Entfernung von der Mehrzahl seiner Untertanen lebte. War er zum Beispiel in Trier oder in Sirmium auf dem Balkan, so befand er sich weiter als eine Monatsreise von Rom entfernt und etwa eine Vierteljahresreise von möglichen Bittstellern in Nordafrika. Weilte er in Konstantinopel, so betrug die Wegezeit bis Antiochia einen Monat, weitere sechs Wochen Landreise lagen zwischen Antiochia und Alexandria, bzw. drei Wochen zwischen Antiochia und Edessa. Selbst wenn man die Vorteile berücksichtigt, die der *cursus publicus* vermittelte – jenes schnelle Postsystem, das den kaiserlichen Beamten und Boten zur Verfügung stand –, so variierte doch entsprechend der Jahreszeit die Geschwindigkeit erheblich, mit welcher die Erlasse des Kaisers ihren Bestimmungsort erreichten. Zu allen Zeiten des Römischen Reiches waren die Nachrichtenverbindungen problematisch gewesen, aber gegen Ende des 4. Jahrhunderts scheinen sie sich infolge der Barbareneinfälle, durch welche die Landwege in Westeuropa und auf dem Balkan häufig unterbrochen wurden, noch verlangsamt zu haben.[14]

Die Durchsetzung der autokratischen, kaiserlichen Macht bedeutete einen ständigen Kampf mit der Entfernung. Es konnte nur zu leicht geschehen, daß die Machthaber von jener Welt, die sie beherrschen wollten, völlig isoliert waren. Arnold Hughes Martin Jones schreibt: »Angesichts der Langsamkeit der Nachrichtenverbindungen erscheint das Imperium in einem phantastischen Maße zentralisiert.«[15] Der innere Kern der kaiserlichen

[13] P. J. Coveney, Introduction, in: Ders. (Hg.), France in Crisis. 1620–1675, Totowa NJ 1977, 43 und 56.

[14] A. H. M. Jones, The Later Roman Empire, 2 Bde, Oxford 1964, I 402 f.; R. Duncan-Jones, Structure and Scale in the Roman Economy, Cambridge 1990, 7–29.

[15] Jones (Anm. 14) I 403.

Regierung – der Kaiser mit seinen Prätorianerpräfekten, seinen Heermeistern, den Spitzenbeamten der Zentralverwaltung, den obersten Hofbeamten und den persönlichen Beratern – behielt sich selbst so viel wie möglich Angelegenheiten zur endgültigen Entscheidung vor. Zu den Treffen des *consistorium* (Kronrats) wurden die militärischen Befehlshaber und die höchsten Regierungsbeamten ad hoc einberufen und standen dann um den Thron des Kaisers – daher *consistorium* als Name dieses Gremiums. Heftige Diskussionen mit großem Stimmaufwand und theatralischen Gesten mögen stattgefunden haben, aber wenn sich der Kaiser von seinem Sitz erhob, herrschte augenblicklich Stille. Man erwartete von ihm, daß er seinen Ministern zuhörte, und oft nahm er wohl auch an ihren Erörterungen teil; wenn aber die Argumente vorgetragen worden waren, traf er die abschließende Entscheidung allein.[16]

Das war die Welt der *celsae potestates:* ein eisiger Gipfel, auf den nur wenige Provinzbewohner gelangten, und dann auf eigene Gefahr. Die Außenwelt erfuhr nur wenig über die Diskussionen innerhalb des *consistorium.* Selbst eine so bedeutende Gestalt wie Ambrosius, der Bischof von Mailand, wurde bewußt nicht über die Debatte informiert, die zu der Entscheidung Theodosius' I. geführt hatte, ein blutiges Strafgericht über die Einwohner von Thessalonike zu verhängen.[17] Dieser innere Kreis »spielte« mit dem Schicksal entfernter Städte und Regionen.[18] Es konnte geschehen, daß Delegierte aus den Provinzen nicht vorgelassen oder mit grausamen Strafen belegt wurden: Die Angehörigen einer Gesandtschaft aus Sardes griffen sich nach einer Audienz beim Prätorianerpräfekten an ihre Köpfe, um sich zu vergewissern, daß diese noch auf ihren Schultern saßen.[19]

Die wenigen Mutigen und Glücklichen hatten dagegen kaum Grund, sich zu beklagen. Indem sie sich direkt an die *celsae potestates* wandten, erlangten sie die Vorteile, die in einem derart zentralisierten System besonders wertvoll waren: Sie erhielten unmittelbare Vollmachten, die ihnen den langsamen und unsicheren Prozeß der Eingaben und Schriftwechsel ersparten, über den normalerweise die Provinzbewohner in Beziehung zu den

[16] Jones (Anm. 14) I 331–341 und I 403–406; hervorragend hierzu Matthews (Anm. 3) 267 ff.

[17] Ambrosius, Briefe 51, 2.

[18] Ammianus Marcellinus, Res Gestae 28, 6, 9.

[19] Eunapios, Frg. 72, 1, in: R. C. Blockley, The Fragmentary Classicising Historians of the Later Roman Empire, (ARCA 6) Liverpool 1981, 119.

Zentren der Macht traten. Im Jahre 245 n. Chr. zeigte sich eine Gruppe von Dorfbewohnern aus dem Euphrattal bereit, acht Monate lang in Antiochia zu warten, nur um eine Anordnung vom Präfekten persönlich zu erlangen.[20] Das diesbezügliche bemerkenswerte Dokument – aus einer unlängst entdeckten Sammlung von Pergamenten und Papyri aus dem römischen Syrien – zeigt deutlich, daß die Zentralisation des Reiches den Kaisern und ihren höchsten Beamten ebenso sehr aufgedrängt wie von ihnen selbst ins Werk gesetzt wurde. Prozessierende wünschten direkten Zugang zu den einzig maßgeblichen Gerichtshöfen – denen in unmittelbarer Nähe des Kaisers. Die Verkleinerung einzelner Provinzen unter Diokletian, durch welche die Zahl römischer Provinzregierungen innerhalb des Imperiums praktisch verdoppelt wurde, erhöhte auch die Erreichbarkeit der Appellationsgerichte, wodurch wiederum die Bezeichnung *metropolis* an Bedeutung gewann. In früheren Jahrhunderten war dies ein Ehrentitel gewesen, der einzelne Städte unter denjenigen hervorhob, die innerhalb einer Provinz nach einer Vorrangstellung strebten, und der somit den Wettbewerb annähernd gleichgewichtiger Zentren voraussetzte. Vom Ende des 3. Jahrhunderts an führte diejenige Provinzstadt den Titel *metropolis*, in der der Statthalter residierte. Die *metropolis* wurde zur unumstrittenen rechtlichen und administrativen Hauptstadt der Provinz. Dieser Veränderung folgten bald die Erhebung Konstantinopels zur zweiten kaiserlichen Hauptstadt sowie längere kaiserliche Aufenthalte in einer der bedeutendsten Städte des Nahen Ostens, in Antiochia. Beide Entwicklungen trugen nicht nur der zunehmenden Zentralisierung des spätrömischen Reiches Rechnung, sondern spiegelten auch den Wunsch der einflußreichen Bürger des griechischen Ostens wider, einen Kaiser oder zumindest einen seiner Repräsentanten in erreichbarer Nähe zu haben.[21]

Die meisten Rechtsuchenden zogen es jedoch vor, sich nicht über längere Zeit bei Hofe aufzuhalten. Diejenigen, die – wie Ammianus Marcellinus – in die mörderischen Intrigen im Umfeld von Kaiser, Militärbefehlshabern und obersten Beamten

---

[20] D. Feyssel und J. Gascou, Documents d'archives romains inédits du Moyen-Euphrate: IIIᵉ siècle après J.-C., Comptes rendus de l'Académie des Inscriptions et Belles Lettres 1989, 547 f.

[21] Ch. Roueché, Floreat Perge, in: M. M. Mackenzie und Ch. Roueché (Hgg.), Images of Authority. Papers Presented to Joyce Reynolds, Cambridge 1989, 218–221; F. Millar, The Emperor in the Roman World, London 1977, 40–57.

verwickelt wurden, kleideten ihre Erfahrungen in das Bild der *venatio,* der Jagd in einer Arena, in der sie sich mit ihrer ganzen Geschicklichkeit gegen exotische Raubtiere zur Wehr setzen mußten.[22] Die Berichte von Gewalttätigkeit und Grausamkeit, die am nachhaltigsten das moderne Bild von der Funktionsweise der spätrömischen Autokratie geprägt haben, beziehen sich entweder auf Ereignisse aus der unmittelbaren Umgebung des Kaisers oder auf Untaten, die in den Provinzen von Machthabern verübt wurden, die sich zum Zeitpunkt der Tat in der Gunst des Kaisers oder seines inneren Kreises wähnten.[23]

Während es sich im Zentrum auf furchterregende Weise aktiv und gebieterisch gebärdete, glich das Regierungssystem des Imperiums in den Provinzen der ruhigen Sargassosee.[24] Der überwiegende Teil der Quellen, die in diesem Buch behandelt werden, besteht aus den Schriften von Autoren, die in sicherer Entfernung vom Hofe lebten. Diese Quellen zeigen uns, wie die lokalen Honoratioren prüfend die Fangarme der Macht betrachteten, die vom Kaiser und seiner Umgebung bis in die Gesellschaft der Provinz ausgriffen, und die Sichtweise dieser Provinzialen soll die Form unserer Untersuchung bestimmen. Wir betrachten die Zentren der Macht im spätrömischen Staat von verschiedenen mehr oder weniger peripheren Regionen aus. Da ist das Antiochia des Libanios (314–393), nach spätrömischen Maßstäben eine gigantische Stadt mit zweihunderttausend Einwohnern und einem sechshundert Mitglieder starken Stadtrat. Obwohl es im 4. Jahrhundert mehr als jede andere Stadt von den Kaisern besucht wurde, blieb Antiochia weitgehend eine Welt für sich. Als Musterbeispiel griechischer Stadtkultur am Rande eines wenig verstädterten Syriens lag es eine halbe Tagesreise vom Mittelmeer entfernt im reichen Tal des Orontes. Die isolierte Lage wurde noch durch die steilen Paßstraßen unterstrichen, welche die Stadt im Nordwesten mit Kleinasien und im Süden mit Phönizien verbanden.[25] Das Kappadokien, das uns in den Briefen Basileios' von Caesarea (330–377 oder 379) und Gre-

[22] Ammianus Marcellinus, Res Gestae 15, 5, 23; 28, 1, 10; vgl. 15, 3, 3; 29, 1, 27.

[23] Ammianus Marcellinus, Res Gestae 28, 1, 12 ff. zu Maximinus als *vicarius* von Rom für Valentinian im Jahr 370; Ammianus Marcellinus, Res Gestae 29, 1, 27 zu den Prozessen während Valens' Aufenthalt in Antiochia 371–377; vgl. Matthews (Anm. 3) 258–262.

[24] Jones (Anm. 14) I 407 ff.

[25] P. Petit, Libanius et la vie municipale à Antioche au IVe siècle après J.-C., Paris 1955; J. H. W. G. Liebeschuetz, Antioch. City and Imperial Administration in the Later Roman Empire, Oxford 1972.

gors von Nazianz (329–389) entgegentritt, zeigt sich als eine gänzlich andersartige Region; isoliert auf dem Hochplateau von Anatolien gelegen, konzentrierte es sich ohne einen natürlichen Schutzwall auf eine einzige dichtbevölkerte Stadt.[26] Davon wiederum sehr verschieden war die weit entfernte Cyrenaica (im heutigen Libyen), deren lokale Machthaber unzufrieden und in heftige interne Streitigkeiten verwickelt waren, wie wir der Korrespondenz des Synesios von Kyrene entnehmen können.[27]

Es ist schwierig, allgemeine Aussagen über eine Welt zu machen, die sich aus so vielen verschiedenen Landschaften zusammensetzte und deren Städte immer noch mit Stolz auf ihre kulturelle Eigenart und Selbständigkeit blickten. Viele dieser Städte sind den Historikern nur durch die Quellen bekannt, die am stärksten lokalen Charakter tragen – durch ihre Trümmersteine mit den spätantiken Inschriften und durch Ausgrabungen ihrer Bauwerke.[28] Selbst wenn wir mehr über die einzelnen Regionen wüßten, würde unser Bild einseitig bleiben. Diejenigen Persönlichkeiten, die den Anspruch erhoben, durch ihre Rhetorik das politische Geschehen zu beeinflussen, sind für uns in den erhaltenen Quellen greifbar (wobei freilich erkennbar wird, daß ihre Bemühungen häufig erfolglos waren). Diejenigen, die die Macht innehatten, bleiben dagegen für uns größtenteils stumm. Wir wissen zwar weitgehend über die kaiserlichen Gesetze Bescheid, jedenfalls soweit sie im *Codex Theodosianus* aus dem Jahre 438 n. Chr. gesammelt sind, nicht aber über die alltäglichen Probleme derjenigen, denen die Anwendung dieser Gesetze oblag. Die offenen Briefe, die Plinius während seiner Zeit als Statthalter von Bithynia an Kaiser Trajan sandte, besitzen kein Gegenstück in spätrömischer Zeit. Wir brauchen nur die reichhaltige Korrespondenz zu lesen, in welcher die königlichen Beamten im Frankreich Ludwigs XIII. und Ludwigs XIV. ihren Vorgesetz-

[26] T. Teja, Organización económica y social de Capadocia en el siglo IV., (Acta Salamanticensia: Filosofía y Letras 78) Salamanca 1974.

[27] D. Roques, Synésios de Cyrène et la Cyrénaïque du Bas-Empire, Paris 1987; J. H. W. G. Liebeschuetz, Barbarians and Bishops. Army, Church and State in the Age of Arcadius and Chrysostom, Oxford 1990, 228–235.

[28] Daher ist die vorbildliche epigraphische Untersuchung von Ch. Roueché, Aphrodisias in Late Antiquity, (Journal of Roman Studies Monographs 5) London 1989, von zentraler Bedeutung. Vgl. auch C. Foss, Byzantine and Turkish Sardis, Cambridge 1976; ders., Ephesus after Antiquity, Cambridge 1979; A. Frantz, Late Antiquity, (The Athenian Agora XXIV) Princeton 1988; G. Fowden, The Athenian Agora and the Progress of Christianity, Journal of Roman Archaeology 3, 1990, 494–501; J. Ch. Balty, Apamée au VIe siècle. Témoignages archéologiques de la richesse d'une ville, in: Hommes et richesses dans l'Empire byzantin. IVe–VIIe siècles, Paris 1989, 79–89.

ten bei Hofe von ihren Schwierigkeiten, Sorgen und Vorgehensweisen berichten, um zu ermessen, was in unseren Quellen an Lücken zu beklagen ist.[29] Aber die Bestandskraft der gemeinsamen Bildung der herausragenden Persönlichkeiten in den verschiedenen Regionen, verbunden mit den relativ einheitlichen Methoden und Beschränkungen der kaiserlichen Machtausübung, lassen uns immerhin versuchsweise ein Modell konstruieren, das zeigt, auf welche Weise Rhetorik bei vielerlei Gelegenheiten zum Einfluß gebracht werden konnte. Im weiteren Verlauf des ersten Kapitels sollen deshalb kurz einige der Spielregeln skizziert werden, welche die Beziehungen zwischen den Vertretern der kaiserlichen Macht und den führenden Schichten der Provinzen regelten, deren Erwartungshaltungen wir in unseren Quellen hinreichend dokumentiert finden.

Am besten beginnen wir mit der Zeremonie, die den Namen *adventus* trägt – dem feierlichen Einzug des Kaisers oder seines Repräsentanten in eine Stadt. Dies war ein Ereignis von zentraler Bedeutung für die politische Vorstellungswelt der damaligen Zeit. Eine kleine Gruppe von Kurialen, also Mitgliedern des Stadtrats, pflegte in der weißen Amtstracht der Ratsherren vor dem Stadttor Aufstellung zu nehmen. Hinter ihnen standen in wohlgeordneten Reihen die Vertreter der einzelnen Stände und Berufsgruppen – die Gilden, der Klerus sowie die Zirkusparteien.[30] In den Straßen der Stadt selbst drängte sich die Volksmenge, welche sogar die Dächer besetzt hielt und auf Abfallhaufen hockte, um den Neuankömmling besser sehen zu können, während dieser auf einem hohen Wagen langsam durch die Hauptstraße fuhr.[31] Die Honoratioren empfingen Provinzstatthalter mit Akklamationen und feierlichen Willkommensreden. Selten hatten sie es mit einem noch höheren Beamten zu tun und so gut wie nie mit dem Kaiser selber. Sogar die großen städtischen Zentren bekamen selten einen Kaiser oder auch nur einen Prätorianerpräfekten zu Gesicht. Von Konstantinopel abgesehen war Antiochia die einzige Stadt im Osten, in der sich die Kaiser längere Zeit aufhielten, insgesamt über einen Zeitraum von

[29] Am meisten habe ich aus den Dokumenten gelernt, die A. A. Lyublinskaya, Vnutrennaya politika Francuskogo absolyutizma, Moskau 1969 publiziert und W. Beik, Absolutism and Society in Seventeenth-Century France, Cambridge 1985 gekonnt ausgewertet hat.

[30] S. G. MacCormack, Art and Ceremony in Late Antiquity, Berkeley 1981, 17–89, MacMullen (Anm. 8) 62.

[31] E. A. Wallis Budge, Miscellaneous Texts in the Dialect of Upper Egypt, London 1915, 586.

zehn Jahren in der Spanne zwischen 337 und 377. Nach 378 residierten sie dann endgültig in Konstantinopel und kehrten nie wieder nach Antiochia zurück.[32] Der große Palast, der auf einer Insel im Orontes errichtet worden war, um den Kaiser und seinen Hofstaat zu beherbergen, stand von nun an leer, und auf seinen Stufen schlug ein Eremit sein Zelt auf.[33]

Aber allein durch die Tatsache, daß der Statthalter in vollem Gepränge seinen Einzug hielt, setzte der *adventus* einen Akzent im Leben jeder Stadt und der gesamten Region und erinnerte an die ferne Autorität, die nun für einen Augenblick in Reichweite rückte.[34] Die Honoratioren, die sich versammelten, um den Vertreter ihres Herrschers zu empfangen, wußten aus alter Erfahrung, wo in der überlangen Befehlskette, welche die Zentralgewalt mit ihrer Stadt verband, ein schwacher Punkt zu finden sein könnte. Vieles von dem, was wir über die Politik des späten Imperiums aus der Sicht der Provinzen wissen, dreht sich um diese Schwachstellen, an denen sich die lokalen Eliten das Regierungssystem des Imperiums nutzbar machen konnten, und um die Frage, wo genau es »nachgeben« würde.

Es bestand tatsächlich Grund zu der Erwartung, daß das System »nachgeben« würde. Denn die Initiativen der Zentralregierung verloren auf geheimnisvolle Weise unweigerlich an Durchschlagskraft. Die Angst vor der Entfernung, das Bewußtsein der Schwierigkeiten, eine schnelle Verbindung zum Kaiser herzustellen, und vor allem die Unsicherheit über die Haltung der einflußreichen Kräfte bei Hofe gegenüber jeder Vorgehensweise: All das erfüllte die Vertreter der kaiserlichen Macht mit Sorge, noch bevor sie ihren Bestimmungsort erreicht hatten. Bei allem zeremoniellen Pomp ihres Einzugs waren die Provinzstatthalter, wie wir noch zeigen werden, im allgemeinen außerordentlich vorsichtige Persönlichkeiten und sehr darauf bedacht, unter den lokalen Eliten Verbündete zu finden. Selbst bei energischen Vertretern der kaiserlichen Macht konnte man davon ausgehen, daß sie in bestimmten Situationen Unentschlossenheit zeigen würden.

Wir wissen dies ganz genau durch eine ungewöhnliche Quelle – ein lebensvolles Beispiel aus der Kirchengeschichte des 5. Jahrhunderts. Da wir von diesem Ereignis eigentlich gar nichts wissen dürften – denn die Information darüber beruht auf der Indis-

[32] B. Isaac, The Limits of Empire. The Roman Army in the East, Oxford 1990, 437f.
[33] Johannes Rufus, Plerophoriae 88 (PO VIII 142).
[34] R. Van Dam, Leadership and Community in Late Antique Gaul, Berkeley 1985, 9–24.

kretion eines Gegenspielers der Hauptfigur –, wollen wir einen Augenblick dabei verweilen, um uns einen sonst nur selten dokumentierten, aber zentralen Aspekt der Funktionsweisen des kaiserlichen Regierungssystems deutlich vor Augen zu führen. In einem Geheimschreiben bestimmte Kyrillos, der Patriarch von Alexandria, die Maßnahmen, die seine Gewährsleute in Konstantinopel im Jahre 431 n. Chr. ergreifen sollten. Ein Abgesandter aus Konstantinopel, der mit einem direkten kaiserlichen Auftrag nach Antiochia geschickt wurde, sollte bei seinem Eintreffen am Zielort einige Wochen später die Sicherheit haben, daß seine ursprüngliche Ermächtigung, im Sinne von Kyrillos' Politik tätig zu werden, immer noch von der kaiserlichen Autorität gedeckt wurde. Es lag hier kein außergewöhnliches Problem vor. Kyrillos' Korrespondenz, und besonders sein Geheimschreiben, machen deutlich, woraus die Schwierigkeiten hervorgingen, wie man sie bewertete und wie Kyrillos sie lösen zu können glaubte.

Das Dokument zeigt uns Kyrillos' Wirken in einem entscheidenden Augenblick seiner Laufbahn und, wie sich später einmal erweisen sollte, in einer entscheidenden Phase der Entwicklung der christlichen Lehre. Auf dem Konzil 431 in Ephesos hatte Kyrillos, der schnell und aus eigenem Antrieb handelte, die Verurteilung des Nestorios, des damaligen Patriarchen von Konstantinopel, im Namen einer bestimmten christologischen Glaubensformel durchgesetzt: Die menschliche und göttliche Natur Christi waren danach unauflöslich und unmittelbar seit dem Zeitpunkt seiner Empfängnis im Schoße der Jungfrau Maria miteinander verbunden. Maria hatte somit Anspruch auf die Bezeichnung *theotokos*, »die Gott zur Welt gebracht hat«. Wer diese These bestritt, sollte gemäß Kyrillos' strengen Ausführungen mit dem Bann aller orthodoxen Christen belegt werden.

Was Ephesos anbelangt, hatte die räumliche Entfernung zugunsten Kyrillos' gewirkt. Er war auf direktem Wege über das sommerlich ruhige Meer gesegelt und mit großem Gefolge in Ephesos an Land gegangen. Die möglichen Verbündeten des Nestorios, Johannes von Antiochia und die Bischöfe des Ostens, mußten dagegen zu Beginn der heißesten Jahreszeit mühsam über die Bergstraßen entlang der Küste der südlichen Türkei ziehen. Nach dreißigtägiger Reise, die durch Krankheitsfälle mehrfach unterbrochen worden war, hatten die Bischöfe des Ostens Ephesos immer noch nicht erreicht. Kyrillos nutzte die Gelegenheit, die ihm durch diese Verspätung geboten wurde. Als Johannes und die Bischöfe schließlich am 26. Juni eintrafen, mußten sie feststellen, daß Kyrillos vollendete Tatsachen geschaffen hatte und Nestorios in einer erregten Versammlung bereits verurteilt worden war.

Johannes und sein Gefolge kehrten verärgert und unbekehrt nach Antiochia zurück. Nun hatte Theodosius II. in seiner Eigenschaft als Kaiser die Pflicht, Johannes zu befehlen, die Verurteilung des Nestorios und ihre theologische Begleitmaßnahme – den von Kyrillos über seine Gegner verhängten Bannfluch – zu akzeptieren. Zu diesem Zweck wurde der Tribun Aristolaos im Herbst des Jahres 431 nach Antiochia gesandt mit der Weisung, der Entscheidung des Kaisers Geltung zu verschaffen.

Diesmal arbeitete die Entfernung jedoch gegen Kyrillos. Im Verlaufe des Monats, den Aristolaos benötigte, um nach Antiochia zu gelangen, hätte Theodosius II. möglicherweise seine Meinung ändern können. Falls Aristolaos davon erführe oder auch nur zu der Auffassung käme, daß dies geschehen könnte, würde sein Eifer für Kyrillos' Sache schnell erkaltet sein. Allein der Gedanke daran genügte, um Kyrillos aufs Krankenlager zu werfen.[35] Er mußte handeln und dafür sorgen, daß Aristolaos stets überzeugt blieb, in Konstantinopel Rückendeckung zu haben.

Zu diesem Zweck wies Kyrillos seine Gewährsleute in Konstantinopel an, die wichtigsten Persönlichkeiten bei Hofe und in der Stadt zu mobilisieren. Der Kaiser durfte nicht schwankend werden oder auch nur einen derartigen Eindruck erwecken. Die Kaiserin Pulcheria und ihre Hofdamen sollten den Druck auf Theodosius erneuern, Dalmatius, die führende religiöse Gestalt in Konstantinopel, den Kaiser eidlich verpflichten, seine kompromißlose Politik beizubehalten. Was die Hofbeamten betraf, so war ihnen jeder Preis zu zahlen, »den ihre Gier verlangte«. Der Eunuch Chryseros sollte entweder bestochen werden, seine Opposition aufzugeben, oder besser noch durch den Kammerherrn Lausos ersetzt werden. Dem fernen Aristolaos jedoch hatten seine Gemahlin und sein Beichtvater brieflich zu versichern, daß daheim alles in Ordnung sei.[36]

---

[35] Collectio Casinensis 293, 3 in E. Schwartz, Acta Conciliorum Oecumenicorum 1, 4, Berlin 1932/33, 222; vgl. L. R. Wickham, Cyril of Alexandria. Select Letters, Oxford 1983, XII.

[36] Collectio Casinensis 293, 3ff. in Schwartz (Anm. 35) 222f.; vgl. insbesondere P. Batiffol, Les présents de Saint Cyrille à la cour de Constantinople, in: Études de liturgie et d'archéologie chrétienne, Paris 1919, 159–173.

Diese Anweisungen wurden ergänzt durch eine detaillierte Liste mit Geldbeträgen und Luxusartikeln, die als Kyrillos' »Segnungen« verteilt werden sollten. Insgesamt wechselten den Besitzer: eintausendachtzig Pfund Gold (77760 Goldstücke, das entsprach dem Jahresgehalt von achtunddreißig Bischöfen oder dem jährlichen Lebensunterhalt von neunzehntausend Armen) sowie vierundzwanzig Teppiche, fünfundzwanzig wollene Dekorationsstoffe, vierzehn Gobelins, vierundzwanzig Seidenschleier, achtzehn Vorhänge, achtundzwanzig Kissen, sechzig Schemel (davon acht aus Elfenbein), vierzehn elfenbeinerne Thronsessel mit Lehne, sechsunddreißig Throndecken, zwölf Türvorhänge und zweiundzwanzig Tischtücher. Hundert Pfund Gold (das entsprach dem Jahresgehalt von vier Bischöfen oder dem Lebensunterhalt von eintausendachthundert Armen) gingen beispielsweise an die Frau des Prätorianerpräfekten, und fünfzig Pfund Gold erhielt sein Rechtsberater. Was nun den widerspenstigen Chryseros betrifft, so heißt es über ihn: »Damit er seinen Widerstand gegen Uns aufgebe, waren Wir gezwungen, ihm die doppelten Mengen zu senden: das heißt sechs große und vier mittelgroße wollene Dekorationsstoffe, vier große Teppiche, acht Kissen, sechs Tischtücher, sechs große und sechs kleine Gobelins, sechs Schemel, zwölf Throndecken, vier große Vorhänge, vier Elfenbeinthrone, vier Elfenbeinschemel, sechs persische Draperien, sechs große Elfenbeinplatten, sechs Straußeneier, und... falls er bereit ist, Uns zu unterstützen, wird er zusätzlich aus der Hand des ehrenwerten Claudianus zweihundert Pfund Gold erhalten.«[37]

Das war ein geringer Preis für die Wiederherstellung des Friedens in der Kirche. Kyrillos galt als ein Mann, der bedenkenlos die souveräne Macht Kaiser Theodosius' II. einsetzte, um den Sieg seiner eigenen theologischen Anschauungen zu sichern; gleichzeitig machte er sich aber durchaus keine Illusionen über die Grenzen dieser Macht, denn »der Raum, Feind Nummer eins« aller weitausgedehnten Reiche, führte unweigerlich zu Fraktionsbildungen im Zentrum und zu zögerlichem Handeln in den Randbezirken des Imperiums.[38]

[37] Collectio Casinensis 294 in Schwartz (Anm. 35) 224; vgl. J. I. McEnerney, St. Cyril of Alexandria. Letters 15–110, (Fathers of the Church) Washington D. C. 1985, 151f.; Wickham (Anm. 35) 66 Anm. 8.

[38] F. Braudel, Das Mittelmeer und die mediterrane Welt in der Epoche Philipps II., Bd. 2, Frankfurt a. Main 1990, 17.

Trotz seiner strukturellen Schwächen sollten wir jedoch die schiere Kraft und das selbstbewußte Durchsetzungsvermögen des Staatssystems nicht unterschätzen, das nach den Krisen des 3. Jahrhunderts während der Regierungszeiten Diokletians (284–305) und Konstantins (306–337) entstanden war. Die moderne Forschung hat klargestellt, daß die erste Hälfte des 4. Jahrhunderts weit davon entfernt war, ein trauriger Epilog zum klassischen Römischen Reich zu sein, ein flüchtiger und undurchdachter Versuch, eine dem Untergang geweihte Gesellschaft noch einmal aufzufangen – ganz im Gegenteil fällt nach modernen Erkenntnissen in diese Epoche der lange vorbereitete Höhepunkt des römischen Staatswesens.[39] In diesem Zusammenhang haben neuere Untersuchungen gezeigt, wie sehr die Gesellschaft, selbst in entfernten westlichen Provinzen wie Spanien und Britannien, vom Funktionieren des ausgeprägten Fiskalsystems und der militärischen und administrativen Strukturen, die das reformierte Imperium hervorgebracht hatte, abhängig war.[40] Die ständigen Anforderungen der kaiserlichen Verwaltung hinsichtlich Steuergeldern und Lebensmittellieferungen bestimmten in entscheidender Weise das wirtschaftliche Leben Galliens, Siziliens und Nordafrikas.[41]

Die Auswirkungen der wiedererstarkten kaiserlichen Macht sind am besten für den griechischen Osten dokumentiert.[42] Betrachten wir zunächst die griechische Welt des 2. Jahrhunderts n. Chr., die sich mit einigem Recht als ein »Commonwealth einzelner Städte« verstehen konnte. Jede dieser Städte genoß ein gewisses Maß an Selbständigkeit und führte ein eigenes, lebendiges und bodenständiges, religiöses und kulturelles Leben mit regelmäßigen und spektakulären zeremoniellen Festakten, für welche die lokalen Honoratiorenfamilien aufzukommen

[39] C. Wickham, The Other Transition: from the Ancient World to Feudalism, Past and Present 103, 1984, 8–14.
[40] S. J. Keay, Roman Spain, London 1988, 179–201; A. S. Esmonde-Cleary, The Ending of Roman Britain, London 1989, 41–161.
[41] A. Rousselle, Croire et guérir. La foi en Gaule dans l'Antiquité tardive, Paris 1990, 60–63; D. Vera, Aristocrazia romana ed economia provinciale nell' Italia tardoantica. Il caso siciliano, Quaderni Catanesi di studi classici e medievali 10, 1988, 160–170; C. Wickham, Marx, Sherlock Holmes and Late Roman Commerce, Journal of Roman Studies 78, 1988, 191 ff.
[42] A. H. M. Jones, The Greek City from Alexander to Justinian, Oxford 1940, 192–210; Jones (Anm. 14) II 737–763; vgl. zuletzt G. L. Kurbatov, Gorod i gosudarstvo v Vizantii v epokhu perekhoda ot antichnosti k feodalizmu, in: Ders. und andere (Hgg.), Stanovlenie i razvitie ranneklassovikh obschestv, Leningrad 1986, 100–137.

hatten.[43] Die unverbrüchliche Treue der führenden Bürger ihren Heimatstädten gegenüber streifte gelegentlich die Grenze zum Komischen: In einer Witzsammlung aus dem 3. Jahrhundert fragt ein kleiner Junge aus wohlhabender Familie seinen Vater, ob der Mond über seiner Heimatstadt tatsächlich prächtiger sei als derjenige über allen anderen Städten.[44] Das Ansehen, das man im weitergefaßten Kreise des kaiserlichen Dienstes erwarb, ergänzte vorerst lediglich das Ansehen, welches der Dienst im Stadtstaat begründete, ohne es in den Schatten zu stellen; der kaiserliche Dienst verschaffte keine Privilegien, welche die Ansprüche des Stadtstaates auf Leben, Einsatzfreude und finanzielle Mittel seiner führenden Bürger außer Kraft gesetzt hätten.[45]

Im 4. nachchristlichen Jahrhundert hatte sich all das offensichtlich gründlich geändert. Im 2. und im frühen 3. Jahrhundert prägten die autonomen Münzstätten der Städte Kleinasiens Geldstücke, auf denen liebevoll und in allen Einzelheiten örtliche Kultstätten sowie die Ehrenbezeigungen dargestellt waren, welche die Kaiser den örtlichen Gottheiten erwiesen hatten.[46] Mit dem Aufstieg des Sassanidenreiches und seinen schnellen Eroberungen in den örtlichen Provinzen wichen diese rührend altmodischen Szenen einem einzigen, rigoros simplifizierten Bild: Nun wurde auf den Münzen der Städte allein der Kaiser gezeigt, wie er über die persischen Barbaren triumphierte. Im Jahre 275 n. Chr. hatten die städtischen Münzen der griechischen Welt aufgehört zu existieren.[47] Auch konnten sich diese Städte untereinander nicht länger als annähernd gleichwertig betrachten. Nur diejenigen unter ihnen, die eine bevorzugte Stellung als *metropolis* ihrer Provinz gefunden hatten, das heißt als Zentrum kaiserlicher Macht in der neuen administrativen Geographie des Imperiums, durften mit fortdauernder Prosperität rechnen. Die übri-

---

[43] R. Lane Fox, Pagans and Christians, Harmondsworth 1986, 12 ff., 53–61 und 82; M. Wörrle, Stadt und Fest im kaiserzeitlichen Kleinasien, (Vestigia 39) München 1988, 254–257; S. Mitchell, Festivals, Games and Civic Life in Roman Asia Minor, Journal of Roman Studies 80, 1990, 183–193.

[44] Philogelos 49.

[45] F. Millar, Empire and City, Augustus to Julian: Obligation, Excuses and Status, Journal of Roman Studies 73, 1983, 89 f.; Wörrle (Anm. 43) 62–66.

[46] K. Harl, Civic Coins and Civic Politics in the Roman East. A. D. 185–275, Berkeley 1987, 52–70 und Taf. 22–29; D. S. Potter, Prophecy and History in the Crisis of the Roman Empire, Oxford 1990, 195 f.; P. Herrmann, Hilferufe aus römischen Provinzen. Ein Aspekt der Krise des römischen Reiches im 3. Jhdt. n. Chr., (Sitzungsberichte der Joachim-Jungius-Gesellschaft der Wissenschaften Hamburg 8, 4) Göttingen 1990.

[47] Harl (Anm. 46) 89–92 und Taf. 16.

gen sanken sowohl in ihrem Status wie in ihrer Selbstachtung merklich ab.[48]

Alle Städte der östlichen Provinzen mußten hinter Konstantins neuer Stadt Konstantinopel zurücktreten. Obwohl der Hof dort erst seit 395 ständig residierte, bewirkten die Einweihung Konstantinopels im Jahre 330 sowie der schnelle Aufbau eines östlichen Senatorenstandes, der sich aus den Honoratioren der griechischen Provinzstädte rekrutierte, daß selbst eine *metropolis* vom Ansehen Antiochias den Bürgern, die in ihrem Stadtrat wirkten, nicht mehr den gleichen Status und die gleichen Privilegien verschaffen konnte, wie sie in Konstantinopel zu erreichen waren. Im gesamten griechischen Osten bedeutete der Aufstieg am Kaiserhof die Loslösung von den Pflichten der Heimatstadt: »Am Ende standen das Imperium und seine Städte in direkter und ständiger Konkurrenz um dieselben menschlichen und finanziellen Ressourcen.«[49]

Konstantins Verurteilung der heidnischen Opfer und die Schließung und Plünderung vieler Tempel unterminierten ebenfalls die kulturelle Autonomie der Stadtstaaten.[50] Die ortsansässigen Honoratioren sahen sich um das Recht gebracht, gerade diejenigen religiösen Zeremonien zu pflegen, die es einst jeder Stadt ermöglicht hatten, ihrem besonderen Identitätsgefühl Ausdruck zu verleihen. Es war nicht länger ratsam, Opferhandlungen vorzunehmen, Tempel zu besuchen oder seine Heimatstadt als Wohnsitz bestimmter Gottheiten zu feiern, die durch besondere lokale Riten mit der Einwohnerschaft verbunden waren. Statt dessen förderte der christlich orientierte Kaiserhof die Entstehung eines neuen, das Imperium umspannenden Patriotismus. Gebunden an die Person und Sendung eines universalen Herrschers von Gottes Gnaden, ließ er die althergebrachten Loyalitäten gegenüber den einzelnen Stadtstaaten als provinziell und unbedeutend zurücktreten.[51]

Auf lokaler Ebene führte diese plötzliche Zentralisierung zu einer Aufspaltung der alten Eliten. Denn solange das Imperium eine weit entfernte Realität gewesen war, hatte man die Regie-

[48] Roueché (Anm. 21) 218–221.
[49] Millar (Anm. 45) 96.
[50] T. D. Barnes, Constantine and Eusebius, Cambridge MA 1981, 211 f. und 246 f.; K. Harl, Sacrifice and Pagan Belief in Fifth- and Sixth-Century Byzantium, Past and Present 128, 1990, 7–26.
[51] G. Dagron, L'Empire romain d'orient au IVe siècle et les traditions politiques de l'Hellénisme. Le témoignage de Thémistius, Travaux et Mémoires 3, 1968, 1–242, spez. 35–82.

rungsgeschäfte eines jeden Stadtstaates einer relativ homogenen Gruppe ortsansässiger Honoratioren übertragen können: Sie allein wurden als die eigentlichen Herren in ihrer kleinen Welt angesehen. Seit dem 4. Jahrhundert gab es zunehmend heftige Auseinandersetzungen zwischen den Mitgliedern dieser lokalen Eliten. Die einzelnen Gruppen leiteten ihre Stellung innerhalb der Stadtgemeinschaft nun aus unterschiedlichen Quellen ab. Am deutlichsten sehen wir das am Beispiel Antiochias. Die in der Stadt lebenden Großgrundbesitzer entdeckten plötzlich, daß sie nicht länger allein Herren über die Landbevölkerung waren, sondern mit Armeeangehörigen um die Anhängerschaft der blühenden Landgemeinden im Orontestal konkurrieren mußten.[52] In Antiochia selbst verbündeten sich pensionierte Offiziere mit führenden Honoratioren, die ihre Stellung der Zusammenarbeit mit der kaiserlichen Regierung verdankten, und die Koalition aus diesen beiden Gruppen hatte mit den übrigen Vertretern im Stadtrat leichtes Spiel.[53] Viele Honoratioren kehrten der überlieferten griechischen Kultur ihrer Vaterstadt verächtlich den Rükken und gingen auf die Hochschulen von Beirut, um Latein und Römisches Recht zu studieren.[54] Der Stadtrat, dessen ursprüngliche Einheit zerbrochen war, geriet zunehmend unter den Druck einer neuen Interessengemeinschaft, die mit dem christlichen Bischof und den radikalen syrischen Mönchen in Verbindung stand.[55]

Es ist nicht verwunderlich, daß diese Entwicklungen den Rhetor Libanios, dessen Ahnenbilder noch im Rathaus von Antiochia hingen, im Alter mit »Abscheu« erfüllten.[56] Es darf als Tribut an das schriftstellerische Talent des Libanios gelten, daß die meisten Gelehrten die lebhafte Schilderung der Mißstände in seinem geliebten Antiochia als sicheren Beweis dafür akzeptiert haben, daß im gesamten Ostreich ein unaufhaltsamer Niedergang

[52] P. Garnsey und G. Wolf, Patronage of the Rural Poor in the Roman World, in: A. Wallace-Hadrill (Hg.), Patronage in Ancient Society, London 1990, 163 f.; J. M. Carrié, Patronage et propriété militaires au IVᵉ siècle, Bulletin de correspondance hellénique 100, 1976, 159–176.

[53] Libanios, Reden 48, 41 (III 448); Petit (Anm. 25) 269–294; Liebeschuetz (Anm. 25) 174–192.

[54] Libanios, Reden 2, 44 und 49, 29 (I 253 und III 466); Petit (Anm. 25) 363–366; A. J. Festugière, Antioche païenne et chrétienne, (Bibliothèque des écoles françaises d'Athènes et de Rome 194) Paris 1959, 410 ff.; Liebeschuetz (Anm. 25) 242–255.

[55] Libanios, Reden 2, 32 und 30, 8–11 (I 249 und III 91 ff.); Liebeschuetz (Anm. 25) 224–242.

[56] Libanios, Reden 2, 10 (I 242).

des städtischen Lebens vonstatten ging.[57] »L'avènement du by-
zantinisme«[58], die Entstehung eines »byzantinischen« Regierungsstils, der sich auf die Person des Kaisers und die unumstrit-
tene Vorherrschaft Konstantinopels über alle anderen Städte
gründete, wird von fast allen Gelehrten als erstklassig dokumen-
tierte und unvermeidliche Entwicklung im griechischen Osten
des 4. und 5. Jahrhunderts gesehen.[59] Auf lange Sicht war die
Wirkung dieser Veränderungen auf die Städte ebenso dramatisch
wie diejenige, die mit der Eingliederung der früheren italienischen *communes* in die absolutistischen Territorialstaaten am
Ende der Renaissance einherging. Was immer in diesen Städten
an lokalem Selbstbewußtsein übrigblieb, mußte nun unter völlig
veränderten Bedingungen am Leben erhalten werden.

Aber wenn wir die Erwartungen derjenigen untersuchen wollen, die in diesen wechselhaften Zeiten lebten, müssen wir der
Versuchung zu einer nachträglichen Bewertung aus unserer Sicht
widerstehen. Es kommt vielmehr darauf an, sich ein wenig die
unausweichlichen Zwänge der Lokalpolitik im 4. Jahrhundert
vor Augen zu halten. Danach wollen wir das Kapitel beschließen, indem wir kurz einige der Privilegien skizzieren, welche die
Eliten auch unter den geänderten Verhältnissen des 4. Jahrhunderts noch zu genießen hoffen durften.

Das Oströmische Reich wurde weiterhin durch die Stadtkultur geprägt. Es war ein eindrucksvolles Erleben, eine spätrömische Stadt im griechischen Osten zu betreten. Die Stadt glich einem »Lustgarten«, dessen alte Baudenkmäler den Besucher in
Erstaunen und Entzücken versetzten.[60] In Ephesos zum Beispiel
ragte immer noch das Theater, in dem schon der heilige Paulus
gestanden hatte, am Ende der sorgfältig erhaltenen Arkaden em-
por, die vom Hafen hinaufführten; sein »gewaltiges Rund« spiegelte die »Freude der Bürger« über die Maßnahmen eines spätrö-

---

[57] Petit (Anm. 25) 291–293 und 356. Eine andere Erklärung bieten M. Forlin Patrucco und D. Vera, Crisi di potere e autodifesa di classe. Aspetti del tradizionalismo
delle aristocrazie, in: A. Giardina (Hg.), Società romana e impero tardoantico 1. Istitu-
zioni, ceti, economie, Bari 1986, 245–272, spez. 252–259.
[58] Petit (Anm. 25) 293.
[59] P. Brown, Die letzten Heiden. Eine kleine Geschichte der Spätantike, Berlin 1986,
28 f.
[60] Expositio totius mundi et gentium 26, 32 und 36, in: J. Rougé, Expositio totius
mundi et gentium, (Sources chrétiennes 124) Paris 1966, 160, 164 und 174, dazu der
Kommentar ebd. 245 f.; deutsche Übersetzung in H.-J. Drexhage, Expositio totius
mundi et gentium, Münstersche Beiträge zur antiken Handelsgeschichte 2 (1983): 3–41,
spez. 18, 20 und 24.

mischen Statthalters wider, der Stützwände hatte errichten lassen, um die wertvolle Bausubstanz zu retten.[61] Der Zugriff auf die Steuereinkünfte des Reiches und auf Transportmittel sowie die Möglichkeit, die Bauernschaft zur Zwangsarbeit heranzuziehen, lassen es als sicher erscheinen, daß es die Statthalter und nicht die ortsansässigen Honoratioren waren, welche am meisten dazu beitrugen, die Städte des 4. Jahrhunderts »mit neuen Adern aus glänzendem Stein« zu durchziehen.[62] Die kaiserlichen Beamten ersetzten die privaten Mäzene in ihrer alten Funktion als »Stifter« öffentlicher Gebäude und als »Wohltäter« und »Retter« ihrer Städte.[63] Aber die Aktivitäten der Statthalter betrafen doch im wesentlichen nur die von alters her existierenden Baudenkmäler der Stadt. Ihre Bautätigkeit wurde im 4. Jahrhundert noch übertroffen durch die großartige Errichtung neuer, privater Paläste. Wie wir am Beispiel Antiochias sehen können, zeugten die Mosaike dieser Paläste immer noch vom bürgerlichen Wohlstand ihrer Eigentümer, und ihre Fassaden (besonders wenn sie sich den Säulenschmuck der öffentlichen Gebäude zu eigen machten[64]) trugen ebensosehr zur Verschönerung der Stadt bei wie die Baumaßnahmen der Statthalter.[65]

In normalen Zeiten galt die Stadt weiterhin als bevorzugter Aufenthaltsort des Provinzadels. Wenn Libanios sein eigenes Leben als Stadtbewohner schildert – wie er auf dem Weg über den Markt mit den Händlern Höflichkeiten austauscht, wie er trotz eigener Gichtanfälle Freunde auf dem Krankenlager besucht[66] –, dann setzt er als selbstverständlich voraus, daß er mit seinen Lesern einen Lebensstil urbaner Geselligkeit teilt, zu dem es auch in einer so wenig verstädterten Region wie der Cyrenaica damals noch keine denkbare Alternative gab.[67]

Die oberen Ränge der Provinzgesellschaft, die fest in ihren Städten verankert waren, betrachteten die entsandten Statthalter

[61] Foss 1979 (Anm. 28) 61; L. Robert, Epigrammes du Bas-Empire, Hellenica 4, 1948, 35–114, spez. 87f.

[62] Codex Theodosianus 10, 19, 2; Libanios, Reden 48, 38 und 50, 16–23 (III 447 und 478–481).

[63] Petit (Anm. 25) 291ff.; Liebeschuetz (Anm. 25) 132–136; Foss 1979 (Anm. 28) 27ff.; Roques (Anm. 27) 134.

[64] Libanios, Briefe 724, 1 (X 650).

[65] Petit (Anm. 25) 381f.

[66] Libanios, Reden 2, 6, 22 und 50 (I 240, 246 und 255).

[67] Roques (Anm. 27) 135–138; s. insbesondere J. Ch. Balty, Notes sur l'habitat romain, byzantin et arabe d'Apamée, in: Rapport de Synthèse, Apamée de Syrie. Actes du Colloque Apamée de Syrie, 29–31 mai 1980, Brüssel 1984, 494.

weniger als Vorgesetzte denn als Gleichgestellte. Gerade wegen der starken Zentralisierung des Imperiums genossen die örtlichen Statthalter, die in regelmäßigen Zeitabständen in die einhundertundvier Provinzen des Reiches versetzt wurden, ein verhältnismäßig geringes Ansehen und konnten wenig eigene Initiative entwickeln. Sie blieben nur kurze Zeit auf ihrem Posten, häufig, wie im Falle des *consularis* von Syrien, der in Antiochia residierte, weniger als ein Jahr.[68] Es standen ihnen nur begrenzte Zwangsmittel zur Verfügung. Die Streitkräfte blieben weit entfernt von den meisten der ungefährdeten Provinzen an den Grenzen stationiert und unterstanden einer unabhängigen, militärischen Befehlskette. Trotz anderslautender kaiserlicher Erlasse war der ständige Beamtenstab des Statthalters, sein *officium*, häufig mit Einheimischen besetzt.[69] Jener konnte nur so effektiv sein, wie es ihm sein Beamtenstab ermöglichte, und die Bestechlichkeit und Trägheit der *officia* waren sprichwörtlich. Alle Anordnungen, die sicherstellen sollten, daß die Statthalter die kaiserlichen Erlasse befolgten, enthielten Sanktionen gegenüber den *officia* für den Fall, daß sie Mißbräuche duldeten oder kaiserliche Weisungen mißachteten.[70] Ein Mitglied des *officium* eines Statthalters genoß weitaus geringeres Ansehen als ein gewöhnlicher Ratsherr. Honoratioren konnten eventuell durch einen Statthalter eingeschüchtert werden, aber – nach Libanios' Auffassung – bedeutete es einen unverzeihlichen Gesichtsverlust, wenn ein Ratsherr vor einem gewöhnlichen Beamten aus dessen Behörde zurückwich.[71]

Darüber hinaus schwächte gerade auch jener Prozeß, durch den das Regierungssystem des Imperiums die soziale Struktur der lokalen Eliten verändert hatte, die Macht der kaiserlichen Beamten vor Ort. Selbst in kleinen Städten gewährten kaiserliche Auszeichnungen, die unmittelbar vom Hof verliehen wurden, ihren Trägern ein gewisses Maß an Schutz. Der exzentrische Graf Josephus, der in Skythopolis in Palästina lebte, konnte aufgrund seines ihm von Konstantin verliehenen gräflichen Ehrentitels, dem Zorn eines mächtigen arianischen Bischofs unter der Herrschaft Constantius' II. Widerstand leisten.[72] In einer großen Stadt wie Antiochia traf der Statthalter

---

[68] Liebeschuetz (Anm. 25) 111; Roques (Anm. 27) 174.
[69] Roueché (Anm. 28) 74f.
[70] Codex Theodosianus 16, 10, 10.
[71] Libanios, Reden 35, 8 (III 213) in Festugière (Anm. 54) 486.
[72] Epiphanios, Panarion 1, 2, 30, 5 (PG XLI 413 A).

gewöhnlich auf Einwohner, welche vom Kaiser verliehene Titel trugen oder selber einmal das Amt eines Statthalters innegehabt und freien Zutritt bei Hofe hatten. Der häufige Wechsel im Amt des Statthalters brachte es mit sich, daß jede der großen Städte in den östlichen Provinzen mehrere solcher Persönlichkeiten vorweisen konnte. Diese waren fest etabliert als Führer der städtischen Gesellschaft, in welche sie als *honorati* zurückgekehrt waren, als Träger von Ausnahmerechten und Privilegien, die sie ihrer kurzen Amtszeit in der Reichsverwaltung verdankten. Für diese maßgebende Schicht verwischte sich die Grenzlinie zwischen »zentraler« und »lokaler« Regierung. Die Würdenträger des Reiches fühlten sich selbst nach ihrer Rückkehr in die Heimat berechtigt, den neu eintreffenden Statthalter wie einen jüngeren Kollegen zu behandeln. Wenn er Gerichtsverhandlungen abhielt, saßen sie mit ihm auf derselben Bank. Eifersüchtig wachten sie darüber, daß er keine Ansprüche auf eine unberechtigte Vorrangstellung erhob. Als Lucianus *consularis* von Syrien wurde, ließ er sich Kissen unterlegen, um die ortsansässigen *honorati* zu überragen.[73] Ein verhängnisvoller Fehler, denn wandten sich diese Männer gegen ihn, hatte ein Statthalter kaum Überlebenschancen.

Die Statthalter konnten sogar boykottiert werden. Direkte Kritik am Kaiser und seiner Politik kam natürlich nicht in Frage, und zumindest nach außen hin schienen die Eliten des Reiches von einer »Gehorsamkeitsepidemie« befallen, die ebenso stark war wie jene, die die französische Provinzaristokratie unter Ludwig XIV. erfassen sollte.[74] Aber stillschweigende und dauerhafte Einstellung der Zusammenarbeit von seiten der ortsansässigen Honoratioren war jederzeit möglich. Was wir in vielen modernen Kolonialherrschaften erlebt haben, ließ sich auch im spätrömischen Reich beobachten. Einer unpopulären Politik begegnete man mit einem Nachlassen der Einsatzbereitschaft, die bis zu einer Art »Dienst nach Vorschrift« in der Regierungstätigkeit gehen konnte.[75] Das Scheitern der Kaiser bei der Durchsetzung ihrer Religionspolitik in weiten Teilen des Reiches ist ein Maßstab für die stillen Widerstandskräfte, über welche die spätrömische Provinzgesellschaft immer noch verfügte. Der Kaiser Honorius beklagte sich einmal zu Recht darüber, daß seine Gesetze gegen

[73] Libanios, Reden 56, 4 (IV 133).
[74] Beik (Anm. 29) 31.
[75] D. Eickelman, Knowledge and Power in Morocco. The Education of a Twentieth-Century Notable, Princeton 1985, 153.

die Donatisten und Heiden in Afrika wirkungslos blieben infolge der »unerträglichen Faulheit der Statthalter... der verräterischen Zusammenarbeit ihres Beamtenstabes mit dem Provinzadel und der Mißachtung von seiten der städtischen Ratsversammlungen«.[76]

Die Statthalter lebten in ständiger Furcht vor der Isolation. In einer Provinz wie Kappadokien einen Posten anzutreten, bedeutete, in eine Gegend zu kommen, die mindestens für zwei Monate im Jahr aufgrund starker Schneefälle von Konstantinopel abgeschnitten war.[77] Die Mitglieder des Stadtrates von Caesarea besaßen große, befestigte Landsitze in Anatolien.[78] Wenn sie verärgert waren, pflegten sie sich dorthin zurückzuziehen und den Statthalter in der Stadt sich selbst zu überlassen.[79] Die Vorstellung, ein unbeliebter Statthalter könnte die Stadt von den Honoratioren verlassen vorfinden, da diese sich aufs Land geflüchtet und ihre Paläste »mit offenen Toren« zurückgelassen hätten, war eine Idee, mit der die Zeitgenossen in Briefen und warnenden Erzählungen häufig spielten.[80] Selbst der Bischof zog sich gelegentlich mit einer politischen Indisposition aufs Krankenlager zurück.[81] Ähnlich wie die königlichen Beamten Ludwigs XIV. im wesentlich kleineren Frankreich sah jeder neu ernannte Statthalter einem entfernten Territorium und einer schwierigen Amtszeit entgegen.[82]

Vor allem konnte kein Vertreter der kaiserlichen Majestät sicher sein, daß seine Autorität für die Dauer seiner Amtszeit von denjenigen gestützt werden würde, die ihn entsandt hatten. Die

---

[76] Constitutiones Sirmondianae 12 (407 n. Ch.), übersetzt in C. Pharr, The Theodosian Code, Princeton 1952, 483.

[77] Basileios, Briefe 48.

[78] Johannes Chrysostomos, Briefe 9, 2f.

[79] Basileios, Briefe 88.

[80] Libanios, Briefe 1351, 3 (XI 400), vgl. 1392 (XI 433); Martyrium des Konon 1 in H. Musurillo, The Acts of the Christian Martyrs, Oxford 1972, 186.

[81] Basileios, Briefe 94. Basileios theologischer Gegner Eunomios war weniger schmeichelhaft. Er schrieb, der Bischof habe vor Angst zitternd hinter der geschlossenen Tür des »Verschlags« gestanden, in den er sich zurückgezogen hatte: Gregorios von Nyssa, Gegen Eunomios I (PG XLV 288 B). Ambrosius zog sich, eine Krankheit vorschützend, aufs Land zurück, als Theodosios nach dem Massaker von Thessaloniki nach Mailand kam: Ambrosius, Briefe 51, 5.

[82] Beik (Anm. 29) 99. Eine vorbildliche Untersuchung darüber, wie sich in einem politischen Vorgang in Kappadokien die strukturellen Merkmale zeigen, die »das Gleichgewicht zwischen einer weit entfernten und unzureichend mit Personal ausgestatteten Zentralverwaltung und lokal einflußreicher Eliten« bestimmten, bietet R. Van Dam, Emperors, Bishops and Friends in Late Antique Cappadocia, Journal of Theological Studies N. S. 37, 1986, 60.

ungeheure Entfernung, die sich zwischen ihm und den Macht-
zentren auftat, konnte leicht zur Falle werden. Der Prozeß, in
dessen Verlauf die kaiserliche Regierung in die oberen Ränge der
Provinzgesellschaft eingedrungen war, indem sie diese zum
Staatsdienst außerhalb ihrer Heimatstadt heranzog, führte dazu,
daß Patronats- und Freundschaftsbeziehungen jede Ortschaft
mit mächtigen Persönlichkeiten bei Hofe verbanden. Das Eingreifen derartiger Persönlichkeiten im Interesse ihrer Klienten
oder Mitbürger aus der Provinz konnte dazu führen, daß die
Entscheidungen eines Statthalters umgestoßen wurden, daß er
selbst von seinem Posten entfernt wurde, oder was noch schlimmer und noch häufiger war, daß er sich nach seiner Rückkehr ins
Privatleben der Rache hochgestellter Gegner ausgesetzt sah. Wie
in jeder großen Verwaltung (und besonders in einer solchen, in
der kein Amt bezüglich der Dauer seiner Ausübung Sicherheit
bot) zählte auch hier das Überleben weitaus mehr als jede Effi-
zienz. Es schien klüger, eine Provinz nach der kurzen Amtszeit
zu verlassen, ohne sich durch ungebührlichen Eifer und übertrie-
bene Strenge dauerhafte Feindschaften eingehandelt zu haben.
Von Severianus, einem Provinzstatthalter des 5. Jahrhunderts,
ließe sich sagen, daß einige unüberlegte Maßnahmen während
seiner Amtszeit ihm bis ans Ende seiner Laufbahn Unglück gebracht haben.[83] Die Briefe, in denen Basileios von Caesarea und
Libanios von ausgeschiedenen Statthaltern schreiben, welche
nachträglich in Untersuchungsverfahren verwickelt wurden,
machen uns das Bemühen der Beamten verständlich, sich für die
Zukunft zu sichern, indem sie sich während ihrer Amtszeit eine
wohlgesonnene »Gefolgschaft« unter den von ihnen Regierten
schufen.[84] Auch ist es nicht verwunderlich, daß die Furcht vor
dem langen Arm des Provinzadels und die Gefahr der Rache
nach dem Ausscheiden aus dem Amte für die meisten Statthalter
eine gute Schule der Höflichkeit im täglichen Umgang mit den
führenden Männern der Region waren. Im 4. Jahrhundert galt
Höflichkeit noch als unabdingbares Erfordernis.
   Auf dem wichtigen Gebiet des Steuerwesens war das Römi-

---

[83] Damaskios, Leben des Isidor frg. 280, in: C. Zintzen, Damascii Vitae Isidori Reli-
quiae, Hildesheim 1967, 221.

[84] Basileios, Briefe 96. Basileios schrieb an Sophronios, einen Kappadoker, um den
früheren Statthalter Elias zu schützen. Vgl. A. H. M. Jones, J. R. Martindale und J. Morris, The Prosopography of the Later Roman Empire, Bd. 1, Cambridge 1971, 847f. (So-
phronius 3) und Basileios, Briefe 147–149. Zu Maximus ebd. 585 (Maximus 23) und
Libanios, Briefe 1456 (XI 491); zu Alexander von Heliopolis ebd. 41 (Alexander 5).

sche Reich ein »Commonwealth der Städte« geblieben; ein Netz
von etwa 900 Städten überzog die östliche Reichshälfte.[85] Nur
über sie gewann der Kaiser Zugang zu dem besteuerbaren Reichtum der Landbezirke. Jede Stadt trug die Verantwortung für die
Erhebung der Steuern in ihrem Gebiet[86], wobei sich die einzelnen Gebiete stark nach Größe und Wohlstand unterschieden.
Antiochia kontrollierte eine reiche und gut beherrschbare Ebene
von etwa 90 Quadratkilometern.[87] Kyrrhos dagegen, eine kleine
Stadt ungefähr 120 Kilometer nordöstlich von Antiochia, war
verantwortlich für die Steuern eines zerklüfteten Landstrichs
von 100 Quadratkilometern, der das reiche Tal des ʿAfrīn in
Nordsyrien flankierte. Er umschloß »zahlreiche hohe Berge, von
denen einige völlig kahl und andere nur mit spärlicher Vegetation
bedeckt waren« und an deren Hängen die fast unzugänglichen
und oft rebellischen Dörfer lagen.[88]

Im Rahmen dieser relativ überschaubaren, traditionellen Ver-
waltungsbezirke arbeitete das Steuersystem des Römischen Reiches. Zunächst verfaßte der Kaiser selbst ein jährliches Steuer-
budget für seine Prätorianerpräfekten, das diese an die einzelnen
Provinzstatthalter weiterleiteten.[89] Daraufhin wurden die Stadträte der verschiedenen Städte einer jeden Provinz in den Palast
des Statthalters einberufen, wo ihnen dessen Herold eine kom-
plizierte Liste spezieller Forderungen vortrug, im wesentlichen
Naturalabgaben für die Streitkräfte: Getreide, Kleidung, Pferde,
Futtermittel und sogar Rekruten.[90] Die vom Gesetz bestimmte
Zugehörigkeit zum Stadtrat, der *curia* oder *boulē*, war ausschlag-
gebend für den Status einer Person als *curialis* oder *bouleutēs*,
nicht hingegen die schmeichelhafteren und unwägbareren Vorzüge von Geburt und Bildung, die so viele Honoratioren ins Feld
führten, um ihre Stellung innerhalb der Stadt zu rechtfertigen.
Vor allem benötigte die Regierung Persönlichkeiten, die wohlha-
bend genug waren, um für jede Art von Steuerausfall Sicherheit
gewährleisten zu können. Frauen, Kaufleute, Angehörige der

[85] Jones (Anm. 14) II 712–718.
[86] Jones (Anm. 14) I 456–460.
[87] Liebeschuetz (Anm. 27) 40f. und 61–73.
[88] Theodoretos, Briefe 42 in Y. Azéma, Théodoret de Cyr. Correspondence 2, (Sources chrétiennes 98) Paris 1964, 110; ders., Kirchengeschichte 21, 15 (PG LXXXII
1444 BC); ders., Briefe 81 in Azéma ebd. 192 ff.
[89] Jones (Anm. 14) I 448–456.
[90] Vgl. die lebendige Szene in einem lateinisch-griechischen Lehrbuch bei A. C.
Dionisotti, From Ausonius' Schooldays? A Schoolbook and Its Relations, Journal of
Roman Studies 72, 1982, 83–125, spez. 104.

städtischen *plebs,* ja sogar Analphabeten konnten sich im Verzeichnis der *curiales,* der Ratsherren, wiederfinden, vorausgesetzt, sie verfügten über das nötige Geld.[91]

Die Belange der Administration konnten jedoch niemals rein finanzieller Natur sein. Sie benötigte gleichermaßen die Autorität angesehener lokaler Persönlichkeiten, um ihren eigenen Machtanspruch bei der Erhebung der Steuern und der Aufrechterhaltung von Recht und Ordnung zu untermauern. Die Zentralregierung konnte zwar die Steuern festsetzen, aber es waren die vom Rat der Städte ernannten Beamten, die die Steuern eintrieben und die Erträge ihrer Tätigkeit – ob in Form von Naturalleistungen oder Geld – in die kaiserlichen Depots schafften.

Die Begegnung zwischen den Repräsentanten des Kaisers und den Ratsherren eröffnete die Steuererhebung eines Jahres stets als ein feierlicher Akt. Er enthüllte ebenso die absolute Steuerhoheit des Kaisers wie die enge Abhängigkeit der kaiserlichen Regierung von der Mitarbeit lokaler Gruppen bei der Eintreibung der Steuern. Der Kaiser legte die Höhe der Steuern fest, über die nicht mehr verhandelt werden konnte. Als im Jahre 383 n. Chr. dem römischen Senat eine Sondersteuer in Höhe von eintausendsechshundert Pfund Gold verkündet wurde, senkte sich »tiefes Schweigen« über die erschütterte Versammlung.[92] Allerdings bestand die Möglichkeit, das Schwergewicht der Besteuerung zu verlagern. Die Ratsherren konnten in der Regel dafür sorgen, daß die Steuerlast nicht von ihnen selbst, sondern von anderen getragen wurde. Wir haben es hier mit einer Situation zu tun, die folgendermaßen beschrieben worden ist: »einvernehmlich niedrige Bewertung des Besitzes der Eliten, frühe Erhebung der Steuern bei anderen und späte Entrichtung der Steuern durch die Reichen«.[93] Wie im Languedoc des 17. Jahrhunderts wurde die Stellung der Führungsschicht in der spätrömischen Provinzgesellschaft durch das Steuerwesen des Imperiums verstärkt und nicht eingeebnet.[94] Sie erhielt die Möglichkeit, die Steuererhebung zu einer Quelle des Profits und zur Grundlage einer lokalen Machtposition zu gestalten.

In Begleitung ihrer lokalen Beamten zogen die *susceptores,* die

---

[91] Jones (Anm. 14) II 737–740; P. J. Sijpesteijn, A Female »Bouleutēs«, Bulletin of the American Society of Papyrologists 24, 1987, 141 f.

[92] Symmachus, Briefe 2, 57.

[93] K. Hopkins, Taxes and Trade in the Roman Empire. 200 B. C.–400 A.D., Journal of Roman Studies 70, 1980, 121 Anm. 60.

[94] Beik (Anm. 29) 334.

für die Steuererhebung verantwortlichen Ratsherren, über Land. Jedes Jahr demonstrierten die städtischen Honoratioren in ihrem Amtsbezirk ihre Autorität. Repräsentanten einer großen Stadt wie Antiochia konnten sich im allgemeinen in der Sicherheit wiegen, in »ihre« Dörfer zu kommen, zu Bauern, die über viele Generationen hinweg dazu erzogen worden waren, Steuern und Abgaben schnell und widerspruchslos zu entrichten. Sie erschienen in den Dörfern in ihrer doppelten Eigenschaft als Vollstrecker des kaiserlichen Steuersystems und als herrschaftliche Großgrundbesitzer. Wie Libanios schreibt, hatten die Bauern gelernt, »sich beim Anblick der Uniform eines Steuereinnehmers zu ducken«.[95] Die Steuererhebung bedeutete nur einen zusätzlichen Besuch von seiten der Herrschaft und stand für sie auf einer Stufe mit der Pachtzahlung und der Entrichtung von Schuldzinsen. Nur in wenigen Fällen wurde den Honoratioren erfolgreich Widerstand geleistet, so etwa, wenn die Dorfbewohner sich unter den Schutz eines noch mächtigeren Herrn, zum Beispiel eines lokalen Militärbefehlshabers, stellten. Dann konnte, wie im folgenden Falle, eine Machtdemonstration der Steuereinnehmer mit einer empfindlichen persönlichen Niederlage enden: Die *susceptores* »tragen ihre Forderungen vor, zunächst höflich und in zurückhaltendem Ton, aber als sie nur Hohn und Verachtung ernten mit zunehmendem Zorn und erhobener Stimme, wie man das von Leuten erwarten kann, die nicht zu ihrem Recht kommen... Dann bedrohen sie die Dorfältesten... lassen sie ergreifen, um sie in Haft zu nehmen, aber die Dorfbewohner überschütten sie mit einem Steinhagel. Daraufhin kehren die Steuereinnehmer... in die Stadt zurück, wo ihre blutigen Kleider jedermann sichtbar machen, was ihnen widerfahren ist.«[96]

Diese seltenen Fehlschläge wurden von den Sprechern der beleidigten Honoratioren lebhaft geschildert.[97] Aber wir sollten nicht vergessen, daß sie die Ausnahme von der Regel bildeten. Im allgemeinen waren die Steuereinnehmer nur zu erfolgreich. In der Lebensbeschreibung eines Dorfheiligen wird geschildert, wie eine solche Standesperson, Letoius (aus einer angesehenen Familie Antiochias), in »seinem« Dorf eintrifft, um »mit unnötiger Strenge« die Ernten einzufordern. Bitten um Gnade blieben vergeblich, das Getreide wurde aufgeladen. Nur ein Wunder ver-

---

[95] Libanios, Reden 30, 15 (III 95); Liebeschuetz (Anm. 27) 63–69; A. H. M. Jones, The Roman Colonate, Past and Present 13, 1958, 1–13.

[96] Libanios, Reden 47, 7 (III 407 f.).

[97] Carrié (Anm. 52) 169–172.

hinderte, daß Letoius mit der erfolgreich eingesammelten Naturalabgabe auf seinem Wagen in die Stadt zurückkehren konnte (wie es ansonsten viele getan haben) und so die Bauern um ihre erste Ernte gebracht hätte.[98] Im Gallien des 5. Jahrhunderts nannte Salvianus von Marseille die *curiales* die »Tyrannen« ihrer Region: »Wo ist nicht der Reichtum der Witwen und Waisen von den führenden Männern der Städte aufgezehrt worden?«[99] Kaiser Justinian ordnete sogar an, daß die *curiales* nicht zu Priestern geweiht werden sollten: Sie wurden, schrieb er im Jahre 531, »unter harten Bedingungen aufgezogen... um die grausamsten Handlungen auszuführen«.[100] Tatsächlich handelte es sich hier um Leute, deren Rücksichtslosigkeit für das Steuersystem des Imperiums viel zu wertvoll war, um in den milderen Anforderungen des Priesteramts vergeudet zu werden. Im späten Kaiserreich gingen die Steuern trotz der Schwächen der kaiserlichen Verwaltung mit überraschender Regelmäßigkeit ein.[101] Das wurde zu einem nicht geringen Teil der Brutalität verdankt, mit der die Mitglieder der Stadträte die Steuern von denjenigen eintrieben, die sich weniger gut schützen konnten als sie selbst.

Das *quid pro quo* der rauhen Behandlung der großen Mehrheit der Steuerpflichtigen, das heißt der Landbevölkerung, war die Leichtigkeit, mit der die Reichen ihre eigenen Steuerrückstände auflaufen lassen konnten. Die Behandlung der Steuerrückstände oblag der Lokalpolitik, und ihre Eintreibung markierte die heikle Grenzlinie zwischen der privilegierten Position einiger weniger und dem schutzlosen Ausgeliefertsein an die öffentliche Gewalt – das Los der Mehrheit. Bezeichnenderweise fiel das Amt des *exactor,* also desjenigen, der für die Eintreibung der Steuerrückstände verantwortlich zeichnete, gewöhnlich an ein hochgestelltes Mitglied des Stadtrates. Es war der Mühe wert, sich um dieses Amt zu bewerben.[102] Der *exactor* verstand es in der Regel, das Beste aus der Machtposition zu machen, die ihm sein Amt verschaffte. Als Folge davon bildete sich in den Stadträten eine Zweiklassengesellschaft heraus. Eine kleine, eng begrenzte Gruppe von Ratsherren vermochte das Steuersystem zu ihrem

---

[98] Theodoretos, Historia Religiosa 14 (PG LXXXII 1413 B).

[99] Salvianus, De gubernatione Dei 5, 18.

[100] Codex Iustinianus 1, 3, 52, 1.

[101] Jones (Anm. 14) I 406.

[102] H. I. Bell und andere (Hgg.), The Abinnaeus Archive, Oxford 1962, 118–120 nr. 58 (Arsinoe, 348 n. Chr.); A. Chastagnol, L'album municipal de Timgad, (Antiquitas III 22) Bonn 1978, 28.

Vorteil zu manipulieren. Sie konnten es sich leisten, ihre Steuer-
schuld anwachsen zu lassen, während andere, weniger hochgestellte Honoratioren feststellen mußten, daß ihre Steuerrückstände sie über die Klippe stießen, die ihre Schicht von der
breiten Masse der Bevölkerung trennte. Die Unfähigkeit, Steuerrückstände zu bezahlen, unterwarf selbst die Ratsherren der un-
ehrenhaften, plebeischen Strafe des Ausgepeitschtwerdens.[103]
Großzügigkeit oder Härte bei der Steuereintreibung wurden
deshalb zum entscheidenden Kriterium für die Zweiteilung der
herrschenden Schicht in eine Minderheit privilegierter, hochgestellter Bürger, die *proteuontes* oder *principales,* und die gewöhnlichen Ratsherren, die *decuriones.* Diese Zweiteilung war das
charakteristischste Merkmal der städtischen Gesellschaft im
spätrömischen Reich.[104]

In entsprechender Weise verschafften die Steuerrückstände
dem Kaiser eine dringend benötigte Reserve an politischem Kapital. Der Erlaß von Steuerschulden gab ihm die Möglichkeit zu
Gunsterweisen gegenüber der Oberschicht. Denn wie Salvianus
deutlich macht, handelte es sich um die unbezahlten Steuern der
Reichen, die durch die kaiserlichen Steuererlasse annulliert wurden. Den weniger Wohlhabenden hatte man erst gar nicht die
Möglichkeit eingeräumt, Rückstände auflaufen zu lassen: »Allein die Reichen profitieren von dem Erlaß, der allen gewährt
wurde.«[105]

Je eingehender man die Handlungsweisen der Kaiser analysiert – und diejenigen des Kaisers Julian Apostata sind hier ein
gutes Beispiel –, desto deutlicher wird, daß kein Kaiser eine revo-
lutionär neue Steuerpolitik einführen wollte.[106] Das Steuersystem des Imperiums war zu fest gegründet, als daß es mehr als
rein oberflächliche Anpassungen seiner Strukturen gestattet
hätte. So lag denn auch Julian und seinen Ratgebern zunächst nur
eine Liste mit den Steuerschulden der einzelnen Städte vor. Indem er diese durch eine Reihe öffentlich bekanntgegebener *bene-
ficia* (kaiserlicher Gunsterweise) im ersten Jahr seiner Regie-

---

[103] Codex Theodosianus 12, 1, 126.
[104] G. E. M. de Sainte Croix, The Class Struggle in the Ancient Greek World, London 1981, 465–476; C. Lepelley, »Quot curiales, tot tyranni«. L'image de décurion op-
presseur au Bas-Empire: in: E. Frézouls (Hg.), Crise et redressement dans les provinces
européennes de l'Empire, Straßburg 1983, 144–156.
[105] Salvianus, De gubernatione Dei 5, 35.
[106] E. Pack, Städte und Steuern in der Politik Julians. Untersuchungen zu den Quellen eines Kaiserbildes, (Collection Latomus 194) Brüssel 1986.

rungszeit mit »Geschick und Klugheit«[107] teilweise erließ, handelte Julian nicht im Hinblick auf das allgemeine Steuersystem des Imperiums, sondern auf die Interessen der wohlhabendsten Vertreter jener Städte und Regionen auf dem Balkan und im Osten, die unlängst wider Erwarten unter seine Herrschaft gekommen waren.[108] Ebenso konnte fast ein Jahrhundert später Theodosius II. die Angehörigen der Oberschicht und des Klerus von Konstantinopel zur Räson bringen, indem er sie daran erinnerte, daß es ihm ein leichtes sei, die Steuerrückstände derjenigen zu ermitteln, die sich den theologischen Anschauungen seines Günstlings, des Mönchs Eutyches, widersetzten.[109]

Der Prozeß der Steuererhebung zeigte jedes Jahr aufs neue einen der Hauptpunkte, in denen man vom Regierungssystem des Reiches, das anscheinend so unerbittlich funktionierte, ein »Nachgeben« erwarten konnte. Er unterstrich die dauerhafte Bedeutung derjenigen Gruppe, mit der die kaiserliche Regierung zusammenarbeiten mußte, wenn sie ihr Hauptziel, die Erhebung der Steuern, erreichen wollte. Die Lektion war einfach. Wollte ein Provinzstatthalter auf seinem Posten erfolgreich sein, mußte er wissen, mit welchen Honoratioren er zusammenzuarbeiten hatte.

Deshalb ist es häufig irreführend, die Reden des Libanios und die Briefe des Synesios von Kyrene dahingehend zu verstehen, daß der Statthalter und die Provinzbewohner sich in jedem Falle »in einem endlosen Krieg gegenübergestanden hätten, aus welchem die Provinzbewohner unvermeidlich als Verlierer hervorgingen«.[110] Wo wir sie rekonstruieren können, ist die Wirklichkeit viel komplexer. Unter normalen Bedingungen war der Vertreter der Zentralregierung einer von mehreren Mitspielern in einem instabilen lokalen Machtgefüge. Weder er noch eine der verschiedenen Gruppierungen konnte sich des sicheren Sieges gewiß sein. Ein Provinzstatthalter arbeitete am effizientesten auf dem Wege über Allianzen mit den verschiedenen lokalen Machtgruppierungen. Als Andronikos, der aus der Cyrenaica stammte, im Jahr 411 als Statthalter in seine Heimatprovinz zurückkehrte,

[107] G. W. Bowersock, Julian the Apostate, Cambridge MA 1977, 76.
[108] Pack (Anm. 106) 113; s. auch S. Mitchell, Maximinus and the Christians. A New Latin Inscription, Journal of Roman Studies 78, 1988, 122.
[109] Nestorius, Liber Heraclidis 2, 2, ed. F. Nau, Le Livre d'Héraclide de Damas, Paris 1910, 299.
[110] R. A. Pack, Studies in Libanius and Antiochene Society under Theodosius, Diss. Ann Arbor (Univ. of Michigan) 1935, 30.

verband er sich prompt mit Julius, dem Führer einer Gruppe, die gegen Synesios opponierte. Julius hatte schon zehn Jahre vorher zum ersten Mal gegen Synesios gearbeitet. Obwohl er sich Synesios verpflichtet fühlen mußte, weil dieser ihn gegen eine Anklage wegen Hochverrats geschützt hatte, war er im Jahre 407 erneut mit ihm zusammengestoßen, und zwar öffentlich auf einer Versammlung des gesamten Provinzadels. Jetzt fand sich Julius dank der Unterstützung durch Andronikos plötzlich in einer Position der Stärke, und zwar gerade in dem Augenblick, als Synesios Bischof von Ptolemais wurde – für Synesios keine sehr angenehme Aussicht. Es blieb ihm lediglich ein Trost: Julius verhielt sich gegenüber seinem neuen Verbündeten, dem Statthalter, schon genau so anmaßend wie gegenüber allen anderen. Vielleicht würde das Bündnis nicht von Dauer sein.[111]

Schließlich konnte kein Statthalter sicher sein, daß irgendeine Allianz lange Bestand haben würde. Es gab zu viele Gruppen, mit denen er sich überwerfen konnte. Lucianus war als Statthalter von Syrien erbärmlich gescheitert, nachdem er einflußreiche frühere Beamte, die in Antiochia lebten, verärgert hatte, indem er in der beschriebenen Weise versuchte, höher als sie auf der Richterbank zu thronen. Ein anderer Statthalter – Sohn eines mächtigen römischen Aristokraten – mußte seinen Posten dennoch eilends verlassen, weil er ein Mitglied des Stadtrates von Ephesos hatte auspeitschen lassen.[112] So zeichnete Angst vor Isolierung und vor späterer Rache das Leben eines spätrömischen Provinzstatthalters.

In dem labilen Gleichgewicht, das wir beschrieben haben, erhielt die überzeugende Rede eine eng begrenzte, aber dauerhafte Funktion. Weit davon entfernt, durch die autokratische Struktur des spätrömischen Regierungssystems überflüssig zu werden, gedieh die Rhetorik in den vielfältigen Nischen dieses Systems prächtig. Denn durch sie wurde das Knarren eines schwerfälligen politischen Organismus in erhabene, klassische Musik verwandelt. Sie führte den Gebildeten unter den Zeitgenossen die strahlende Fassade einer politischen Welt vor, die nicht durch Gewalt, Betrug und Nepotismus zusammengehalten wurde, sondern durch *logoi*, den unfehlbaren, uralten Zauber griechischer Worte. Kaiser und Statthalter machten Zugeständnisse, nicht weil sie oft unsicher, schlecht informiert oder leicht zu korrum-

---

[111] Synesios, Briefe 95 und 79 in A. Garzya, Synesii Cyrenensis Epistulae, Rom 1979, 157–163 und 140; s. Roques (Anm. 27) 178 f.
[112] Libanios, Reden 28, 5 und 42, 15 f. (III 49 und 314 f.).

pieren waren, sondern weil sie durch die Anmut und Weisheit sorgfältig verfaßter Reden dazu bewegt wurden. Nicht aus Furcht vor Isolierung oder aus der instinktiven Erkenntnis heraus, daß das römische Steuersystem am wirkungsvollsten über die Kollusion mit den Reichen funktioniere, suchten Statthalter Verbündete oder respektierten wohlerworbene Rechte, sondern weil der hohe Grad ihrer Bildung sie in den ortsansässigen Honoratioren Männer der *paideia,* »natürliche« Freunde und Geistesverwandte sehen ließ.

Vor allem diente die Rhetorik erfolgreichen Parteien dazu, ihre Siege zu feiern. Libanios von Antiochia und Synesios von Kyrene verfaßten verdientermaßen berühmte Anklagen gegen eine ganze Reihe zeitgenössischer Mißstände. Es ist sehr unwahrscheinlich, daß diese großartigen Reden jemals entscheidend dazu beitrugen, die Reformen herbeizuführen, die ihre Verfasser anmahnten. Das hieße, vom römischen Staatsleben zu viel zu erwarten. Der Grund hierfür liegt nicht darin, daß die spätrömischen Rhetoren serviler gewesen wären als ihre Vorgänger in früheren Jahrhunderten, sondern daß ihre Reden jetzt in ein politisches System eingebunden waren, in dem Veränderungen nicht durch die Überzeugungskraft der Redekunst herbeigeführt wurden, sondern bestenfalls durch die Manipulation von Parteigruppierungen und durch die Schaffung von Beziehungsgeflechten. Der erfolgreiche Rhetor hatte dem schwerfälligen Zusammenwirken dieser Faktoren durch den Glanz seiner Worte lediglich Nachdruck zu verleihen. Am wirkungsvollsten war er, wenn er die Dinge im nachhinein kommentierte. Um ein kleines Beispiel zu geben: Auf den Rat seiner Freunde hin, welche die Stimmung am Hof von Konstantinopel genau kannten, verzichtete Libanios auf den Vortrag einer Rede, die er gegen ein bestimmtes Gesetz verfaßt hatte. Erst nachdem »das Schicksal selbst« die Sache »in seinem Sinn« entschieden hatte und das Gesetz aufgehoben worden war, trug der alte Rhetor seine Schmährede in öffentlicher Lesung vor.[113] Dabei galt Libanios nicht etwa als besonders feige. Er stand damals schon hoch in den Sechzigern und wußte wohl, daß man unter den Bedingungen des spätrömischen Reiches politischen Zielen am besten diente, indem man sorgfältig auf die Stellung der Parteien bei Hofe achtete und im Kreis der Gebildeten nur solche Siege feierte, die bereits als sicher gelten konnten. Es hatte keinen

---

[113] Libanios, Briefe 916, 3f. (XI 63).

Zweck, die Machthaber durch unzeitige Demonstrationen freier Rede zu erzürnen.

Große Reden gegen politische Mißstände oder unbeliebte Statthalter wurden entsprechend selten gehalten. Die Alltagspolitik der Provinzen ereignete sich vielmehr im Dunst althergebrachter Phraseologie, welche in Form von Lobreden, Petitionen und Ratschlägen über den Statthaltern als den zentralen Figuren niederging. Angesichts unsicherer Konstellationen, in denen ihre Beliebtheit bei einflußreichen Gruppen der ortsansässigen Honoratioren für ihr politisches Überleben unerläßlich war, legten die Statthalter großen Wert darauf, daß ihr Handeln vor dem Hintergrund eines goldenen Schleiers altehrwürdiger Werte gesehen wurde. Der Berufung auf das Ideal eines aufgrund von Überzeugungskraft harmonischen Regierungsstils begegnete man häufig. Tatsächlich war das Bemühen zu überzeugen weiterhin Bestandteil der politischen Sprache des spätrömischen Reiches. Denn die *devotio* der Reichen und Mächtigen mußte durch Gesten des Respekts gewonnen werden, während man den Gehorsam der übrigen Bevölkerung (auch den der weniger wohlhabenden Honoratioren) notfalls mit Gewalt erzwingen konnte.

Aus diesem Grunde bemühte sich ein tüchtiger Statthalter, der lokalen Elite Ehre zu erweisen. Libanios von Antiochia beschreibt, wie der *consularis* von Syrien von seinem Wagen stieg, wenn er sich dem Rathaus von Antiochia näherte, um dann zu Fuß weiterzugehen und den Stadtrat zu begrüßen, der ihn auf den Treppenstufen erwartete; selbst Statthalter, die an der Gicht litten, befolgten dieses Ritual.[114] Libanios selbst erwartete für sich persönliche Ehrenbezeugungen: Der Statthalter pflegte einen speziellen Herold zu ihm zu senden, um ihn in den Palast einzuladen, und wenn der hochbetagte Sophist krank wurde, stattete ihm der besorgte Staatsdiener gewöhnlich einen Krankenbesuch ab. Wenn Libanios einen derartigen Besuch nicht wünschte, so galt das als Zeichen, daß er mit dem Statthalter nicht zufrieden war.[115] Ebenso konnte es zu einem Eklat kommen, wenn ein Statthalter bei seinem Neujahrsempfang lediglich ein Mitglied des Stadtrates mit einem Kuß ehrte.[116]

Akte der Höflichkeit gehörten tatsächlich zum Herrschaftsinstrumentarium. Wenn sie durch die Drohung mit der schreckli-

---

[114] Libanios, Reden 46, 40 (III 398).
[115] Libanios, Reden 54, 30–36 (IV 84–86); solche Besuche verweigert Libanios, Reden 2, 9 (I 241f.).
[116] Libanios, Reden 27, 12 (III 28f.).

chen Alternative – der öffentlichen Entehrung – verstärkt wurden, führten sie im allgemeinen zu politischem Wohlverhalten. Als Bischof Phileas von Thmuis, ein Würdenträger aus Alexandria, sich während der Herrschaft Diokletians weigerte, Opferhandlungen vorzunehmen, äußerte der Statthalter seine Verständnislosigkeit. Er hatte alles in seinen Kräften Stehende getan, um Phileas' »Ehre« zu respektieren. »Denke daran, daß ich Dich geehrt habe. Ich hätte Dich in Deiner Heimatstadt entehren können... Ich habe Deinem Bruder einen Gefallen *(beneficium)* getan; tu Du mir nun diesen Gefallen... Ja, wenn Du ein Bauer wärest...«[117]

Diese Lektion mußte jeder Statthalter lernen. Fast sechzig Jahre nach der Großen Christenverfolgung unter Diokletian schrieb Libanios dem *consularis* von Syrien, Alexander von Heliopolis, wie er sich gegenüber Eusebios, einem widerspenstigen christlichen Ratsherrn aus Apameia verhalten solle. Alexander, der von Kaiser Julian ernannt worden war und fest auf dem Boden des Polytheismus stand, galt als bösartig und hochfahrend.[118] Er mußte also lernen, sich zu beherrschen: »Überlege Dir gut, ob es nicht besser wäre, Milde walten zu lassen und Dein Ziel zu erreichen, als Härte zu zeigen und Dir selbst Schwierigkeiten zu bereiten.«[119]

Libanios' Ratschläge an Alexander und seine häufigen Interventionen zugunsten wohlhabender Christen zur Zeit Kaiser Julians, die er trotz seiner eigenen polytheistischen Überzeugungen vornahm, haben ihm bei den Gelehrten der Neuzeit großes Ansehen eingetragen: »Seine Briefe sind ein Hort humaner Toleranz.«[120] Wir sollten aber nicht vergessen, daß sie auf einer soliden Grundlage politischer Weisheit basierten. Es war schwierig genug für einen Statthalter, das rechte Gleichgewicht zwischen der selektiven Umwerbung einflußreicher Honoratioren und der gelegentlichen Härte gegenüber anderen zu finden, ohne daß dieses heikle Gleichgewicht durch den berechtigten Zorn eines Gläubigen gestört wurde. In dieser Hinsicht erwies

[117] Phileas-Akten 5 (lat.) bzw. 11 (griech.) in Musurillo (Anm. 80) 348 bzw. 340 ff.: In einem farbig vorgestellten Martyrium werden dem Helden kaiserliche Zuwendungen, *legata*, für seine Heimatstadt und die Nachfolge in der Statthalterschaft versprochen; vgl. H. Halkin, Deux Passions inédites des saints Eutrope, Climaque et Basilisque, Analecta Bollandiana 104, 1986, 20.

[118] Ammianus Marcellinus, Res Gestae 23, 2, 3.

[119] Libanios, Briefe 1351, 3 (XI 400).

[120] A. F. Norman, Libanius. The Teacher in an Age of Violence, in: G. Fatouros und T. Krischer (Hgg.), Libanios, (Wege der Forschung 621) Darmstadt 1983, 362.

sich Libanios eher als Realist denn als Liberaler. Er hatte eine genaue Vorstellung von den vielfältigen Möglichkeiten, mit denen eine einflußreiche lokale Persönlichkeit zur Loyalität angehalten werden konnte. Alexander sollte sich durch Eusebios' Bekenntnis zum Christentum nicht über Gebühr beunruhigen lassen. Eusebios war ein Mann, den er nicht einzuschüchtern brauchte: »Er hat ein gutes Gefühl für die vorherrschende Stimmung bei Hofe und wird mehr von heikler Berechnung als von Wagemut geleitet.«[121]

Ein erfolgreicher Statthalter verstand es, sich Argumenten zugänglich zu zeigen und versuchte gleichzeitig, selbst durch Argumente zu überzeugen. Der entscheidende Beweis für die Höflichkeit eines Statthalters und für seine Fähigkeit, die lokalen Machtgruppierungen zu manipulieren, lag im problemlosen Funktionieren des Steuerwesens, dem er vorstand. Alle politischen Gruppierungen einer Ortschaft hielten die Erinnerung an ihre »guten« Statthalter in Ehren. Synesios von Kyrene schrieb über den Syrer Gennadios: »Indem er sein Amt mit Mäßigung und Überzeugungskraft ausübte, hat er, ohne daß es jemand merkte, mehr Geld in die öffentlichen Kassen gebracht als diejenigen seiner Vorgänger, die für ihre Grausamkeit und Härte bekannt waren… Man könnte dies zu Recht einen freiwilligen Tribut nennen, der weder durch Gewalt noch durch die Peitsche erzwungen war.«[122] Zumindest nach Meinung seiner Anhänger hatte es Gennadios verstanden, aus einer fernen Provinz den kostbaren Nektar der *devotio* zu gewinnen.

In diesen konkreten, weitgehend unheroischen Verhältnissen lernten die eloquenten Mitglieder der lokalen Eliten, deren umfangreiche Werke uns erhalten sind, den ganzen Umfang und die Grenzen der Überredungskunst in ihren Verhandlungen mit den Vertretern der kaiserlichen Macht kennen. *Devotio* wurde durch Überredung gewonnen und weckte ihrerseits bei den privilegierten Gruppen der Aristokratie die ständige Erwartung, daß auch sie die Träger der Macht überreden könnten. Nach den Worten eines Ediktes Valentinians I., die sich in einer süditalienischen Stadt in Stein gemeißelt finden, sollten »Eintracht« und »gnädige Milde« die Beziehungen zwischen dem Statthalter und den führenden Persönlichkeiten jeder Region bestimmen.[123] Diese Er-

---

121 Libanios, Briefe 1411, 2 (XI 452).
122 Synesios, Briefe 72 in Garzya (Anm. 111) 132 f.
123 A. Giardina und F. Grelle (Hgg.), La Tavola di Trinitapoli. Una nuova costituzione di Valentiniano I, Mélanges de l'école française de Rome: Antiquité 95 (1983) 260.

wartung war an sich nichts Ungewöhnliches und verkörperte auch nicht ein veraltetes, überlebtes Ideal. Trotz des für das 4. Jahrhundert charakteristischen krassen Durchsetzungswillens der Staatsmacht lebte ein Regierungsstil fort, der auf Zusammenarbeit mit den Oberschichten beruhte und auf eine Jahrhunderte alte Tradition zurückblicken konnte. Auch besaß eine solche »Eintracht« nicht unbedingt etwas Gekünsteltes. Edward Thompson formuliert das folgendermaßen: »Nachdem ein soziales System sich einmal gefestigt hat, muß es nicht durch tägliche Machtdemonstrationen aufrechterhalten werden... Viel wichtiger ist ein bestimmter dauerhafter, theatralischer Stil.«[124]

Um die diskrete Überzeugungskraft zu verstehen, die die Elite des 4. Jahrhunderts immer noch mit dem von ihr geschätzten »theatralischen Stil« verband, müssen wir uns im nächsten Kapitel dem Bildungssystem, der *paideia*, zuwenden, die ein charakteristisches Merkmal der griechischen und lateinischen Welt geblieben war. Wir müssen uns ansehen, welche Möglichkeiten des öffentlichen Auftretens und welche entsprechenden Herrschaftsideale und Überzeugungsstrategien von den Söhnen aus guter Familie zunächst erlernt und dann praktiziert wurden, wenn sie die traditionelle Bildung »wie ein Geschenk des Himmels für eine kleine Anzahl von Auserwählten« empfangen hatten.[125] Denn nur wenn wir die Normen des politischen Verhaltens der städtischen Honoratioren, wie die *paideia* sie vorgab, mit der entstehenden christlichen Kultur der Bischöfe und Mönche vergleichen, können wir das Ausmaß und die Bedeutung der Veränderungen im »theatralischen Stil« ermessen, die in den letzten Jahrzehnten des 4. Jahrhunderts eintraten. In dieser entscheidenden Phase begannen christliche Redner, welche die Bedürfnisse der christlichen Gemeinden in den Städten artikulierten, in die Politik des Imperiums einzugreifen. Wie wir sehen werden, taten sie dies jedoch häufig, indem sie in Rollen schlüpften, die ursprünglich von den Trägern der *paideia* entwickelt worden waren.

[124] E. P. Thompson, Patrician Society – Plebeian Culture, Journal of Social History 7, 1974, 389.
[125] Ammianus Marcellinus, Res Gestae 29, 2, 18.

2. *Paideia* und Macht

Irgendwann um 258/59 richtete Lollianus, ein Grammatiker aus Oxyrhynchus in Ägypten, eine Petition an die Augusti Gallienus und Valerian wegen rückständiger Gehaltszahlungen. »Eure erhabene Großmut und Eure Freundschaft mit den Musen (denn die *paideia* sitzt auf Eurem Thron Euch zur Seite) haben mir den Mut verliehen, Euch eine gerechte und billige Bitte vorzutragen.«[1] Lollianus war ein unbedeutender Mann, der darauf hoffte, sich die Gunst der Großen zu erwirken, indem er sich der feinen Osmose einer gemeinsamen Kultur bediente. Zweimal hatte er schon ergebnislos an einen Freund bei Hofe geschrieben.[2] Der Wortlaut der Petition wies in die Zukunft. Je wirksamer die kaiserliche Regierung seit der Zeit Konstantins ihre Macht in den östlichen Provinzen durchsetzte, um so mehr wurde auf den Denkmälern für die kaiserlichen Statthalter die Fähigkeit gerühmt, Gerechtigkeit und Liebe für die Musen miteinander zu verbinden. Diese Inschriften wurden in Form von Epigrammen sorgfältig in Stein gemeißelt.[3] Sie richteten sich nicht an ein breites Publikum, vielmehr waren sie in charakteristischen Lettern in einem esoterischen Griechisch verfaßt, dessen Gebrauch die Beherrschung antiker Formen voraussetzte[4], und sie signalisierten dem kleinen Kreis der *cognoscenti* die harmonische Verbindung zwischen dem Statthalter und der lokalen Elite. Die Inschriften stellten den Kommentar einer hochgebildeten Schicht von Honoratioren zu dem imposanten Standbild eines spätrömischen Verwaltungsbeamten dar, das in Lebensgröße über der eleganten Schrift aufzuragen pflegte.[5] Im späten 4. Jahrhundert erhielt Oikoumenios, der Statthalter von Karia, ein solches Standbild. Als Berufsbeamter des Imperiums hatte Oikoumenios Latein und zweifellos auch Römisches Recht studiert; aber nach Auffas-

---

[1] P. J. Parsons, The Grammarian's Complaint, in: A. E. Hanson (Hg.), Collectanea Papyrologica. Texts Published in Honor of H. C. Youtie, Bd. 2, Bonn 1976, 420.
[2] R. A. Kaster, Guardians of Language. The Grammarian and Society in Late Antiquity, Berkeley 1988, 304 f.
[3] Robert (Kap. 1 Anm. 61) 35–114.
[4] Roueché (Kap. 1 Anm. 28) XXII f. und 68 ff.
[5] J. Inan und E. Rosenbaum, Roman and Early Byzantine Sculpture in Asia Minor, London 1966, 181 und Taf. CLXXVIII 3; Roueché (Kap. 1 Anm. 28) 102 ff.

sung des »geneigten Stadtrates«, der sein Lob auf dem Denk-
malssockel einmeißeln ließ, hatte er »die italienische Muse mit
dem honigsüßen Klang des attischen Griechisch« verschmolzen.
Oikoumenios lebte im Andenken von Aphrodisias als ein Statthalter fort, welcher die Macht »mit reinem Herzen und reiner
Hand«[6] ausgeübt hatte. Auch im lateinischen Westen konnte ein
Statthalter dafür gepriesen werden, daß er ein »Wächter der Jurisprudenz und der Gesetze, ein Pflegevater aller humanistischen
Studien und ein Freund von Bildung und Gerechtigkeit«[7] gewesen sei.

Diese Inschriften sind nur die Spitze eines Eisbergs. Sie verkündeten die Existenz einer gemeinsamen Bildung, die man als
das Erkennungsmerkmal der weitverstreuten Herrschaftsschicht
des Imperiums ansah, zu welcher sowohl die lokalen Honoratioren als auch die Beamten der Reichsregierung gehörten.

Innerhalb dieser Bildungsschicht wissen wir natürlich am meisten über diejenigen, die ihr Leben den Musen geweiht hatten:
die Berufsdichter, welche die »wandernden Gelehrten« des Ost-
reichs waren;[8] die »Sophisten« aus Athen und aus der Provinz
Asia, wie sie uns in der lebhaften Schilderung des Eunapios von
Sardes (345/46–414) entgegentreten;[9] und besonders den Redner
Libanios von Antiochia, dessen 64 erhaltene Reden, unzählige
Musterabhandlungen über klassische Themen sowie 1544 Briefe
unvermeidlich unser Bild der griechischen Kultur des 4. Jahrhunderts bestimmen.[10]

Es steht außer Zweifel, daß im gesamten griechischen Osten
die gesellschaftlichen Führungsschichten über einen hohen Grad
an literarischer Bildung verfügten. Sie unterstützten den Lehrer-
stand – zunächst den der Grammatiker, dann aber auch, für die
älteren Jünglinge, den der Rhetoriker –, um ihren Söhnen eine tadellose Beherrschung des klassischen Griechisch[11] zu vermitteln,

[6] I. Ševčenko, A Late Antique Epigram, in: Synthronon. Recueil d'études par André
Grabar et un groupe de ses élèves, Paris 1968, 30; Roueché (Kap. 1 Anm. 28) 54 f.
[7] Corpus Inscriptionum Latinarum VI 1722; s. Kaster (Anm. 2) 18 Anm. 19; V. Neri,
L' elogio della cultura e l' elogio delle virtù politiche nell' epigrafia latina del IV secolo
d. C., Epigraphica 43, 1981, 175–201.
[8] Al. Cameron, Wandering Poets. A Literary Movement in Byzantine Egypt, Historia 14, 1965, 470–509; ders., The Empress and the Poet, Yale Classical Studies 27, 1982,
217–289.
[9] R. J. Penella, Greek Philosophers and Sophists in the Fourth Century A. D. Studies
in Eunapius of Sardis, (ARCA 28) Leeds 1990.
[10] Festugière (Kap. 1 Anm. 54); B. Schouler, La tradition hellénique chez Libanius,
Paris 1984.
[11] Kaster (Anm. 2) 3–6 und 20–51.

und zwar zu einer Zeit, als die allgemeine Lese- und Schreibfähigkeit wahrscheinlich schon im Rückgang begriffen war.[12]

Selbstverständlich kam diese Bildung nicht der breiten Masse zugute. In jeder Ortschaft hatten an ihr nur wenige führende Familien teil. Man konnte Ratsherr, *curialis,* in einer großen Stadt sein, ohne lesen und schreiben zu können.[13] Auch war diese Bildung nicht gleichmäßig über das gesamte Imperium verbreitet. Die Kultur der Spätantike basierte auf einem »Archipel von Städten«.[14] In diesem Archipel konzentrierten die »Inseln« sich noch deutlich in den Gebieten mit der stärksten Verstädterung und dem ältesten Kontakt zur griechischen Zivilisation – das heißt rund um das Ägäische Meer und entlang der Ostküste des Mittelmeers. Deshalb befleißigten sich die Söhne des Landadels aus den weniger bevorzugten Provinzen (wie Armenien, Arabien und Kappadokien) eines eifrigen »Inselhüpfens«, um auf diese Weise in die großen Zentren – Athen, Antiochia, Gaza und Alexandria – zu gelangen, wo sie ihre Bildung vervollständigen konnten.

Allerdings unterliegt es keinem Zweifel, daß die Vertreter der kaiserlichen Regierung in jeder größeren Provinz auf eine Gruppe von Personen trafen, die auf Grund ihres hohen Bildungsstandes beanspruchten, die natürlichen Führer der Gesellschaft zu sein. Wenn man die Aristokratie definiert als »eine besondere Art von Macht, die von einer besonderen Art von Menschen ausgeübt wird«[15], dann konnten diese lokalen Honoratioren, deren *paideia* als kulturelles Korrelat ihres angeborenen Adels und ihrer bevorzugten Lebensumstände betrachtet wurde, mit Recht den Anspruch erheben, die Aristokratie des Oströmischen Reiches zu sein. Sie sahen sich selbst als »Initiierte« der *paideia,* mit allem, was dieser Begriff für die Menschen des Altertums noch beinhaltete: die Teilhabe gemeinsam mit einer kleinen Schar von Auserwählten an dem unauslöschlichen Eindruck eines exklusiven und heiß erkämpften Bildungserlebnisses.[16] Selbst Provinzen, die überwiegend nicht zum griechischen Kulturkreis gehörten, wiesen derartige Eliten auf. Wenn wir diejeni-

[12] W. V. Harris, Ancient Literacy, Cambridge MA 1990, 285–322; s. auch K. Hopkins, Conquest by Book, in: J. H. Humphrey (Hg.), Literacy in the Roman World, (Journal of Roman Archaeology Suppl. 3) Ann Arbor 1991, 133–158.

[13] Kaster (Anm. 2) 39.

[14] Kaster (Anm. 2) 21.

[15] J. Powis, Aristocracy, Oxford 1984, 2, zitiert bei M. Motley, Becoming a French Aristocrat. The Education of the Court Nobility 1580–1715, Princeton 1990, 6.

[16] Libanios, Briefe 285, 2 (X 270); Kaster (Anm. 2) 16 Anm. 7.

gen Regionen des Römischen Reiches betrachten, in denen, wie in Ägypten und Syrien, in der Spätantike nicht-griechische Literaturen entstanden, sind wir von der Zähigkeit beeindruckt, mit der Teile der führenden Schichten an griechischen Formen der *paideia* festhielten, und ebensosehr imponiert uns das Format der Gelehrten, die aus diesen Kreisen hervorgingen oder aber von ihnen unterstützt wurden.[17]

Je stärker die Regierung des Römischen Reiches die lokalen Gesellschaftsschichten durchdrang, desto wirksamer wurde sie selbst von den Vertretern der griechischen Kultur kolonisiert. Die wenigen Fälle erfolgreicher Karrieren von niedrig geborenen und ungebildeten Persönlichkeiten in den oberen Rängen der Bürokratie, wie sie voller Abscheu von Libanios geschildert werden[18], sollten uns nicht den Blick verstellen für die gehäuften Erfolge gebildeter, städtischer Honoratioren bei der Erlangung von Statthalterposten und hohen Beamtenstellen während des 4. Jahrhunderts.[19] Die *paideia*, welche die Söhne der führenden Schichten im Jünglingsalter in den Schulen der Rhetorik erwarben, blieb ihr Leben lang für den weiteren Verlauf ihrer Karrieren bestimmend. Nur von einem jungen Mann, der sich schon in frühem Alter »mit Demosthenes vertraut gemacht hatte«, konnte man erwarten, daß er sich als Statthalter einer Provinz korrekt verhalten würde. »Er wird es für seine Pflicht halten, die Städte glücklich zu machen, er wird sich freuen, wenn das Schwert des Henkers ruhen darf, er wird die Zitadellen mit schönen Bauwerken schmücken, und er wird unter allen Umständen ein Freund der Musen sein.«[20]

Das Ideal des gebildeten Statthalters, jenes makellosen Produkts einer griechischen *paideia*, war ein Gemeinplatz im politischen Leben des Oströmischen Reiches, weshalb es sich auch nur schwer exakt analysieren läßt. Abgesehen von einigen wohlbekannten Gelehrten, die sowohl im lateinischen wie im griechischen Teil des Reiches hohe Stellungen bekleideten[21], ist es

[17] L. S. B. MacCoull, Dioscorus of Aphrodito. His Work and His World, Berkeley 1988; G. W. Bowersock, Hellenism in Late Antiquity, Ann Arbor 1990, 29–33 und 61–68.

[18] Libanios, Reden 42, 23 f. (III 318 f.).

[19] P. Petit, Les étudiants de Libanius, Paris 1956, 166–188; J. Matthews, Western Aristocracies and Imperial Court. A. D. 264–425, Oxford 1975, 102–106; Kaster (Anm. 2) 124 Anm. 133; Liebeschuetz (Kap. 1 Anm. 27) 135–140.

[20] Libanios, Briefe 1261, 4 (XI 339).

[21] Insbesondere K. Hopkins, Social Mobility in the Later Roman Empire. The Evidence of Ausonius, Classical Quarterly 11, 1961, 239–249; Petit (Anm. 19) 165–186;

schwer, das genaue Verhältnis zwischen den Idealvorstellungen vom erforderlichen Bildungsstand eines Statthalters und der politischen Realität jener Zeit zu ermitteln. Selbst für Epochen mit besserer Quellenlage (wie etwa die Renaissance in Europa) bleibt das Verhältnis zwischen einer formalen Bildung und den von ihr getragenen sozialen und politischen Aktivitäten unbestimmbar.[22] Die Zeugnisse aus der Spätantike sind notwendigerweise einseitig und spiegeln die Ansichten derjenigen wider, die ein berechtigtes Interesse an der *paideia* hatten, etwa von Lehrern der Rhetorik wie Libanios. Der tatsächliche Bildungsstand der Mehrheit der Schüler und die Rolle, welche diese Bildung in ihrem Leben gespielt hat, sind uns weniger gut bekannt. Deshalb können wir nur andeutungsweise einige Faktoren aufzeigen, die das hohe Ansehen erklären, welches die *paideia* im politischen Leben des spätrömischen Reiches genoß.

Der soziale Hintergrund dieses Erziehungssystems ist seit langem bekannt. »In einem ganz herausragenden Sinne bestand die Funktion dieser Bildung darin, eine Elite von den normalen Sterblichen abzuheben.«[23] Nur die Söhne der Aristokratie verfügten über den Reichtum und die Muße, um von weit her aus dem gesamten griechischen Osten anzureisen und in den Hörsälen von Lehrern wie Libanios in Antiochia oder Prohairesios in Athen ihr Studium zu absolvieren.[24] Wenn sie diese kostspielige und geistig anspruchsvolle Erfahrung hinter sich hatten, litten sie nicht gerade an Minderwertigkeitskomplexen. Sie waren überzeugt, daß die »kunstfertig arrangierte logische Schlüssigkeit und die polierte Brillanz ihrer Rede« sie ebensoweit über die Ungebildeten erhoben, wie sich der Mensch als solcher über das Vieh erhebt.[25]

Die *paideia* war ein Mittel, um sozialer Distanz Ausdruck zu verleihen. Ihre Kunstgriffe ließen sich nur schwer erwerben und dann auch nur innerhalb eines Systems strenger tradierter Konventionen zur Anwendung bringen. Die Erziehung diente folg-

F. S. Pedersen, On Professional Qualifications for Public Posts in Late Antiquity, Classica et Mediaevalia 31, 1975, 161–312; D. Nellen, Viri litterati. Gebildetes Beamtentum und spätrömisches Reich im Westen, Bochum 1981.
[22] A. Grafton und L. Jardine, From Humanism to the Humanities, Cambridge MA 1976, 7.
[23] Matthews (Kap. 1 Anm. 3) 78.
[24] Petit (Anm. 19) 112–135; Kaster (Anm. 2) 26f.; Penella (Anm. 9) 2–5.
[25] Diomedes, Ars grammatica, praefatio in G. Keil, Grammatici Latini, Bd. 1, Leipzig 1857, 299, zitiert bei Kaster (Anm. 2) 17.

lich dazu, »unstrukturierte« soziale Mobilität zu verhindern.[26] Gleichzeitig eröffnete sie jedoch eine akzeptable Aufstiegsmöglichkeit für einige wenige Hochbegabte von geringer sozialer Herkunft. Söhne niederer Honoratioren wie Augustinus aus Thagaste konnten durch großen Fleiß und mit Unterstützung reicher Freunde erfolgreiche Laufbahnen als Lehrer, Rhetoren oder Dichter einschlagen. Diese Karrieren mochten sogar durch eine Stellung in der kaiserlichen Verwaltung oder durch die Ernennung zum Provinzstatthalter gekrönt werden.

Die wenigen Beispiele sozialer Mobilität aufgrund von Bildung haben auf moderne Betrachter des spätrömischen Reiches eine starke Anziehungskraft ausgeübt. Von größerer Bedeutung für die damalige Zeit war aber wahrscheinlich die Tatsache, daß die *paideia* als Vermittlerin zwischen den verschiedenen Segmenten der herrschenden Schicht selbst diente. Sie verband die kaiserlichen Verwaltungsbeamten und den Provinzadel in einem gemeinsamen Elitebewußtsein. Die spätrömische Bildung erzeugte eine bemerkenswerte kulturelle Homogenität. Einige bedeutende Autoren (Vergil und Cicero im Westen, Homer und Demosthenes im Osten) wurden in den Schulen der Grammatiker von frühauf »dem Gedächtnis eingebrannt«.[27] Schon in den Anfängen des Imperiums hatte die gemeinsame Kultur eine Sprache hervorgebracht, welche die gebildeten Schichten so weit entfernter Gebiete wie Gallien und Arabien in der gemeinsamen Bewunderung der griechischen Rhetorik zusammenführte. Gerade die Einheitlichkeit dieser Rhetorik, die für moderne Leser so langweilig ist, erklärt ihre Anziehungskraft im 1. und 2. nachchristlichen Jahrhundert. Diese formalisierte, gehobene, verläßliche und immer etwas schwülstige Rhetorik bildete den beständigen Hintergrund der allgemeinen Akzeptanz römischer Herrschaft und wurde von den städtischen Honoratioren der griechischen Welt geschickt gefördert.[28]

Nach den dramatischen Umwälzungen des 3. Jahrhunderts vermittelten die Schulen »die Sicherheit, daß sich nichts Grundlegendes verändert habe« in der Beziehung zwischen den Städten und der kaiserlichen Regierung.[29] Obwohl sie ein sehr viel ausge-

[26] Kaster (Anm. 2) 23–30.

[27] Orosius, Geschichte 1, 18, 1; Kaster (Anm. 2) 44–50.

[28] F. Millar, P. Herennius Dexippus, The Greek World and the Third-Century Invasions, Journal of Roman Studies 59, 1969,13; Av. Cameron, Christianity and the Rhetoric of Empire. The Development of Christian Discourse, Berkeley 1991, 76–79.

[29] Kaster (Anm. 2) 29.

prägteres imperialistisches System repräsentierten als zuvor, durften die Statthalter unverändert damit rechnen, in den lokalen Eliten auf Männer zu treffen, die dieselbe Bildung genossen hatten wie sie selbst. Sie konnten dieses Statussymbol in die entferntesten Städte mitnehmen, was mit den handfesteren Attributen ihrer sozialen Stellung in ihrem Herkunftsort nicht möglich war – etwa mit den Gebäuden, die sie ihrer Stadt gestiftet hatten, oder mit der Pracht ihrer Privatpaläste. Aufgrund der gemeinsamen Bildung hatten sie sofort eine Verständigungsmöglichkeit mit den ihnen oft vollkommen fremden Menschen. Vor allem gaben sie durch ihre Bildung zu erkennen, daß man mit ihnen reden könne und sie die Spielregeln beherrschten. Als »Freund der Musen« konnte kein Verwaltungsbeamter ein Kompliment oder eine Herausforderung mißverstehen, wenn sie ihm in Form eines klassischen Zitats nahegebracht wurden. In der Auseinandersetzung mit den juristischen Beratern eines neu eingesetzten Statthalters (der möglicherweise in Rom aufgewachsen war) stellte Libanios die entscheidende Frage: »Wie herrschte Odysseus als König über Ithaca?« »Gütig wie ein Vater«, lautete die prompte Antwort. Der klassische Satz bestimmte die Gesprächsatmosphäre zwischen Statthalter und Stadtrat in den darauffolgenden Monaten.[30]

Auf der lokalen Ebene vermittelte die Bildung eine gemeinsame Tradition, an der alle ortsansässigen Honoratioren teilhatten, so sehr auch wachsender Parteigeist und unterschiedliche Statusmerkmale sie entzweiten.[31] Die rhetorische Bildung, die durch einen Lehrer wie Libanios vermittelt wurde, war letztlich nichts anderes als die geduldige Neuerschaffung der »kollektiven Erinnerung« der städtischen Oberschicht in jeder Generation. Durch sie lebte in einer kondensierten, beinahe sprichwortartigen Form die religiöse, soziale und politische Geschichte der griechischen Stadt immer wieder neu auf.[32]

Auch sollten wir nicht die Fähigkeit dieser Bildung unterschätzen, ein Gefühl von Heimatstolz zu unterhalten. Trotz der veränderten Verhältnisse im 4. Jahrhundert konnte der Gebildete noch immer das Gefühl haben, in einem »Commonwealth der Städte« zu leben. Die »Linse« der hellenistischen Hochkultur rückte auch weiterhin die Besonderheiten lokaler, bürgerlicher Traditionen scharf in den Brennpunkt der Betrachtung.

[30] Libanios, Reden 46, 3 (III 380) mit Bezug auf Homer, Odyssee 2, 223.
[31] Kaster (Anm. 2) 31.
[32] Forlin Patrucco und Vera (Kap. 1 Anm. 57) 256–259 und 265.

Was einst die öffentlichen Zeremonien in den Straßen der Städte zur Darstellung gebracht hatten, vermittelten nun die Verse der Dichter des 4. und 5. Jahrhunderts einer weitaus begrenzteren Zuhörerschaft von »Dienern der Musen«. Mythen von Göttern, die auf bestimmte Landschaften bezogen und durch unsterbliche Traditionen an voll Stolz erinnerte Heimatstädte sich banden, Legenden, die die Verbindungen zwischen den Geburtsorten der Statthalter und ihren griechischen Residenzen aufzeigten, pathetische Schilderungen von Städten, ihren Altertümern und Kunstwerken: Das waren in der Spätantike ebenso wie schon im 2. Jahrhundert für die Männer der *paideia* die Gegenstände liebevoller Zuneigung.[33]

Der Zauber der Wörter

Es ist verhältnismäßig einfach, die Art und Weise zu beschreiben, in der die gemeinsame *paideia* die Entfernungen eines riesigen Imperiums überbrückte. Sie vermittelte ein einheitliches geistiges Panorama für diejenigen, die durch ihren Beruf in zunehmendem Maße weit von ihrer Geburtsstadt entfernt leben mußten. Aber abgesehen von der bemerkenswerten Untersuchung Robert Kasters über die sozialen Ideale, die in der werkgetreuen und methodischen Tätigkeit des Grammatikers beschlossen lagen[34], hat man der ethischen und sozialen Botschaft, die durch die Lehrmethoden in einem spätrömischen Klassenzimmer und durch die von den Gebildeten geschätzten Redeformen vermittelt wurde, zu wenig Beachtung geschenkt. Es genügte nicht, den Honoratioren ein Abzeichen sozialer Überlegenheit zu verschaffen. Die jungen Männer im Klassenzimmer des Libanios waren sich ihrer sozialen Stellung vollauf bewußt. Ihr Rowdytum in den Straßen von Antiochia – wo sie Ladenbesitzer verprügelten oder einen Lehrassistenten auf einer Decke in die Luft schnellten – zeigte, wie weit sie die Arroganz der Oberschicht schon verinnerlicht hatten.[35] Viel mehr kam es auf die weitaus kompliziertere Aufgabe an, diese soziale Überlegenheit als »na-

[33] P. Chuvin, A Chronicle of the Last Pagans, Cambridge MA 1990, 117 f.; Bowersock (Anm. 17) 43–48, 61–68; Roueché (Kap. 1 Anm. 28) 38.
[34] Kaster (Anm. 2) 206 f.
[35] Libanios, Reden 58, 4 f. (IX 183) in Festugière (Kap. 1 Anm. 54) 468.

turgegeben« erscheinen zu lassen, indem man sie mit den speziellen Fähigkeiten einer überlegenen Persönlichkeit rechtfertigte.

Von denjenigen, die die Schule eines Rhetors durchlaufen hatten, glaubte man, daß sie eine lebhaftere Intelligenz, eine gepflegtere Sprache sowie ein harmonischeres und eindrucksvolleres Auftreten als die übrige Menschheit entwickelt hätten. Das zeichnete sie für den Rest ihres Lebens aus. Im spätrömischen Imperium hatte eine rhetorische Ausbildung, wie es sie in der griechischen Welt schon seit dem 4. Jahrhundert v. Chr. gegeben hatte, eine unverändert große Bedeutung.[36] Die Rhetorik nahm auch weiterhin den Rang der »Königin aller Studienfächer« ein, weil sie von dem handelte, worauf es im öffentlichen Leben auch der Spätantike noch ankam – von der Art und Weise, in der Honoratioren durch das gesprochene Wort mit Vorgesetzten, mit Gleichrangigen und mit Untergebenen verkehrten.

Die rhetorische Ausbildung litt unter all den Begrenztheiten, denen auch die Codes hoch formalisierter Rede in neuzeitlichen traditionalistischen Gesellschaften unterliegen. Ebenso wie diese zeigte sich auch die spätrömische Rhetorik »höflich, respektvoll, geheiligt, aber unter dem Gesichtspunkt der kreativen Möglichkeiten der Sprache verarmt«.[37] Die Wortwahl wurde begrenzt durch die Notwendigkeit, die attisch reine Form der Rede zu wahren. Verglichen mit der Komplexität des spätrömischen Lebens waren die Themen, die in der griechischen Rhetorik gewöhnlich behandelt wurden, auf eine geringe Anzahl von Sachverhalten beschränkt, zu deren Gestaltung ein streng begrenztes Repertoire von Bildern, Zitaten sowie historischen und mythologischen Anspielungen zur Verfügung stand.[38] Doch ebenso wie bei den modernen Codes formalisierter Rede garantierte genau diese »verknöcherte« Substanz den ungebrochenen Erfolg der Rhetorik im spätrömischen Leben. Es war eine außerordentlich berechenbare Form der Rede. Ein Mann, den Status und Erziehung berechtigten, von ihr Gebrauch zu machen, konnte sie mit Geschick und Verve bei den verschiedensten Anlässen zur Geltung bringen – von den feierlichen öffentlichen Ansprachen bis hin zu Briefen und improvisierten Deklamationen. Gleich-

[36] H. I. Marrou, Geschichte der Erziehung im klassischen Altertum, München 1977, 369–388.
[37] M. Bloch, Why Oratory?, in: Ders. (Hg.), Political Language and Oratory in Traditional Society, London 1975, 17.
[38] Bloch (Anm. 37) 15; H. I. Marrou, Saint Augustin et la fin de la culture antique, (Bibliothèque des écoles françaises d'Athènes et de Rome 145) Paris 1949, 125 ff.

wohl handelte es sich um eine Form der Rede, die wenig Raum für Überraschungen ließ. Voller Anspielungen und im Wort- und Bilderreichtum einer vergangenen Zeit verankert, war die formalisierte Rede der herrschenden Schichten nicht dazu bestimmt, plötzliche Veränderungen oder neuartige Gefühle auszudrücken, noch viel weniger diente sie dazu, ungeschminkt die Wahrheit zu sagen. Darin lag ihr bedeutendster politischer und sozialer Vorzug, denn »wenn die ersten Worte eines Sprechers erkennen lassen, was er sagen will, bestimmen sie in gleicher Weise die Antwort der angeredeten Person, solange sich diese desselben Codes bedient«.[39]

Daraus ersehen wir die unmittelbare politische Bedeutung der Tatsache, daß innerhalb der Führungsschicht des spätrömischen Reiches sowohl Herrscher als auch Beherrschte zu wissen beanspruchten, wie man als »Freund der Musen« miteinander zu reden habe. Denn beide Seiten bedienten sich des gleichen Codes, um ihre Autorität zu behaupten. Wenn Bitten und Ratschläge beachtet wurden, weil sie in der rechten Weise vorgebracht worden waren, dann mußten auch Befehle befolgt werden, wenn sie im selben Ton ergingen.

Politik und *paideia* wurden im 4. und 5. Jahrhundert so eifrig miteinander verknüpft, weil es keine Garantie gab, daß das stillschweigende Übereinkommen, welches die Wirksamkeit der Rhetorik verbürgte, langfristig Bestand haben würde. Sobald nämlich die Gefahr auftauchte, daß der gemeinsame Code formalisierter Rede mit all dem, was er repräsentierte, außer Kraft gesetzt würde, waren die Honoratioren der griechischen Welt gegenüber der Macht des Kaisers und seiner Beamten derart verwundbar, daß sie dies unter allen Umständen zu vermeiden suchten. Sie wollten ihren überlieferten Stil so lange wie möglich beibehalten. In einem sozialen und politischen System, in welchem die Macht einem immer größeren Kreis von Menschen in gewalttätiger und herrischer Weise entgegentrat, gründeten diejenigen, die eine »naturgegebene« Autorität in ihrer Stadt und Region für sich beanspruchten, diese Autorität auf eine Bildung, welche auf das Gegenteil jener Formen der Machtausübung Wert legte – nämlich auf Zurückhaltung, Selbstdisziplin, beherrschtes Auftreten und harmonische Rede.

Nach diesen allgemeinen Betrachtungen wollen wir kurz untersuchen, was die Honoratioren eigentlich in ihren Schulen

[39] Bloch (Anm. 37) 19.

lernten und welche Bedeutung diese Kenntnisse für ihre politischen Lebensumstände hatten. Zunächst wird man sagen können, daß sie sich in erster Linie einen untrüglichen Sinn für den Wohllaut der Sprache aneigneten. Ein Rhetoriklehrer pflegte mit einer kleinen Gruppe vornehmer Jünglinge zu arbeiten, die ihm von ihren Eltern persönlich anvertraut worden waren und die sich oft durch eine starke Loyalität an seine Person gebunden fühlten. Er stellte an sie ähnliche Anforderungen wie heutzutage ein Opernstar an seine Meisterklasse: »Kein Wort, das gegen den reinen attischen Stil verstieß, entging ihm, ebensowenig eine Gedankenverbindung, die sich auch nur einen Augenblick lang vom Ziel der Rede entfernte; nicht eine Silbe, die den angemessenen Rhythmus störte, noch die Stellung eines Wortes im Satz, welche das Harmonieempfinden eines geschulten Ohres beeinträchtigt hätte.«[40]

Die jungen Männer lernten »ihre Zunge zu läutern«, indem »sie sich mit den großen Rednern der Antike vertraut machten«.[41] Übungen, bei denen Plädoyers in konstruierten Rechtsfällen gehalten oder Ratschläge für fiktive Vorgehensweisen erteilt wurden, förderten nicht nur die sprachlichen Fähigkeiten. Diese Übungen verlangten eine Präzision des Denkens und eine Fähigkeit, das Für und Wider eines Falles abzuwägen, wie sie einem mittelalterlichen Scholastiker wohl angestanden hätten.[42] Aber die geistige Akrobatik machte nur einen Teil der Schulung aus, die letzten Endes darauf abzielte, »Anmut und Geläufigkeit der Rede«[43] zu erreichen. Es war eine Erziehung zum öffentlichen Auftreten. Ihren Höhepunkt bildete die Vorwegnahme des Auftritts auf dem Forum oder im Rathaus. »Mit der kleinen Toga bekleidet und mit zurückgekämmtem Haar« mußten die Knaben Vorträge über klassische Themen halten.[44] Die Rhetorik wurde in so hohem Maße als Vorbereitung für das öffentliche Leben betrachtet, daß der Hörsaal des Libanios nur durch einen schmalen Gang vom Rathaus von Antiochia getrennt war. In politischen Krisensituationen gab

---

[40] Chorikios von Gaza, Reden 7, 8, hg. von R. Förster und E. Richtsteig, Leipzig 1929, 112.
[41] Libanios, Reden 35, 17 (III 219) in Festugière (Kap. 1 Anm. 54) 488.
[42] Schouler (Anm. 10) 1004.
[43] Ps.-Clemens, Recognitiones 1, 25, 1.
[44] Hieronymus, Gegen Rufinus 1, 30; Augustinus, Bekenntnisse 1, 17, 27; Libanios, Deklamationen 8, 7 (VII 85) in Festugière (Kap. 1 Anm. 54) 444. Vgl. Eickelmann (Kap. 1 Anm. 75) 65 f. und 98 ff.

das Geschrei der verzweifelten Ratsherren den Hintergrund für seine Vorlesungen ab.[45]

Wir sollten nicht vergessen, daß Libanios eine Fertigkeit vermittelte, die seit den Tagen des Gorgias in Athen etwas von der antiken Faszination der Zauberei an sich hatte. Man glaubte, daß Wörter Macht über Menschen ausübten. Von Libanios' Schülern, auch wenn sie nicht solche Berühmtheit erlangten wie er selbst, wurde erwartet, daß sie die Öffentlichkeit auf geradezu unheimliche Weise durch ihre Rede »zu verzaubern«, ja »zu überwältigen« vermochten.[46] Ein Vertreter der *paideia* erwarb sich Respekt nicht durch Gewalt (wie die Inhaber öffentlicher Ämter es tun konnten), sondern durch den mächtigen »Zauber« seiner persönlichen Beredsamkeit.[47] Er »besaß ein Zaubermittel, das stärker war als die Möglichkeiten eines bloßen Administrators«.[48] Aus seinem Munde kamen die alten Wörter »schön, flüssig und mit ungeahnter Schnelligkeit«.[49] Sie ermöglichten es ihm, »der lauten Stimme der öffentlichen Macht die Autorität überzeugenden Rates entgegenzusetzen oder diskret Warnungen auszusprechen, anstatt sich ängstlich zurückzuhalten«.[50]

Es ist deshalb nicht überraschend, daß die spätrömischen Pädagogen diejenigen Anekdoten am meisten schätzten, die zeigten, wie Meister der Rhetorik ihren Zauber auf den am schwersten zugänglichen Zuhörer ausübten – einen »strengen und unerbittlichen« kaiserlichen Statthalter.[51] Im Athen der späten 330er Jahre hatte der Prokonsul von Achaia, ein Mann aus dem lateinischen Westen, eine Gruppe von Studenten samt ihren Professoren wegen Randalierens verhaften lassen. Im letzten Augenblick wurde dem jungen Prohairesios, einem hochgewachsenen Armenier von eindrucksvollem Auftreten, Redeerlaubnis erteilt. »Zunächst begann er mit einem Proömium... Er holte weit aus und ging bald zu einer mitleiderregenden Schilderung der Leiden [der Studenten] über, und an dieser Stelle fügte er ein Loblied auf ihre Lehrer ein. In diesem Proömium ließ er nur eine Beschwerde

[45] Libanios, Reden 46, 16 (III 386); Petit (Kap. 1 Anm. 25) 64; Schouler (Anm. 10) 894.

[46] Libanios, Reden 48, 41 (III 448); s. insbesondere J. de Romilly, Magic and Rhetoric in Ancient Greece, Cambridge MA 1975, 16–43 und 78–85.

[47] Libanios, Reden 11, 141 (I 483f.) in G. Downey, Libanius' Oration in Praise of Antioch, Proceedings of the American Philosophical Society 103, 1959, 668.

[48] Libanios, Reden 11, 141 (I 483f.) in Downey (Anm. 47) 668.

[49] Libanios, Reden 35, 19 (III 219) in Festugière (Kap. 1 Anm. 54) 488.

[50] Libanios, Reden 35, 3 (III 211) in Festugière (Kap. 1 Anm. 54) 484f.

[51] Eunapios, Leben der Sophisten 483.

anklingen [über das hochfahrende Verhalten des Prokonsuls]…
An diesem Punkt fühlte sich der Prokonsul überwältigt durch
die Kraft seiner Argumente, seinen gesetzten Stil, die Leichtigkeit und den Wohlklang seiner Rede.« Prohairesios endete mit
einem pointierten Satz, an dessen Wortlaut die Anwesenden sich
noch vierzig Jahre später erinnerten. Die eingeschüchterten Professoren hatten Glück, daß der Prokonsul »nicht ungebildet war
oder eine engstirnige Erziehung genossen hatte«. Er wußte, was
von ihm erwartet wurde. »Da sprang der Prokonsul auf, raffte
seinen in Purpur gefaßten Umhang (die Römer nennen ihn *te-
bennos* [oder Toga]), und dann applaudierte dieser strenge und
unerbittliche Richter dem Prohairesios wie ein Schuljunge.«[52]
Diese lebhaft geschilderte Szene mag sich ein wenig von der Realität entfernen. Es handelt sich um eine Anekdote aus der ehrwürdigen Universitätsstadt Athen, wo sich derart unwahr-
scheinliche Dinge immer noch ereignen konnten. Aber indem sie
uns einen Vertreter der *paideia* im triumphalen Augenblick seiner erfolgreichen Überredungskunst zeigt, spiegelt sie die höchsten Hoffnungen der Honoratioren des griechischen Ostens wider.

Entscheidend war natürlich, daß der Prokonsul das Spiel gemäß den Regeln mitgespielt hatte. Da es sich um einen relativ unbedeutenden Fall handelte, konnte er es sich erlauben, dem
»Zauber« des Prohairesios zu erliegen, ohne das Gesicht zu verlieren. Einer derartigen Überredungskunst nachzugeben, erhöhte im Gegenteil nur sein Ansehen in Athen. Denn *paideia*
stand nicht nur für eine Form der Überzeugungskunst, sondern
auch für eine Schule der Höflichkeit. Anmut der Rede erforderte
und förderte gleichzeitig ein ebenso ausgeprägtes Empfinden für
Anmut in den persönlichen Beziehungen. Sie lehrte den Mann,
großzügig nachzugeben, so wie es gegenüber einem Freunde üblich ist. Ja, sie half sogar, solche Freunde zu erkennen. *Paideia*
zeigte sich in der *philia,* einer sorgsam gepflegten Form der
Freundschaft, die darauf abzielte, inmitten der Sorgen des öffentlichen Lebens etwas von dem leichtherzigen Frohsinn einer
jeunesse dorée zu bewahren. *Charis* und *hemerotes,* Liebenswür-
digkeit und Höflichkeit, mit ihrem unverzichtbaren Korrelat,
der Bereitschaft, Gleichgestellten entgegenzukommen, waren
das Kennzeichen des gebildeten Mannes.[53]

[52] Eunapios, Leben der Sophisten 483.
[53] Petit (Kap. 1 Anm. 25) 259; B. Schouler, Libanius. Discours Moraux, Paris 1973,
63–78.

Das Freundschaftsideal prägte die Sprache, in der man sich in akzeptabler Form über die harten Tatsachen der Patronatsverhältnisse und der Allianzen unterhalten konnte, welche es den Repräsentanten des Kaisers ermöglichten, in den Provinzen effektive Macht auszuüben. Man ging davon aus, daß Freundschaft, die auf der gegenseitigen Bewunderung gebildeter Menschen basiert, das Verhältnis der Eliten zu den Machthabern bestimme. Denn eine solche Freundschaft überdeckte unangenehme Machtunterschiede. Sie verlieh dem Austausch von Bitten und Wohltaten, durch den die Beamten des Kaisers die Provinzaristokratie lenkten und kontrollierten, eine gewisse Unschuld, ja sogar eine Art fragloser Selbstverständlichkeit. Niemand wurde durch politische Handlungen kompromittiert, die im Namen der Freundschaft erfolgten. Als Basileios, der Bischof von Caesarea, im Jahre 371 n. Chr. an einen Statthalter schrieb, über dessen politische Absichten er sich noch nicht im klaren war, bemühte er sich vor allem, ihn zunächst als »Freund« zu gewinnen. Seit ein gemeinsamer Bekannter die »Redegewalt« des Statthalters lobend erwähnt hatte, konnte Basileios sich ihn nur noch unter dieser Kategorie vorstellen. *»Den Weisen, auch wenn er in einem fernen Land lebt und meine Augen ihn möglicherweise niemals sehen werden, rechne ich zu meinen Freunden,* lautet ein Ausspruch des Tragödiendichters Euripides... Nehmt deshalb, ehrwürdiger Herr, die Anrede ›mein Freund‹ gnädig auf, denn sie wird Euch aus einem wahren und echten Gefühl der Freundschaft angeboten.«[54] Tatsächlich konnte sich Basileios einen Statthalter, der nach Kappadokien kam, nur als einen natürlichen »Freund« vorstellen. Wäre er ihm anders begegnet, so hätte er damit zugegeben, daß der Statthalter sein Herr sei, dessen Wohlwollen er erringen müsse, und dabei war, wie er bemerkt, »unser Charakter weit entfernt von jeder Form der Schmeichelei«.[55] Eingaben an Statthalter, gekleidet in die Sprache spontaner Freundschaft, bedeuteten kein Eingeständnis der Abhängigkeit. Bitten um Gunsterweise umschwebten nur als leichte Schatten zwei Freunde, die in einer zeitlosen, attischen Welt der gemeinsamen Liebe zu den Musen miteinander Umgang pflegten.[56]

Forscher, die das Funktionieren der Patronatsverhältnisse in mediterranen Gesellschaften untersuchen, dürften durch derartige Briefe nicht übermäßig beeindruckt sein. Die Berufung auf

[54] Basileios, Briefe 63.
[55] Basileios, Briefe 63.
[56] Basileios, Briefe 84.

Freundschaft ist von ihnen abgewertet worden als »zweitrangige Beigabe... eine Schutzfarbe, welche sich die Machtlosen auftragen, um ihre Abhängigkeit in einem milderen Licht erscheinen zu lassen«.[57] Aber wie wir gesehen haben, war die Machtbalance nicht so stark zu Ungunsten der Vertreter der *paideia* verschoben, wie es im allgemeinen bei den von Anthropologen für den Mittelmeerraum erforschten Beziehungen zwischen Klient und Patron der Fall ist. Appelle an die gemeinsame Liebe zu den Musen kaschierten taktvoll auch die Schwäche der Position des Provinzstatthalters. Für die Menschen des spätrömischen Reiches galt es als schicklich, sich den Machthabern mit verhüllten Händen zu nähern. Jedes andere Verhalten wäre als zudringlich ausgelegt worden.[58] Auf die gleiche Weise verhüllten die Briefe Basileios' das offene Geheimnis seiner eigenen beträchtlichen Machtfülle in Kappadokien. Indem er zu den aufeinanderfolgenden Verwaltungsbeamten, die in die entfernte und unwirtliche Provinz Kappadokien entsandt wurden, von Freundschaft sprach, behandelte Basileios diese Männer als seinesgleichen und erinnerte sie diskret, aber eindringlich daran, daß er ein Mitglied jener entscheidenden Gruppe ortsansässiger Honoratioren sei, die man besser als natürliche »Freunde« umwarb, anstatt ihnen mit Einschüchterungsversuchen zu begegnen.

Freundschaften konnten ein weitverzweigtes Netz bilden, das den ortsansässigen Honoratioren die Möglichkeit gab, die großen Entfernungen innerhalb des Imperiums zu überbrücken. Wir sollten die Briefe der Vertreter der *paideia* nicht nur anhand ihrer unmittelbaren Wirkung beurteilen. Hohe Beamte ignorierten häufig die Gesuche des Libanios.[59] Aber seine Briefe waren mehr als »kurze Aufzeichnungen... die sich [lediglich] durch eine unermüdliche Leichtigkeit im Gebrauch der Klischees höflicher Rede auszeichneten«.[60] Bedeutsam war der Gesamteindruck »weitreichender Wirksamkeit«, der von diesen Briefen ausging. Die kaiserliche Regierung konnte es sich nicht erlauben, eine Politik des *divide et impera* zu betreiben und die einzelnen Städte und Provinzen wie isolierte Zellen einer Honigwabe zu behandeln, die man sich einzeln vornehmen konnte. Das Gesetz

[57] J. Davis, People of the Mediterranean, London 1977, 148.
[58] Ammianus Marcellinus, Res Gestae 16, 5, 11.
[59] Libanios, Briefe 1317 und 1463 (XI 376 und 497) an Decentius, den *magister officiorum* von 364 n. Chr. sowie 1435 und 1465 (XI 473 und 491 f.) and Caesarius, den Präfekten von Konstantinopel von 368 n. Chr.
[60] Pack (Kap. 1 Anm. 110) 36.

der Freundschaft stellte sicher, daß jede Region ein Netz von Kontakten überzog, welches alle Nachbarstädte umfaßte und bis in die Hauptstadt selbst hineinreichte.[61]

Bei diesen Gelegenheiten wurden aber nicht nur Bitten um Gefälligkeiten ausgetauscht. Freundschaft bedeutete Information, und im spätrömischen Reich waren Nachrichten ebenso wie in den großen Reichen zur Zeit Philipps II. »ein Luxusgut... immer mehr wert als ihr Gewicht in Gold«.[62] Selbst wenn ein Freund sonst nichts tun könne, schrieb Theodoretos, der Bischof von Kyrrhos, einem Höfling in Konstantinopel, solle er sein »Wohlwollen« wenigstens dadurch kundtun, daß er Nachrichten von den Ereignissen bei Hofe weiterleite.[63] Im sozialen Kontext der Spätantike boten Briefe lediglich einen Anlaß für den Austausch von Nachrichten. Vom Text her waren sie förmlich wie Visitenkarten, aber ihre Weiterleitung setzte ein Netz von Verwandten, gegenseitigen Freunden und vertrauenswürdigen Untergebenen voraus, die den Transport übernahmen. Ein derartiges Netz von Nachrichtenträgern, welche ständig im Reich umherreisten, erhöhte die beunruhigende »Reichweite« der gebildeten Schichten. Die ortsansässigen Honoratioren konnten immer damit drohen, ihre eigene Version der Handlungsweise eines Provinzstatthalters einem ihrer hochgestellten »Freunde« in der kaiserlichen Regierung zur Kenntnis zu bringen.[64]

[61] J. F. Matthews, The Letters of Symmachus, in: J. W. Binns (Hg.), Latin Literature of the Fourth Century, London 1975, 80–89; Liebeschuetz (Kap. 1 Anm. 25) 17–19. Vgl. zu einem späteren Zeitraum M. Mullett, Writing in Early Medieval Byzantium, in: R. McKitterick, The Uses of Literacy in Early Medieval Europe, Cambridge 1990, 172–185, sowie dazu, weshalb es den Franzosen in Marokko nicht gelang, die Eliten einzelner Gemeinschaften zu isolieren (weil die Notabeln jener Region durch starke ›horizontale‹ Bande miteinander verbunden waren) Eickelman (Kap. 1 Anm. 75) 137.
[62] Braudel (Kap. 1 Anm. 38) 32.
[63] Theodoretos, Briefe 80 in Azéma (Kap. 1 Anm. 88) 188.
[64] Synesios, Briefe 73 in Garzya (Kap. 1 Anm. 111) 130f.

Obwohl die hohe Wertschätzung der Freundschaft in den uns erhaltenen Quellen einen großen Raum einnimmt, zeigt sie nur einen Aspekt auf. Erfolgreiche Honoratioren manipulierten die Macht des neuen kaiserlichen Regierungssystems, indem sie mit den Statthaltern Allianzen bildeten und über geeignete Personen am richtigen Ort fortwährend ihren Einfluß zur Geltung zu bringen versuchten; die Betonung der Freundschaft ließ dieses Betreiben in altehrwürdigem Glanz erscheinen. Die Erziehung eines Aristokraten lieferte jedoch auch die Grundlage für das Verhalten gegenüber einem grausigeren Aspekt der spätrömischen Politik, gegenüber den zunehmenden Übergriffen der öffentlichen Gewalt nämlich, die sich gegen Mitglieder der Oberschichten richteten. Die Ideale der *paideia* wurden mit großer Inbrunst beschworen, um diese Gewalttätigkeit in Grenzen zu halten.

Wir sollten diesen Aspekt der spätrömischen *paideia* nicht außer acht lassen. Die Rhetorik wurde nicht lediglich als eine literarische Fertigkeit betrachtet, noch wurde sie ausschließlich als eine Form der Ansprache gebraucht, deren feierliche Tonart Nachgiebigkeit beschwor. Man sah in der förmlichen Rede vielmehr gleichzeitig einen Ausdruck der Selbstbeherrschung. Die gemessene Rede eines griechisch oder lateinisch sprechenden Gebildeten schuf »eine kleine Insel der Klarheit inmitten eines Meeres von Lärm«.[65] Sie vermittelte gleichzeitig ein Gefühl stillen Triumphes über alles Unharmonische, Formlose und Rauhe in der menschlichen Stimme und damit gleichzeitig in der menschlichen Natur. Sie repräsentierte ein zerbrechliches Stück Ordnung in einer gewalttätigen und disharmonischen Welt.

Die Zeitgenossen achteten gespannt auf die Augenblicke, in denen das Gleichgewicht, das in förmlicher Rede zum Ausdruck kam, zusammenbrach. An einige dieser Vorfälle erinnerte man sich mit Schrecken. Überwältigt vom Kummer über den plötzlichen Tod zweier heißgeliebter Adoptivtöchter, die während einer Reise auf dem Balkan vom Blitz erschlagen worden waren, verlor Herodes Atticus, ein hochgebildeter athenischer Plutokrat, die Selbstbeherrschung. Unmittelbar nach diesem tragischen Ereignis mußte er sich in Sirmium im Jahre 173 oder 174 n. Chr. vor Kaiser Marc Aurel gegen den Vorwurf der mißbräuchlichen

---

[65] Kaster (Anm. 2) 18.

Machtausübung in Athen verteidigen. »Außer sich vor Leid…
war er nicht mehr bei Sinnen, sondern sehnte sich nach dem
Tode. Denn als er vortrat, um zu sprechen, überschüttete er den
Kaiser mit Vorwürfen… in einem aggressiven und unbeherrsch-
ten Ton.« Er zeigte ein offensichtlich selbstmörderisches Betra-
gen. Ein kaiserliches Tribunal, das in einem so schwerwiegenden
Fall zu Gericht saß, konnte keinen Ausbruch ungeschminkter
Rede tolerieren, der um so pathologischer erschien, als er von einem Manne kam, der sich bei offiziellen Gelegenheiten stets von
der besten Seite gezeigt hatte. Nur der »philosophische« Gleich-
mut Marc Aurels rettete die Situation. Während des gesamten
Vorfalls »runzelte der Kaiser weder die Stirn noch veränderte er
sonst seinen Gesichtsausdruck«. Philostratos erzählt uns diese
Geschichte ohne eine Spur von Sympathie. Ein anerkannter Redner wie Herodes Atticus hätte besser daran getan, das einzig sichere Hilfsmittel eines Gebildeten, der sich in Bedrängnis befin-
det, nicht außer acht zu lassen: »Er bediente sich nicht einmal
eines elaborierten Stils in seiner Rede; dabei hätte man meinen
sollen, daß ein für derartige Reden bestens ausgebildeter Mann
sein Temperament unter Kontrolle hätte halten können.«[66]

In diesem Sinne verkörperte eine Erziehung, wie etwa Libanios sie vermittelte, den Triumph der »pädagogischen Vernunft«. Wie Pierre Bourdieu treffend bemerkt, handelt es sich
um ein System, welches »das Wesentliche hervorbringt, während
es das Unbedeutende zu fordern scheint«.[67] Durch die penible
Selbstkontrolle und das Streben nach Harmonie in Verbindung
mit dem Zauber einer wohltönenden Stimme wurden die durchaus nicht immer feinfühligen Söhne des Landadels einer diskreten, aber intensiven Übung in Disziplin und Selbstbeherrschung
unterzogen.[68] Unmittelbare körperliche Gewaltanwendung
sollte ihnen ebenso unziemlich erscheinen wie undurchdachtes
Reden.[69] Sie erlernten die sorgfältige Beherrschung ausgewoge-
ner Satzperioden; ihre rhetorischen Übungen trainierten in Rol-
lenspielen den würdevollen Gedankenaustausch und förderten
den kontrollierten Ausdruck von Emotionen.[70] Von einer vir-
tuosen rhetorischen Darbietung »in erhobener, fast singender

[66] Philostratos, Leben der Sophisten 561.
[67] P. Bourdieu, Outline of a Theory of Practice, Cambridge 1977, 94.
[68] Festugière (Kap. 1 Anm. 54) 217–225 bleibt die beste Charakterisierung.
[69] Libanios, Reden 58, 5 (IV 183) in Festugière (Kap. 1 Anm. 54) 468.
[70] G. A. Kennedy, Greek Rhetoric under Christian Emperors, Princeton 1983,
66–73.

Stimmlage mit sorgfältig einstudierten Gesten« erwartete man, daß sie auf das Empfinden der Zuhörer in ähnlicher Weise einwirke, wie man das im viktorianischen Zeitalter bei klassischer Musik voraussetzte.[71] Auch die reine Stimmqualität faszinierte die Menschen der Spätantike. Eine neuere Untersuchung von Aline Rousselle hat gezeigt, wieviel Aufmerksamkeit Quintilian und seine Nachfolger den medizinischen Aspekten der Stimmbildung gewidmet haben.[72] Hinter den medizinischen Ratschlägen erkennen wir deutlich das klar umrissene Ideal einer Persönlichkeit des öffentlichen Lebens. Die sorgfältige Kontrolle des Amtes und die Vermeidung unangemessener Haltungen und unharmonischer Gesten dienten dazu, den gebildeten Menschen in eine in sich ruhende Figur zu verwandeln, deren Stimme und Auftreten selbstverständliche Autorität ausstrahlten. Schon seit dem 2. Jahrhundert fanden sich auf Grabsteinen und in Lobreden auf führende Mitbürger am häufigsten die Wörter *eutaxia, euschemosune, semnotes* – Begriffe, die das Ideal einer selbstbeherrschten, ja ehrfurchtgebietenden Haltung umschrieben.[73]

Der Verlust der Kontrolle über die Stimme wurde sofort registriert. Ein unlängst edierter Brief zeigt, wie ein Rechtsanwalt aus einer Kleinstadt in Afrika seinen Kollegen tadelte: Es gehöre sich nicht für einen gebildeten Mann, so schrieb er, in einem Rechtsstreit in den *fremitus inertis*, das drohende Geschrei eines Ungebildeten, zu verfallen.[74] Als ebenso ungehörig galt es, daß ein kaiserlicher Beamter, »ungebildet an Geist und Stimme«, Synesios von Kyrene anbrüllte, als der hochgebildete Bischof durch sein Einschreiten eine Auspeitschung zu beenden versuchte.[75]

Man erwartete von den Persönlichkeiten des öffentlichen Lebens, daß sie sich nicht haltlos ihrem Zorn überließen, sondern ihr Seelenleben nach ebenso strengen Maßstäben ordneten wie ihre Reden. Als der christliche Priester Isidor von Pelusion einmal einem möglicherweise gewalttätigen militärischen Führer riet, sich in der Stadt zurückzuhalten, schöpfte er aus dem Schatz seiner klassischen Bildung: »*Rhythmize sauton:* Sorge für die Harmonie deiner Seele. Nimm die Haltung an, die einem wohl-

[71] Kennedy (Anm. 70) 147.
[72] A. Rousselle, Parole et inspiration. Le travail de la voix dans le monde romain, History and Philosophy of the Life Sciences 5, 1983, 129–157.
[73] P. Brown, Die Keuschheit der Engel. Sexuelle Entsagung, Askese und Körperlichkeit am Anfang des Christentums, München 1994, 25.
[74] Sulpicius Severus, Briefe 6, 1, hg. v. C. Halm, Corpus Scriptorum Ecclesiasticorum Latinorum 1, Wien 1866, 254.
[75] Synesios, Briefe 58 in Garzya (Kap. 1 Anm. 111) 74.

wollenden Manne geziemt. Laß nicht eine Spur von der Krankheit des Hochmuts in deinen Blicken, deiner Mimik, deiner Stimme oder deinem Gang erkennbar werden.«[76] In der Kultur der Spätantike glaubte man, daß *logoi*, würdevolle, sorgfältig komponierte und vorgetragene Worte, zum Herzen vordrängen wie Takte einer alten, ehrwürdigen Musik, gewissermaßen als ein innerer Orpheus, der die wilden Tiere einschläferte, deren zerstörerische Kraft so dicht unter der Oberfläche des spätrömischen Lebens lagerte.[77] »Mit gemessenen Worten«, schrieb Gregor von Nazianz, »lerne ich, meinen Zorn zu zügeln.«[78]

Soviel ängstliche Aufmerksamkeit gegenüber dem Verhalten weist auf eine unübersehbare soziale Gegebenheit hin. Wir haben es mit einer Welt zu tun, die ein erschreckender Mangel an gesetzlichen Kontrollen über die Machtausübung kennzeichnet. Das ist nicht erst seit dem späten Imperium der Fall. Jahrhundertelang hatten Philosophen und Lehrer über die stark personalisierte Form der Machtausübung in der antiken Gesellschaft nachgedacht. Schon in der Frühzeit des Römischen Reiches beschäftigten sich ethische Denker intensiv mit verschiedenen Formen direkter sozialer Abhängigkeit. Eine latente Furcht vor willkürlicher Gewaltanwendung, die keine rechtlichen oder politischen Fesseln zu hemmen vermochten, verlagerte unmerklich das Hauptgewicht philosophischen Denkens auf ethische Fragen, vor allem auf das Problem der Bildung und der Beherrschung der Leidenschaften. Die intensive Beschäftigung mit der »Sorge um Sich«, die in den ersten beiden nachchristlichen Jahrhunderten so viel Raum einnahm, war vielfach die Reaktion denkender Menschen auf ihre eigene trostlose Sicht der römischen Gesellschaft, in der ein hoher Grad an Selbstbeherrschung den Mitmenschen die einzige, schwache Garantie für humane Lebensverhältnisse bot.[79]

Auch nach der Blüte stark metaphysischer und transzendentaler Denksysteme im Umkreis der neuplatonischen Schule, von der uns viele Schriften erhalten sind, blieb das ethische Interesse mit seiner Betonung der Selbstbeherrschung und seiner Sorge

[76] Isidor von Pelusion, Briefe 2, 292 (PG LXXVIII 721 C).

[77] Marrou (Anm. 36) 521–533; S. Charles Murray, Rebirth and Afterlife. A Study of the Transmutation of Some Pagan Imagery in Early Christian Funerary Art, (BAR International Series 100) Oxford 1981, 56–60.

[78] Gregor von Nazianz, Rede 6, 6 (PG XXXV 728).

[79] M. Foucault, Die Sorge um Sich. Sexualität und Wahrheit 3, Frankfurt a. Main 1989, 53–94; A. Rousselle, Gestes et signes de la famille dans l'Empire romain, in: A. Burguière, Histoire de la famille, Paris 1986, 258–262.

um Fragen des richtigen Verhaltens bis weit in die Spätantike vorherrschend. Es bildete die feste Grundlage aller philosophischen Systeme und begründete die kontinuierliche Abfassung von Handbüchern für philosophische Laien. Diese Handbücher wurden von Berufsphilosophen für die Angehörigen der gebildeten Schichten geschrieben, die sich mit Fragen der korrekten Lebensführung beschäftigten.[80] Wenn die Menschen des spätrömischen Reiches von »Philosophie« sprachen oder philosophischen Rat suchten, waren es diese Probleme und nicht etwa der metaphysische Aufschwung Plotins, worüber sie etwas erfahren wollten. Deshalb ist es nicht überraschend, daß der neuplatonische Philosoph Iamblichos, ein strenger Vertreter okkulter Methoden des Aufstiegs zum Einen, in einer Anthologie des 5. Jahrhunderts ausgerechnet zwischen Demosthenes und Cato dem Älteren aufgeführt wird. Bei dem Textauszug handelt es sich um ein Fragment aus einem Mahnschreiben an einen Provinzstatthalter. Es enthält die üblichen, ewig gültigen Banalitäten, die man einem Inhaber von Machtbefugnissen in Erinnerung rufen kann: »Wenn Strenge und Würde der Amtsgewalt sich mit Güte und Menschlichkeit verbinden, zeigt sich diese Gewalt so, wie sie sein sollte: harmonisch, höflich, edel und umgänglich.«[81]

Es gab gute Gründe dafür, soviel Gewicht auf Harmonie und Selbstbeherrschung bei der Ausübung von Macht zu legen. Gewalttätigkeiten umgaben die Angehörigen der Eliten auf jeder Stufe ihres Daseins. Sie wuchsen in Haushalten auf, in denen die Sklaverei eine häusliche Schule der Grausamkeiten geblieben war. Gestützt auf das Instrument der Peitsche, brachte die Sklaverei eine besondere Pathologie der Machtausübung hervor.[82] Als der Arzt Galen im 2. Jahrhundert über die Krankheiten der Seele schrieb, nahm den größten Platz in seiner Abhandlung die Leidenschaft des Zornes ein, die am Beispiel der blinden Wut des Sklavenhalters dargestellt wird. Er führt den Fall eines Landbesitzers in Kreta an, der, »ansonsten in jeder Hinsicht ein achtenswerter Mann«, mit Händen und Füßen über seine Diener herzufallen pflegte, häufiger aber noch mit einer Peitsche oder einem

[80] A. M. Malingrey, Philosophia, Paris 1961, 101–105, 225–227 und 280–283; P. Hadot, Plotin, 2. Aufl. Paris 1972, 89–101; I. Hadot, Le problème du néoplatonisme alexandrin. Hiéroclès et Simplicius, Paris 1978, 160–165.

[81] Johannes Stobaios, Anthologia 46, 76.

[82] K. R. Bradley, Slaves and Masters in the Roman Empire, A Study of Social Control, (Collection Latomus 184) Brüssel 1984, 118–123 und 130–134; B. D. Shaw, The Family in Late Antiquity. The experience of Augustine, Past and Present 115, 1987, 23 f.

Holzscheit, das sich gerade in Reichweite befand.[83] Im 4. Jahrhundert sahen sich schließlich die christlichen Bischöfe gezwungen, zu der endemischen häuslichen Gewalttätigkeit in den Oberschichten Stellung zu nehmen. In Kappadokien war zur Zeit des Bischofs Basileios der Tod von Sklaven als Folge von Schlägen so häufig, daß er in der Jurisprudenz unter den Fällen des gewöhnlichen Totschlags mit abgehandelt wurde: »Er ist auch in denjenigen Fällen nicht vorsätzlich, in denen eine Person eine andere in der Absicht, sie zu bestrafen, mit einer Peitsche oder Rute züchtigt, und der solchermaßen Gestrafte an den Schlägen stirbt. Denn... er wollte den Übeltäter bessern, nicht aber ihn töten.«[84] Den kaiserlichen Gesetzen blieb es dann vorbehalten zu dekretieren, daß bestimmte Formen der Grausamkeit unter das Monopol der staatlichen Justiz fielen: Diese durften nicht von einem Herren an seinen Sklaven verübt werden.[85]

Außerhalb ihres Elternhauses wurden die Jünglinge Zeugen der exemplarischen Gewalt, die in jedem Gerichtshof gegen ihre weniger privilegierten Mitbürger angewandt wurde.[86] Selbst ein Griechischlehrbuch für lateinisch sprechende Knaben enthielt Folterszenen als Bestandteil der Lebenserfahrung eines wohlhabenden Römers: »Der Stuhl des Statthalters wird aufgestellt. Der Richter besteigt das Podium... Ein schuldiger Räuber wird hereingebracht. Er wird seinen Übeltaten entsprechend verhört. Man unterwirft ihn der Folter: Der Folterknecht schlägt auf ihn ein, sein Brustkasten wird eingeschnürt, sein Körper an einem Strick in die Höhe gezogen, gewaltsam gestreckt und mit Keulen geschlagen. Er durchläuft alle Stationen der Tortur. Er leugnet sein Verbrechen. Seine Bestrafung ist unausweichlich... Er wird hinausgeführt und hingerichtet.«[87]

So ergoß sich eine Welle der Gewalt bis vor die Füße der Gebildeten. Es ist deshalb nicht erstaunlich, daß die gesetzliche

---

[83] Galen, De cognoscendis animi morbis 1, 14, in: C. G. Kühn, Galeni Opera Omnia, Bd. 5, Leipzig 1823, 18; vgl. Porphyrios, Ad Marcellam 35, in: A. Nauck, Porphyrius. Opera Selecta, Leipzig 1886, 296.

[84] Basileios, Briefe 188; vgl. die Akten des Konzils von Elvira (in Spanien, kurz vor 303 n. Chr.) bei E. J. Jonkers, Acta et Symbola Conciliorum quae saeculo quarto habita sunt, Leiden 1974, 6.

[85] Codex Theodosianus 9, 12, 1.

[86] R. MacMullen, Judicial Savagery in the Roman Empire, Chiron 16, 1986, 147–166, wieder in: Ders. (Kap. 1 Anm. 7) 204–219; ders. (Kap. 1 Anm. 8) 137–142; Matthews (Kap. 1 Anm. 3) 256f. Zu ähnlicher, wenngleich weniger wahllos angewandter Grausamkeit in der frühen Kaiserzeit vgl. T. P. Wiseman, Catullus and His World, Cambridge 1985, 5–9.

[87] Dionisotti (Kap. 1 Anm. 90) 105.

Freistellung von körperlicher Bestrafung zu den am zähesten verteidigten Statussymbolen selbst der rangniedersten Mitglieder der Honoratioren gehörte. In einem unlängst entdeckten Brief des Augustinus begegnet uns ein junger Mann, den der ortsansässige Klerus zur Auspeitschung verurteilt hatte, weil er mit einer Nonne durchgebrannt war. Voller Wut, daß ihm, einem *curialis*, eine derart entehrende Strafe auferlegt sein sollte, nahm dieser Kleinstadtcasanova den gesamten Instanzenweg bis hin zu Papst Coelestin in Rom in Anspruch, um Wiedergutmachung zu erlangen. Sein sexuelles Vergehen – eine scheußliche Tat für die Menschen des 5. Jahrhunderts – trat vor der erbitterten Auseinandersetzung um die Aufhebung der entehrenden körperlichen Bestrafung in den Hintergrund.[88]

Die Wirkung der Körperstrafe auf die Empfindlichkeit der Honoratioren zeigt sich am deutlichsten in den Schriften des Libanios. So schockierte der Statthalter Ikarios im Jahre 384 Libanios, indem er bei einem Angehörigen der Unterschicht, für den (nach Libanios' Ansicht) eine Auspeitschung angemessen gewesen wäre, Gnade vor Recht ergehen ließ, während er gleichzeitig dem Folterknecht befahl, einem jungen Mann aus angesehener Familie die Peitsche zu geben. Libanios beschreibt den Vorfall, der in Berrhoia (dem heutigen Aleppo) stattfand, in allen Einzelheiten. Die kraftvoll geschwungene Peitsche zerschmetterte eine Hängelampe, so daß sich das Öl über die darunter befindlichen Zuschauer ergoß. Der Rechtsanwalt und die Anhänger des jungen Mannes drängten sich im Gerichtssaal zusammen und schrien vor Entsetzen über die Szene. Sie flehten den Statthalter an, »die hohe Abkunft, die *paideia*« des Opfers zu bedenken.[89] Dieses Vorkommnis beendete Libanios' Freundschaft mit Ikarios, den er einst als »Zögling der Musen«[90] gepriesen hatte. Als er einige Jahre später an den Statthalter Kyros schrieb, der in einer syrischen Kleinstadt ebenfalls einen Ratsherren hatte auspeitschen lassen, erklärte Libanios geradeheraus, daß sich eine solche Handlungsweise für einen »Gebildeten« nicht gehöre.[91] Für einen »Freund der Musen« hatte es Kyros nicht nur am gebührenden Respekt fehlen lassen, sondern er hatte auch selbst das Gesicht verloren, indem er sich derart gewalttätig benahm. Sein Ruf würde dadurch unweigerlich Schaden nehmen.

[88] Augustinus, Briefe 9*, 1f. (S. 43f. Divjak = S. 158–160 Paris).
[89] Libanios, Reden 28, 13f. (III 52f.).
[90] Libanios, Reden 1, 225 (I 182).
[91] Libanios, Briefe 994, 2 (XI 124).

Als Libanios 390/91 an Kyros schrieb, hatte sich die Auspeitschung von Ratsherren schon zu einem häufigen und beunruhigenden Phänomen entwickelt. Die Ratsherren wurden zunehmend für Rückstände im Steueraufkommen verantwortlich gemacht und entsprechend bestraft. Die sich weitende Kluft innerhalb der Schicht der Honoratioren zwischen denjenigen, die mit der kaiserlichen Regierung zusammenarbeiteten und ihren Status auf den Dienst für den Kaiser gründeten, und den gewöhnlichen *curiales* hatte zur Folge, daß viele Honoratioren die gleiche gewalttätige und hochfahrende Behandlung erlitten wie die Angehörigen der unteren Schichten. Diese niederen Honoratioren waren im griechischen Osten sehr zahlreich vertreten. Eine Großstadt wie Antiochia hatte einen Stadtrat von sechshundert Mitgliedern – nicht alles reiche oder hochgebildete Männer. Aber je stärker die Kategorie der *curiales* aus fiskalischen Gründen ausgeweitet wurde, um der Regierung Personen an die Hand zu geben, die für die Steuerzahlungen verantwortlich gemacht werden konnten, und je weniger dabei ihr familiärer Hintergrund und ihre Bildung berücksichtigt wurden, um so mehr drohte das hohe Prestige der wohlgeborenen und gebildeten Ratsherren an Wert zu verlieren. Die Gefährdung ihres bevorzugten Standes ließ diese Schicht um so schärfer über ihre rechtlichen Privilegien wachen. Fälle von Auspeitschungen und Folter, denen ihre Angehörigen unterworfen wurden, blieben lange im Gedächtnis derer, die das Ansehen einer Stadt wahrten, wie etwa im Fall des Libanios.[92]

Wenn einmal der Eindruck entstanden war, daß Ratsherren vor Gewaltmaßnahmen der Justiz nicht mehr sicher seien, wurde ihre Stellung prekär. Selbst die Reicheren konnten Demütigungen erleiden, und wenn sie erst einmal dem Statthalter gegenüber ihr Gesicht verloren hatten, pflegten sie auch die Achtung ihrer Untergebenen zu verlieren. Sie konnten dann nicht länger als Herren und Beschützer der unteren Schichten fungieren.[93] In einer großen und von Gerüchten erfüllten Stadt wie Antiochia gelangten Recht und Gesetz selbst in Gefahr, wenn die Stadtbevölkerung, die im allgemeinen »ihren Platz kannte«, das Gefühl gewann, daß ihre naturgegebenen Führer, die Mitglieder des Stadtrates, ohne Respekt behandelt werden konnten.[94]

[92] Liebeschuetz (Kap. 1 Anm. 25) 166 und 173; M. A. Wes, Gesellschaft und Literatur in der Spätantike, Ancient Society 18, 1987, 186f.
[93] Libanios, Reden 35, 7 (III 213) in Festugière (Anm. 54) 485.
[94] Libanios, Reden 33, 11 (III 171).

Die körperliche Züchtigung war etwas Fürchterliches. Man wußte nur zu gut, daß bestimmte Formen der Auspeitschung, bei denen die Geißelenden mit Blei versehen waren, der Todesstrafe gleichkamen.[95] Selbst weniger brutale Varianten bedeuteten für einen Ratsherrn eine vernichtende Entehrung. Er wurde »entkleidet und niedergeworfen«, um ausgepeitscht zu werden, so als ob er ein Angehöriger der unteren Schichten wäre; sein »freigeborener Körper« würde von nun an durch die Spuren der Bestrafung geschändet sein.[96] Indem er eine so brutale und entehrende Strafe verhängte, zeigte ein Statthalter in aller Öffentlichkeit, daß er sich nicht an die schweigende Übereinkunft gebunden fühlte, die ihn normalerweise mit den Angehörigen der Oberschicht verband.

Doch selbst nach einer so krassen Demonstration seiner Gleichgültigkeit gegenüber dem »Zauber« von *paideia* ließ sich ein Statthalter gelegentlich dazu bringen, seine Handlungsweise zu bereuen. Harte Bestrafungen konnten als vereinzelte Fehltritte infolge von Mißgestimmtheit dargestellt werden. »Zorn« war das Gegenteil einer harmonischen und beherrschten Art des öffentlichen Auftretens. Dieser Begriff spielte dementsprechend eine zentrale Rolle in der politischen Sprache des spätrömischen Reiches. Gelegentlich bedeutete er den plötzlichen, beschämenden Wegfall der Selbstbeherrschung, verbunden mit einem öffentlichen Wutausbruch. Häufiger jedoch bezeichnete er die verdrießliche Mißgestimmtheit eines Mannes, der den Ansprüchen von Freundschaft und Wertschätzung, welche die »Diener der Musen« untereinander verbanden, nicht Rechnung tragen wollte.[97]

Beide Formen des Zorns stellten einen ernsthaften Bruch des Dekorums dar, der seinen Urheber stigmatisierte. In Anbetracht der Unsicherheit ihrer Position, unter der viele Statthalter in den Provinzen zu leiden hatten, konnte das Stigma ungehörigen Benehmens jederzeit zu politischer Isolation, zum Verlust des Amtes oder sogar zu gerichtlichen Nachspielen führen.

Indem sie den Zorn als einen Verstoß gegen das Dekorum behandelten, wiesen die zeitgenössischen Beobachter des politi-

---

[95] Augustinus, Briefe 10*, 4, 3 (S. 48 Divjak = S. 174 Paris).
[96] Libanios, Reden 52, 16 (IV 33); Ammianus Marcellinus, Res Gestae 29, 2, 20; vgl. Libanios, Briefe 1414, 5 (XI 456); Augustinus, Briefe 104, 1, 1.
[97] Ammianus Marcellinus, Res Gestae 29, 2, 18; zur langen Vorgeschichte dieser Vorstellung vgl. R. S. Rogers, The Emperor's Displeasure, Transactions of the American Philological Association 90, 1959, 224–237.

schen Geschehens diskret auf ein Prinzip der Reversibilität in einem ansonsten unerbittlichen System hin.[98] Zorn konnte besänftigt werden, und ein Statthalter oder Kaiser einen Akt öffentlicher Gewalt dadurch ungeschehen machen, daß er ihn als einen momentanen, allzu menschlichen Fehltritt behandelte: Er konnte seine Entscheidung umstoßen und *parotes* und *hemerotes* zeigen, jene »milde Höflichkeit«, die immer wieder auf Inschriften und in Bittgesuchen des spätrömischen Reiches angeführt wurde.[99] Insofern prägte die Betonung des Zorns den spätrömischen Sprachgebrauch zum Thema Begnadigung. Der Gegenbegriff zu Zorn war Gnade. Ein Statthalter, der seine »aufwallenden Leidenschaften« durch Gnadengesuche besänftigen ließ, konnte sich »den guten Ruf erwerben, seinen Zorn besiegt zu haben«.[100]

Das eindrucksvollste Charakteristikum solcher Berufungen auf die korrelierenden Begriffe von Zorn und Dekorum ist ihre wohlerwogene Unbestimmtheit. Sie appellierten nicht an Garantien, die die bestehenden römischen Gesetze gewährten. Dabei waren die Ratsherren trotz der hier angeführten ominösen Ausnahmen durch eine Reihe kaiserlicher Erlasse vor Auspeitschungen gesetzlich geschützt.[101] Libanios berichtet gerne von den Fällen, in denen sich Honoratioren erfolgreich unter den Schutz dieser Gesetze gestellt haben.[102] Aber die Wirkung einer Berufung auf die kaiserlichen Gesetze konnte niemals mit Sicherheit vorhergesagt werden. Es sind Fälle bekannt, in denen Versuche, den Statthalter wegen Mißachtung der Gesetze anzuklagen, gescheitert sind.[103]

In dieser Hinsicht waren die Honoratioren des griechischen Ostens den Beschränkungen unterworfen, die ihnen ihre eigenen Codes formalisierter Rede auferlegten. Nur aufgrund dieser Art von Rede konnten sie sicher sein, in ihren Beziehungen zu den kaiserlichen Beamten ihre moralische und kulturelle Überlegenheit zu wahren. Durch die griechische Rhetorik rechtfertigten sie ihren Anspruch auf fraglose Autorität als »natürliche« Führer der Gesellschaft. Die Berufung auf das Römische Recht dagegen

[98] Libanios, Reden 51, 25 (IV 17).
[99] Robert (Kap. 1 Anm. 61) 15 Anm. 7; L. Robert, Aphrodisias, Hellenica 13, 1965, 109–239, spez. 224.
[100] Libanios, Reden 11, 155f. (I 488) in Downey (Anm. 47) 669.
[101] Codex Theodosianus 12, 1, 75 (371 n. Chr.), 12, 1, 80 (380 n. Chr.), 12, 1, 82 (382 n. Chr.).
[102] Libanios, Reden 50, 12 (III 476) und 28, 4f. (III 49).
[103] Libanios, Reden 42, 18 (III 316).

brachte zum einen eine Verstrickung in ein System widersprüchlicher Edikte, von denen obendrein nicht alle lokale Gültigkeit besaßen oder auf einen bestimmten Einzelfall zugeschnitten waren;[104] zum anderen hatte sie zur Folge, daß man seinen sicheren Boden verließ und sich auf das weniger feste Terrain der lateinischen Sprache begab. Viele taten das natürlich und studierten die lateinische Sprache und das Römische Recht, was bei einem Mann wie Libanios nur Mißbilligung hervorrief.[105] Denn als von Hause aus griechisch Sprechende konnten sie sich auf dem fremden Territorium niemals mit dem gleichen Geschick bewegen, wie das etwa Libanios mit seiner Berufung auf die *paideia* vermochte. Sie genossen nicht länger den für eine traditionsbewußte Gesellschaft bedeutenden Vorzug, sich auf einen fraglosen Konsens berufen zu können, der in jahrhundertealten moralischen Begriffen vom rechten Verhalten seinen Ausdruck fand.

Eine besondere Entwicklung im öffentlichen Leben des späten Imperiums wirkte sich verstärkend auf derartige Appelle an das Dekorum aus. Wir haben es mit einem Zeitalter der Zeremonien zu tun, und die Machthaber brachten ihre Präsenz durch »ein Arrangement zeremonieller Gegebenheiten zum Ausdruck, die sie in die ›unmittelbare Sprache‹ von Geste, Dekor und Pose kleideten«.[106] Diese starke Betonung des Zeremoniellen könnte auf die ortsansässigen Eliten die gleiche einschüchternde Wirkung gehabt haben wie das Bestehen auf *civilité* von seiten der Staatsdiener Ludwigs XIII. und Ludwigs XIV. im absolutistischen Frankreich.[107] Doch lag der Fall im spätrömischen Reich anders. Das hochentwickelte Zeremoniell dieser Zeit gab den Mächtigen eine zweischneidige Waffe an die Hand. Es wurde nicht lediglich vom Kaiserhof her bis in die unteren Ränge hinein durchgesetzt, sondern bedurfte zu seiner Wirksamkeit auch des Appells an eben diejenigen Ideale der Harmonie und Selbstbeherrschung, die das Kernstück der *paideia* ausmachten. Infolgedessen erhöhte das Zeremoniell die Mächtigen nicht nur, es kontrollierte sie gleichzeitig, indem es ihnen die Antworten vorgab und ihre unbeherrschte Natur durch gemessene Gesten zügelte. Auf diese Weise führte das Zeremoniell die Ideale der *paideia* unmerklich in die Regierungstätigkeit ein. Nur diejenige Macht, die in selbst-

[104] Augustinus, Briefe 10*, 4, 1 (S. 48 Divjak = S. 172 Paris).
[105] Libanios, Reden 49, 29 (III 466).
[106] Matthews (Kap. 1 Anm. 3) 255.
[107] O. Ranum, Courtesy, Absolutism and the Rise of the State, Journal of Modern History 52, 1980, 426–451.

beherrschter und würdevoller Weise ausgeübt wurde, konnte Autorität beanspruchen. So wie Verfahrensfehler im modernen Rechtsstreit zur Ungültigkeit des Urteils führen können, so konnte die Vernachlässigung des Dekorums, das den Statthaltern durch das Zeremoniell auferlegt wurde, ihre Handlungen zur Wirkungslosigkeit verdammen. »Aschemoneis hegemon«, »Statthalter, Ihr vergeßt euch«: Dieser Satz (der einem christlichen Märtyrer in den Mund gelegt wird) enthielt einen Tadel, der die »symbolische Achillesferse« der Mächtigen traf.[108]

Wer so handelte, riskierte, auf dem falschen Fuß erwischt zu werden. Es konnte immer passieren, daß man seine Wut an den falschen Leuten ausließ. Der dann mögliche Verlust der Macht und ein eventuelles Gerichtsverfahren stellten im allgemeinen eine öffentliche Entehrung für den Betroffenen dar. Waren die Honoratioren wegen solcher Entgleisungen verstimmt, zeigten sie sich gnadenlos rachsüchtig. Als Florentius, der Statthalter von Syrien, im Jahre 392 seines Amtes enthoben wurde, verfaßte Libanios eine Schmähschrift gegen ihn.[109] Darin nahm er eine Verurteilung des Mannes vor, der sich zunehmend durch seine Arroganz und Grausamkeit isoliert hatte. Laut Libanios hatte Florentius die Methode, den Tod durch Auspeitschen herbeizuführen, in Antiochia eingeführt.[110] Sein Bruder Lucianus, der *comes orientis,* war noch brutaler. Er hatte über Antiochener Honoratioren derartige körperliche Strafen verhängt, daß sie von ihren eigenen Sklaven bemitleidet wurden. Sie hatten Verletzungen davongetragen, wie ihre Sklaven sie niemals erleiden mußten.[111]

Diese Geschichte sollte abschreckend wirken. Denn daß Lucianus selbst in Antiochia zu Tode gepeitscht worden war und daß der neue Prätorianerpräfekt Rufinus eigens in die Stadt gereist war, um der Hinrichtung seines Feindes persönlich beizuwohnen, brauchte Libanios seinen Lesern nicht ausdrücklich mitzuteilen.[112] Auf dieser Reise hatte Rufinus Wert darauf gelegt, die Bewohner der Stadt durch versöhnliche Gesten zu besänftigen, etwa indem er mit den einflußreichsten Persönlichkeiten

---

[108] Martyrium des Konon 5, 6 in Musurillo (Kap. 1 Anm. 80) 190. Den Begriff übernehme ich von J. Scott, Domination and the Arts of Resistance, New Haven 1990, 105.

[109] O. Seeck, Libanius gegen Lucianus, Rheinisches Museum N. F. 73, 1920–1924, 84–101.

[110] Libanios, Reden 46, 8–10 (III 382 f.); Prosopography (Kap. 1 Anm. 84) 364 f. (Florentius 9).

[111] Libanios, Reden 56, 7 (IV 135).

[112] Libanios, Briefe 1106, 2 1111. 3 (XI 213 und 218); Prosopography (Kap. 1 Anm. 84) 516 f. (Lucianus 6).

Gespräche führte, seine neuerworbenen Griechischkenntnisse öffentlich gebrauchte und sogar einen neuen Säulengang errichten ließ. Lucianus erhielt die verdiente Strafe, und seine Antiochener Opfer stellten durch Libanios sicher, daß sein schändlicher Tod dem Andenken der Nachwelt erhalten blieb.

Vor diesem Hintergrund wird verständlich, warum unsere Quellen den Verhaltensweisen der Mächtigen so viel Aufmerksamkeit widmen und warum sie in so lebhaften Worten ihre gelegentlichen entsetzlichen Ausbrüche von Wut und Grausamkeit schildern. An diesen Punkten boten sich Einwirkungsmöglichkeiten. Moderne Historiker haben in der »Überbetonung von Moral und Charakter« eine besonders unangenehme Eigenart der Geschichtsschreiber der damaligen Zeit, etwa des Ammianus Marcellinus oder des Eunapios von Sardes, gesehen.[113] Aber mit dieser Form der Geschichtsschreibung konzentrierten sich die gebildeten Schichten auf einen der wenigen Aspekte des imperialen Systems, von dem sie glaubten, er könne zum Besseren gewendet werden. Eine Historiographie, in der »der Charakter zum Hauptanliegen wurde«[114], spiegelte eine Politik des Dekorum wider, durch welche die Angehörigen der Eliten die Mächtigen zu zügeln und gelegentlich sogar umzustimmen hofften.

Das Verhalten der Kaiser

Die Errungenschaften der *paideia* traten am deutlichsten in der Gestalt des Kaisers selbst zutage. So wie bereits im frühen Imperium war der Kaiser sowohl die Quelle aller Macht als auch das Vorbild für die Art ihrer Ausübung.[115] In den Reden des Libanios zum Beispiel »strahlt die Persönlichkeit des Kaisers auf das gesamte Gesellschaftsgefüge aus«.[116] Die Honoratioren orientierten sich an einem Idealbild höchster, fragloser Macht, ange-

---

113 Blockley (Kap. 1 Anm. 19) 25.
114 Blockley (Kap. 1 Anm. 19) 15.
115 A. Wallace-Hadrill, Civilis Princeps. Between Citizen and King, Journal of Roman Studies 72, 1982, 32–48, spez. 47; R. Gordon, The Veil of Power. Emperors, Sacrificers and Benefactors, in: M. Beard und J. North (Hgg.), Pagan Priests, London 1990, 209.
116 Norman (Kap. 1 Anm. 120) 153.

nehm bereichert um ihre eigenen Wertsetzungen, wenn sie in ihrer heimischen Gesellschaft die Herrschaft ausübten und mit den Vertretern der kaiserlichen Regierung Recht sprachen, Kontrollfunktionen ausübten oder auf andere Weise zusammenarbeiteten.

Die Kaiser akzeptierten diese Auffassung von ihrer Person. Sie wußten wohl, daß sie unter den Augen einer aufmerksamen und kritischen Zuschauerschaft agierten, die über das große Reich verstreut war, und sie bemühten sich, ihre Macht in der hergebrachten Weise zur Schau zu stellen. In all diesen Jahrhunderten zeigten Kaisergestalten mit dem unterschiedlichsten sozialen Hintergrund ein hohes Maß an Dekorum. Kaiser zu werden bedeutete, in der Öffentlichkeit eine Maske aus aristokratischer Würde und Selbstbeherrschung zur Schau zu stellen.[117]

Die Anpassung an eine derart repräsentative Rolle erfolgte oft unvermittelt und stellte für viele eine große Belastung dar. Im frühen 3. Jahrhundert machte sich der neuernannte Kaiser Macrinus in Antiochia lächerlich; er ließ sich einen Bart wachsen und sprach in Versammlungen sehr langsam und bemüht zu den Leuten, wobei man ihn oft seiner leisen Stimme wegen nicht hören konnte.[118] Es war der mühsame Versuch eines rauhen Kriegsmannes, sich als Kaiser den Anschein philosophischer Gelassenheit zu geben, wie man sie allgemein mit dem Bild von Mark Aurel verband. In der Mitte des 4. Jahrhunderts erwies sich Kaiser Julian nach Meinung seiner heidnischen Bewunderer erfolgreicher. Auf öffentlichen Inschriften wurde er immerhin als »hervorragender praktizierender Philosoph«[119] geehrt. Er bemühte sich, den Rat seines Arztes Oribasios zu befolgen und »seinen Zorn weder in den Augen noch in der Stimme erkennbar werden zu lassen«.[120] Als er einmal auf Opposition stieß, verstand er es, »den kaiserlichen Zorn durch die Abfassung eines literarischen Werks zu zerstreuen«.[121] Zu diesem Zweck schrieb er eine bemerkenswerte Festsatire auf die Stadt Antiochia, den *Misopogon*. Diese Schrift wurde zur öffentlichen Lektüre ausgelegt. Anstatt Auskunft über das verärgerte Gemüt Julians zu geben, sollte sie

---

[117] Ammianus Marcellinus, Res Gestae 25, 10, 15: Hätte der neue Kaiser Jovian etwas länger gelebt, hätte er seine lockeren Gepflogenheiten »aus Respekt vor der kaiserlichen Würde« abgelegt.

[118] Herodian, Geschichte 5, 2, 3.

[119] H. Dessau, Inscriptiones Latinae Selectae, Bd. 1, Berlin 1892, 167f. nr. 751.

[120] Eunapios, Frg. 28, 2 in Blockley (Kap. 1 Anm. 19) 43.

[121] Eunapios, Frg. 25, 3 in Blockley (Kap. 1 Anm. 19) 37.

als ein Zeugnis für die Kunstfertigkeit gelesen werden, mit welcher spätrömische Herrscher gelegentlich den kultivierten Humor zeigten, den die Zeitgenossen gerne mit einer milden, weil selbstsicheren Herrschaftsausübung verbanden.[122] In einer Situation, die eigentlich einen denkwürdigen Ausbruch kaiserlicher Wut gerechtfertigt hätte, war Julians *Misopogon* ein geschicktes Mittel zu zeigen, daß er »furchtbar sein konnte, ohne grausam zu sein«.[123] Im darauffolgenden Jahrhundert pries der christliche Historiker Sokrates von Konstantinopel den Kaiser Theodosius II.: Niemand hat ihn jemals zornig gesehen, während Julian der Heide, »obwohl er sich selbst als Philosoph bezeichnete«, während seiner Zeit in Antiochia einen Wutanfall erlitten hat.[124]

Die *longue durée,* über die sich diese Anekdoten erstrecken, ist beeindruckend. Wer das öffentliche Auftreten von Macrinus, Julian und Theodosius II. beobachtete, wußte, daß er die einzig gültige Verfassung studierte, welche das Römische Reich besaß. Er durchforschte die Gesichter und Gesten eines jeden Herrschers und versuchte voller Sorge abzuschätzen, wie weit sich ein Mann mit solcher Machtfülle von dem hauchdünnen Gewebe eines Verhaltenskondex vereinnahmen lassen würde, der dazu diente, seine Beziehungen zu den Angehörigen der führenden Schichten zu regeln.

Als der junge Julian in Mailand eintraf, um zum Caesar ernannt zu werden, scharten sich die Höflinge um diesen gänzlich fremden Mann, der unerwartet aus Kleinasien herbeigerufen worden war: »Sie betrachteten lange voller Ernst seine Augen… und sein Antlitz… sie versuchten zu erahnen, was für eine Art Mensch er sein würde, als ob sie jene alten Bücher durchforschten, bei deren Lektüre man von äußeren Zeichen auf die inneren Qualitäten des Geistes schließen kann.«[125]

Die Physiognomik bedeutete im spätrömischen Reich eine ernsthafte Angelegenheit. Sie war eine Art »Kreml-Astrologie« in einem Zeitalter personaler Machtausübung. Gregor von Nazianz, ein Christ, hatte den jungen Julian in Athen getroffen und

[122] M. W. Gleason, Festive Satire. Julians' ›Misopogon‹ and the New Year at Antioch, Journal of Roman Studies 76, 1986, 106–119.
[123] Ammianus Marcellinus, Res Gestae 25, 4, 8.
[124] Sokrates, Kirchengeschichte 7, 22; zum guten Naturell, das von den Christen Constantius II. zugeschrieben wurde, vgl. Gregor von Nazianz, Gedichte 1, 2, 25 vv. 290–303 (PG XXXVII 833f.).
[125] Ammianus Marcellinus, Res Gestae 15, 8, 16.

sich seine eigenen Gedanken gemacht. Die ruhelosen Augen, das schwere Atmen durch die Nase, der schleppende Gang und das unkontrollierte Gelächter erschienen ihm als verhängnisvolle Vorzeichen. Er sah einen jungen Mann vor sich, auf den die guten Einflüsse der *paideia* keine Wirkung ausüben würden.[126] Die Christen sollten sich vor einem solchen Mann in acht nehmen, falls er einmal Kaiser werden würde.

Wenn wir die Schriften des Historikers Ammianus Marcellinus lesen, der seine lateinische Geschichte des Imperiums in den 390er Jahren in Rom verfaßte, sehen wir uns mit entsetzten Augen die Gesichter der Mächtigen erforschen. Ammianus liefert uns eine finstere Physiognomik der Macht. Was Arnaldo Momigliano einmal als seine »scharfe, beinahe dämonische Beobachtungsgabe« charakterisierte, ist deshalb so aufwühlend, weil die Beschreibungen in seinen Werken so greifbar und plastisch sind.[127] Die verhängnisvolle Neigung zu Zornausbrüchen bei Valentinian I. wird zum Beispiel in zunehmendem Maße anhand von Charakteristika »seiner Stimme, seines Gesichtsausdrucks und seiner Gangart«[128] zur Darstellung gebracht. Denn Ammianus beurteilt das Verhalten seiner Zeitgenossen vor dem Hintergrund des ruhigen, fast ikonenartigen Idealbildes des Politikers, das man zu seiner Zeit mit dem rechten Gebrauch von Macht assoziierte. In seinem Geschichtswerk kommt er »fast immer auf den Zorn zu sprechen, wenn dieser von angeblich gebildeten Männern an den Tag gelegt wird«; »brennend, kochend, anschwellend« zählen zu seinen bevorzugten Termini.[129] Die Figuren in Ammianus' Bericht sind in grotesker Weise durch die Eigenschaften entstellt, die seinen Idealen widersprechen. Extravagante Armschwünge, tänzelnde Schritte, übertrieben hochgezogene Augenbrauen, ruckartige Kopfbewegungen wie bei einem angreifenden Stier, Augen, aus denen tödliche Wut leuchtet, das gefrorene Lächeln auf dem Gesicht des Staatsanwalts »wie das Zähnefletschen eines wilden Tiers«: Darüber schrieb Ammianus in dieser anschaulichen Weise, um seine gebildeten Leser an den

---

[126] Gregor von Nazianz, Reden 4, 56 und 5, 21–23 und 5, 34 (PG XXXV 560B, 689B–692B, 717A).

[127] A. D. Momigliano, The Lonely Historian Ammianus Marcellinus, Annali della Scuola Normale superiore di Pisa, 3. S. 4 (1974) 1404; wieder in: Ders., Essays in Ancient and Modern Historiography, Oxford 1977, 136; Matthews (Kap. 1 Anm. 3) 258–262 und 459f.

[128] Ammianus Marcellinus, Res Gestae 29, 3, 2.

[129] R. Seager, Ammianus Marcellinus. Seven Studies in His Thoughts and Language, Columbia 1986, 49 und 34.

Alptraum zu erinnern, unter dem sie seit einigen Jahren zu leben gezwungen waren.[130]

Beschrieben wird hier ein dramatisches Schattenspiel, aus dem moderne Leser einen unauslöschlichen Eindruck von der Grausamkeit, der Bestechlichkeit und der lähmenden Angst gewonnen haben, die sich im Umkreis der spätrömischen Autokratie ausbreiten konnten.[131] Aber wir dürfen nicht vergessen, daß sich diese schrecklichen Ereignisse wie in einem Schattenspiel nur deshalb in so ausgeprägten Formen abzeichnen konnten, weil sie durch das helle und sorgfältig ausgerichtete Licht einer gebildeten Sichtweise auf die Leinwand projiziert wurden. Es ist nicht sicher, ob Ammianus ein Landsmann des Libanios war, auf jeden Fall aber verfügte er über dieselbe Bildung wie dieser. Als weitgereister Soldat wußte er besser als Libanios, wie weit die *paideia* in der hohen Politik des Imperiums Gültigkeit beanspruchen konnte. Aber ebenso wie Libanios trug er Sorge dafür, daß die Geschichte von ihm und seinen gebildeten Lesern in ihrer eigenen, unerbittlich präzisen Sprache überliefert wurde. Die »Nostalgie«, die man zu Recht dem Bericht des Ammianus über seine eigene Zeit zugeschrieben hat, beruht auf der grimmigen Entschlossenheit, das einzige Vorrecht, das seiner Klasse geblieben war, nicht aufzugeben – nämlich das Recht, die Ereignisse der Nachwelt zu überliefern, von denen er eigentlich wünschte, daß sie niemals stattgefunden hätten.[132]

Parrhesia: Der Philosoph

Die Eliten befanden sich also in vielerlei Hinsicht gegenüber den Gewalthabern im Vorteil. Sie besaßen einen einzigartig langlebigen Code. Sie konnten diejenigen Machthaber, die gegen ihre politischen Verhaltensnormen verstoßen hatten, unnachsichtig mit ihrer Rachsucht verfolgen. Sie vermochten unbeliebte Beamte zu

[130] Ammianus Marcellinus, Res Gestae 14, 7, 1; 28, 1, 3; 20, 1, 2; 28, 4, 10; 20, 9, 2; 28, 1, 12.

[131] Matthews (Kap. 1 Anm. 3) 460.

[132] T. D. Barnes, Literary Convention, Nostalgia and Reality in Ammianus Marcellinus, in: G. Clarke (Hg.), Reading the Past in late Antiquity, Rushcutters Bay 1990, 83. Zur Heimat des Ammianus Marcellinus (eher Alexandria als Antiochia) G. W. Bowersock, Rez. Matthews (Kap. 1 Anm. 3), Journal of Roman Studies 80, 1990, 224–250, spez. 247 f.

boykottieren, indem sie ihnen die Mitarbeit versagten. Es fehlte ihnen jedoch an Zivilcourage. Ihr Recht auf freie Meinungsäußerung, die *parrhesia,* das bedeutsamste Erbe der Polis, unterlag starken Einschränkungen. Zwar konnten sie noch hoffen, die Machthaber zu überreden, aber sie konnten sie nicht offen herausfordern.

Dafür gibt es eine einfache Erklärung. Um Wirksamkeit entfalten zu können, mußten sich die Honoratioren auf die Beziehungen aus den Patronageverhältnissen verlassen können, welche die Städte mit der kaiserlichen Verwaltung und mit dem Hofe verbanden. In der *parrhesia* sahen sie eine Funktion der *philia.* Sie konnte nur von denjenigen in Anspruch genommen werden, die das sichere Gefühl hatten, auf die Freundschaft der Mächtigen rechnen zu können. Libanios beispielsweise war sich seiner freundschaftlichen Beziehungen zu Kaiser Julian so weit sicher, daß er im Jahre 362 vor ihm in aller Öffentlichkeit die Interessen des Stadtrates von Antiochia vertreten konnte. Aber selbst das erforderte noch beträchtlichen Mut. Während er redete, hörte man einige Höflinge laut sagen, daß der Orontes unter den Fenstern des Palastes vorbeifließe und daß es keine schlechte Idee wäre, den lästigen Professor in den Fluß zu werfen.[133]

Libanios wußte genau, wie weit er gehen konnte. Als er die Begräbnisrede auf seinen Onkel Phasganios hielt, mußte das letzte Drittel der Rede hinter verschlossenen Türen vorgetragen werden, denn es handelte von Phasganios' *parrhesia,* mit welcher er gegen Kaiser Gallus, Julians Bruder, Stellung bezogen hatte. Julian hätte sich im Hinblick auf dieses Thema empfindlich zeigen können. Deshalb zog sich Libanios in einen geschlossenen Raum zurück und bat »die Zuhörer … die Aufmerksamkeit der Menge nicht durch lauten Applaus auf sich zu lenken. Und bis jetzt – möge die Nemesis ihm gewogen bleiben – haben sich für ihn keine negativen Konsequenzen ergeben.«[134]

Die Tatsache, daß Libanios' schärfste Angriffe auf Beamte erst erfolgten, nachdem diese die Macht bereits verloren und ihre Nachfolger signalisiert hatten, daß ihnen an einer Vergeltungskampagne gelegen wäre, bleibt ein besonders unangenehmer Aspekt seiner Laufbahn.[135] Bestenfalls könnte man zu Libanios'

---

[133] Libanios, Reden 1, 126 (I 143–148).
[134] Libanios, Briefe 283, 2 (X 268); Liebeschuetz (Kap. 1 Anm. 25) 26.
[135] P. Petit, Recherches sur la publication et la diffusion des discours de Libanius, Historia 5, 1956, 479–509.

Gunsten sagen, daß er mit diesen Problemen nicht allein stand. Wie im Ottomanischen Reich war die »Politik der Honoratioren« sehr strengen Beschränkungen unterworfen: Ihre »Handlungsweisen mußten unter normalen Umständen vorsichtig und vieldeutig sein... Einflußnahme mußte im privaten Bereich stattfinden; der vorsichtige Ausdruck von Unzufriedenheit durfte nicht in unmittelbarer Gegenwart des Herrschers erfolgen; die Opposition konnte man äußerstenfalls mit Vorsicht unterstützen – aber nicht bis zu dem Punkt, an dem man den Zorn der Herrscher zum tödlichen Schlag reizte.«[136]

Parrhesia wurde deshalb einer anderen, bekanntermaßen exzentrischen Figur übertragen – dem Philosophen. Er eignete sich hervorragend als Fürsprecher. Fast immer gehörte er zur besitzenden Klasse und hatte in hohem Maße Anteil an ihrer *paideia*. Die Philosophenhelden des Eunapios von Sardes zum Beispiel bewegten sich in einer Welt, deren solider Hintergrund das Leben des wohlhabenden Provinzadels war, auch wenn diese Tatsache gelegentlich von den Berichten über ihre denkwürdigen Exzentrizitäten verschleiert wurde. Sie verkörperten eine »typische Mischung aus philosophischer, rhetorischer und theologischer Bildung«.[137] Aber die Lebensweise des Philosophen unterschied sich in einem Punkte deutlich von derjenigen der übrigen Gebildeten. Er schuldete im allgemeinen den Verbindungen aus Patronage und Freundschaft keinen Dank. Durch eine heroische Geistesleistung hatte er sich von allen gesellschaftlichen Banden befreit. Somit verdankte er sein Recht auf *parrhesia* der eigenen Anstrengung. Er konnte die Machthaber direkt ansprechen im Namen eines Dekorums und einer Selbstbeherrschung, welche er in seiner Person im höchsten Maße verkörperte, da er sich durch keinerlei politische Parteinahme gebunden sah.

In den früheren Jahrhunderten der römischen Geschichte hegte man hinsichtlich der ruhigen, bärtigen Gestalt des Philosophen, der ein einfaches Gewand trug, das die Brust unbedeckt ließ, und ansonsten nur mit Wanderstab und Reisebeutel ausgerüstet war, klar umrissene und festgefügte Erwartungen: Als jemand, der keinem Menschen etwas schuldete, galt der Philosoph

---

[136] A. Hourani, Ottoman Reform and the Politics of Notables, in: W. R. Polk und R. L. Chambers (Hgg.), Beginnings of Modernization in the Middle East in the Nineteenth Century, Chicago 1968, 46.
[137] Penella (Anm. 9) 75.

als bevorzugter Widerpart der Machthaber.[138] In der Spätantike behielt dieses Bild vom Philosophen weiterhin Gültigkeit, es überlebte das »allmähliche Abgleiten des Philosophenstandes an den Rand des Gesellschaftsgefüges«, das für die Führer der heidnischen Philosophenschulen in Athen und anderswo charakteristisch war.[139]

Es handelte sich hierbei natürlich in erster Linie um ein Idealbild. Die Vorstellungen des 4. Jahrhunderts vom Philosophen lagen häufig genauso weit von der Realität der arbeitsamen und zutiefst unpolitischen geistigen Zirkel eines Plotin oder Iamblichos entfernt wie das moderne Bild von Einstein von der wirklichen Arbeit eines Naturwissenschaftlers. Aber wie im Falle Einsteins nachgewiesen wurde, verstärken solche Bilder »spezifische Vorurteile«[140], und die »spezifischen Vorurteile«, die durch das Bild vom Philosophen verstärkt wurden, bezogen sich vor allem auf seine Kontrollfunktion gegenüber der Macht. Ein Mann, der seine Leidenschaften überwunden hatte, durfte zu Recht für sich in Anspruch nehmen, als geistiger Führer oder sogar als Kritiker zu denjenigen zu sprechen, die diesen Kampf noch nicht zu Ende gekämpft hatten.[141] Als der Philosoph Sopater von Apameia in das neu gegründete Konstantinopel zog, waren seine Anhänger überzeugt, daß er dies tat, »um durch die Kraft der Vernunft die Impulsivität, den beherrschenden Charakterzug Konstantins, zu mildern und zu kontrollieren«.[142] Eunapios glaubte, daß die Geschichte anders verlaufen wäre, wenn Sopater Erfolg gehabt hätte.

Das Bild des 4. Jahrhunderts vom Philosophen bleibt also zwiespältig. Der Philosoph war ein Mann ohne gesellschaftliche Bindungen. Er schuldete seinesgleichen nichts, und den Machthabern ging er aus dem Wege. Wenn er über Reichtum, Bildung und soziales Ansehen verfügte (und viele taten das), so ließ er es

[138] Vgl. jetzt die hervorragende Untersuchung von J. Hahn, Der Philosoph und die Gesellschaft, Stuttgart 1989, 12–29.
[139] G. Fowden, The Pagan Holy Man in Late Antique Society, Journal of Hellenic Studies 102, 1982, 33–59, spez. 33 und 51–59; bemerkenswerte neue bildliche Zeugnisse publiziert R. R. R. Smith, Late Roman Philosopher Portraits from Aphrodisias, Journal of Roman Studies 80, 1990, 127–155, spez. 144–146 und 148–150.
[140] A. J. Friedman und C. C. Douley, Einstein as Myth and Muse, Cambridge 1985, 193 f.
[141] I. Hadot, The Spiritual Guide, in: A. H. Armstrong (Hg.), Classical Mediterranean Spirituality, New York 1986, 436–459; Hahn (Anm. 138) 61–65.
[142] Eunapios, Leben der Sophisten 462. Konstantin hatte für die Patronage von Philosophen freilich andere Gründe als seine persönliche Erbauung, s. G. Fowden, Nicagoras of Athens and the Lateran Obelisk, Journal of Hellenic Studies 107, 1987, 51–57.

nicht zu, daß diese materiellen Vorzüge seine Freiheit einschränkten. Von seinem Wesen her oft ein Einsiedler, hing er häufig solchen philosophischen Lehren an – vor allem einer extremen Form des Platonismus –, welche die Kontemplation höher bewerteten als alle anderen menschlichen Aktivitäten.

Aber gerade in der selbstgeschaffenen Einsamkeit entwickelte der Philosoph die Einsicht und die Stärke, die ihn befähigten, in das Geschehen der Welt einzugreifen. Die Tatsache, daß viele Philosophen mit ihrer Einsamkeit hochzufrieden waren, bedeutete nicht, daß sich andere nicht verpflichtet, ja sogar verlockt gefühlt hätten, gelegentlich am politischen Leben teilzunehmen. Der Druck ihrer Mitbürger einerseits, dann aber vor allem die Loyalität, die sie ihrer Heimatstadt zu schulden glaubten, veranlaßten manche Philosophen des 4. Jahrhunderts, ihre vorgegebene Rolle im dramatischen Kontext der Rhetorik zu übernehmen. In diesem Fall bot ihnen der weniger einsiedlerische Aspekt des Philosophenbildes eine feste Plattform, von der aus sie agieren konnten. Nur der Philosoph als ein Mann, der den Zorn und die Furcht in sich besiegt hatte, vermochte dem Zorn anderer entgegentreten. Er konnte der bedrohlichen Gewalt der Großen widerstehen und seiner Stimme in ihrem Rat Gehör verschaffen. Man erwartete von ihm, daß er Gnade für diejenigen erwirkte, die sich im Räderwerk eines politischen Systems verfangen hatten, in dem der Zorn, wie wir sahen, ein beständiges Element war. Deshalb stoßen wir immer wieder auf Philosophen, die dafür bewundert wurden, daß sie mit den *celsae potestates,* dem Kaiser und seinem Hofstaat, in einer Weise Umgang pflegten, wie es nur wenige Honoratioren gewagt haben würden.

Dem Philosophen standen für seine Aufgabe einige sorgfältig kultivierte Charakterzüge zu Gebote. Deren erste, *karteria,* »Standhaftigkeit«, bedeutete die Fähigkeit, Auseinandersetzungen mit den Machthabern durchzustehen. In einer von Grausamkeit durchdrungenen Gesellschaftsordnung kann das politische Gewicht physischen Mutes gar nicht überschätzt werden. Eine ursprüngliche Ehrfurcht wurde denjenigen entgegengebracht, von denen man wußte, daß sie der Folter widerstanden hatten. Viele waren dazu allerdings nicht in der Lage. Während der Hochverratsprozesse, die der Kaiser Valens in Antiochia im Jahre 376 veranlaßt hatte, ließ einer der führenden Angeklagten Libanios rufen. Dieser Mann »sah die Freundschaft als etwas Heiliges an, aber er konnte nicht genug innere Widerstandskraft gegen die Folter aufbringen. Deshalb ersuchte er uns, zur Schicksalsgöttin um seinen Tod zu beten... Er nahm ein Bad, speiste mit uns und überließ sich dann dem Schlaf, mit welchem der Tod kam; und am nächsten Tag bestatteten wir ihn in aller Frühe, als auch schon die Schergen vom Palast eintrafen, um ihn zu verhaften«.[143] Was Libanios als einen segensreichen Schlaganfall darstellt, könnte gut ein Selbstmord gewesen sein, zu dem er selbst geraten haben dürfte.[144]

In Ammianus' Schriften zeigen Philosophen allerdings keine solche Furcht. Sie stehen als strahlende Gestalten vor dem Hintergrund des schrecklichen Scheins der Folterkammern. In den Hochverratsprozessen des Jahres 356 erwies sich einzig Epigonos als »ein Philosoph nur vom Gewand her«, er brach unter der Folter zusammen[145], während die übrigen standhielten. Unter ihnen war Pasiphilos, »der sich, obwohl er grausam gefoltert wurde, um einen Kollegen durch eine falsche Aussage zu belasten, nicht in der Festigkeit seiner standhaften Seele erschüttern ließ«.[146]

Sein wacher Sinn für die Notwendigkeit physischen Mutes veranlaßte Ammianus, mit Hochachtung vom Märtyrerkult der Christen zu sprechen, obwohl er selbst den heidnischen Göttern anhing. Während viele in ihnen nichts anderes als hingerichtete Kriminelle und Objekte grausigen Schauderns sahen[147], war Ammianus von den wahren christlichen Märtyrern beeindruckt, weil sie ebenso wie die Philosophen ihren Körper dem Schmerz und dem Tod preisgegeben hatten. »Als man sie zwingen wollte, ihrer Religion abzuschwören, ertrugen sie lieber die Qualen der Folter, bis sie mit unerschüttertem Glauben einen glorreichen Tod fanden.«[148]

In Situationen, die Mut, Beharrlichkeit und Intelligenz erforderten, wandten sich die Stadträte des 4. Jahrhunderts immer noch gelegentlich an ihre einheimischen Philosophen. Etwa die Honoratioren von Epirus, denen, obwohl durch die unmäßigen

---

[143] Libanios, Reden 1, 173 f. (I 164).

[144] Eunapios, Frg. 39, 2 in Blockley (Kap. 1 Anm. 19) 55.

[145] Ammianus Marcellinus, Res Gestae 14, 9, 5.

[146] Ammianus Marcellinus, Res Gestae 29, 1, 36; vgl. 14, 9, 5; 19, 12, 12; 29, 1, 37; 29, 2, 25.

[147] Eunapios, Leben der Sophisten 472; Isidor von Pelusion, Briefe 1, 55 und 4, 27 (PG LXXVIII 217 BC und 1080 C); Theodoretos, Graecarum Affectionum Curatio 8, 11 in P. Canivet, Théodoret de Cyr. Thérapeutique des Maladies Helléniques 2, (Sources chrétiennes 57) Paris 1958, 314 (PG LXXXIII 1012 C).

[148] Ammianus Marcellinus, Res Gestae 22, 11, 10; vgl. E. D. Hunt, Christians and Christianity in Ammianus Marcellinus, Classical Quarterly 35, 1985, 192–199.

Steuerforderungen des Prätorianerpräfekten Petronius Probus bereits ruiniert, »auch weiterhin die Pflicht oblag, dem Kaiser durch Gesandte Dankesbotschaften überbringen zu lassen«. Sie drängten einen Philosophen mit Namen Iphikles, »der für seine Charakterstärke berühmt war«, die Mission zu übernehmen. Sein Amt und seine Geschicklichkeit ermöglichten es ihm, dem bewußt grimmigen Valentinian I. entgegenzutreten und anstatt einer routinemäßigen Dankesrede einige offene Worte vorzutragen.[149]

Darüber hinaus brachte der Philosoph eben wegen seiner Furchtlosigkeit die entscheidende Eigenschaft der *parrhesia* zur Geltung, nämlich Offenheit und klugen Rat, unbeeinträchtigt von Furcht oder Schmeichelei. In der damaligen Welt, so wie wir sie beschrieben haben, bedeutete das ein außerordentlich wertvolles soziales Heilmittel. Galen ging davon aus, daß man keinem Ratsherren, keinem *politeuomenos*, zutrauen könne, die Wahrheit zu sagen; Männer des öffentlichen Lebens waren unfähig, Vertraulichkeiten für sich zu behalten oder selbstlosen Rat zu erteilen.[150] Im Gegensatz dazu hielt man dem Philosophen zugute, daß er mit seiner unbedingten Wahrhaftigkeit eine politisch bedeutsame Tugend ins öffentliche Leben eingeführt habe. In einem autokratischen System verkörperte der Begriff »guter Rat« die Hoffnungen der Menschen auf ein Heilmittel für die öffentlichen Mißstände, ebenso wie es in unseren Tagen der Begriff »Demokratie« in der politischen Diskussion zu tun pflegt.[151]

Dem Philosophen fiel natürlich diese Aufgabe nicht allein zu. Trotz des düsteren Eindrucks, den viele zeitgenössische Berichte hinterlassen, fehlte es in den höheren Rängen der Staatsverwaltung niemals an gutem Rat. Es war einfach nur so, daß Ammianus' Tadel diejenigen *celsae potestates*, Minister und Ratgeber des Kaisers, traf, die ihre Pflicht verletzten. Ihnen wäre die Aufgabe zugefallen, den Zorn des Kaisers zu besänftigen und seine übertriebenen Forderungen zu mäßigen. Aber trotz seiner kritischen Bemerkungen ging Ammianus davon aus, daß viele hohe

---

[149] Ammianus Marcellinus, Res Gestae 30, 5, 9f.

[150] Galen, De cognoscendi animi morbis 1, 3, in: Kühn (Anm. 83) 8f.

[151] P. Veyne, Brot und Spiele: Gesellschaftliche Macht und politische Herrschaft in der Antike, Frankfurt a. Main 1988, 613; Millar (Kap. 1 Anm. 21) 82–122; K. Dietz, Senatus contra principem. Untersuchungen zur senatorischen Opposition gegen Kaiser Maximinus Thrax, (Vestigia 29) München 1980, 313f. Vgl. Ammianus Marcellinus, Res Gestae 27, 7, 9 zu Valentinian I. und Aurelius Victor, De Caesaribus 4, 1 zu Claudius; zum Ideal s. Historia Augusta, Severus Alexander 16, 3 und zur Gefahr mangelnden Rates ebd. Aurelian 43, 3.

Beamte immer noch ihre Pflicht erfüllten.[152] Ein offenes Wort im *consistorium* von seiten der Fachleute für Kriegsführung und Steuerwesen blieb immer noch möglich. Der General Fravitta (ein Gote) war kein Philosoph, doch er »sprach laut und offen zum Kaiser... und tat auch seiner Mimik keinen Zwang an«. Trotz des Ärgers der Eunuchen über diesen Bruch der zeremoniellen Stille, die gewöhnlich in Gegenwart des Kaisers herrschte, wurde er aufgefordert, weiter zu sprechen.[153] Als der Prätorianerpräfekt Taurus im Jahre 432/33 von einem Edikt erfuhr, das den Bischöfen von Kilikien eine unerwünschte theologische Formel aufzwingen sollte, verhinderte er »von einer göttlichen Macht bewegt [und wahrscheinlich durch heimliche Geschenke des Patriarchen von Alexandrien], daß dieser Erlaß in Kraft trat. Er trat vor den Kaiser hin und beschwor ihn, daß die Städte ruiniert werden würden, und erklärte ganz unverblümt, daß Kilikien ein ähnliches Schicksal erleiden würde wie Thrakien [das durch Barbareneinfälle verwüstet worden war], wo schon heute kaum noch eine Stadt in der Lage sei, ihre Steuern zu entrichten.«[154]

Aber diesen eher alltäglichen, prosaischen Vorfällen wurde nicht das gleiche Maß an Aufmerksamkeit von seiten der Oberschichten zuteil wie der Vorstellung eines Eingreifens durch den Philosophen. Denn das Handeln des Philosophen verdichtete ein hinreichend stilisiertes überliefertes Bild von den Mechanismen der Macht. Er war nicht lediglich ein Staatsdiener wie Fravitta oder Taurus. In einem Zeitalter personaler Herrschaft sprach er unmittelbar die allein ausschlaggebenden persönlichen Eigenschaften des Herrschers an. Für Ammianus galt der Zorn als die Pestbeule, die unter der Oberfläche der Autokratie schwärte.[155] Und der Zorn hatte immer schon zu den speziellen Aufgabengebieten des Philosophen gehört. Ein Philosoph hatte Kaiser Augustus gelehrt, alle Buchstaben des griechischen Alphabets still vor sich herzusagen, um seine Selbstbeherrschung wiederzuerlangen, wenn er den Zorn in sich aufsteigen fühlte.[156]

Daher war das Bild vom Philosophen, der das Gemüt des Kaisers besänftigte, für die politische Vorstellungswelt des spätrömischen Reiches von so großer Bedeutung. Es lieferte die Erklä-

---

[152] Ammianus Marcellinus, Res Gestae 14, 1, 10; 28, 1, 25; 29, 3, 2.
[153] Eunapios, Frg. 48, 8 in Blockley (Kap. 1 Anm. 19) 111–113.
[154] Collectio Casinensis 211 in Schwartz (Kap. 1 Anm. 35) 155.
[155] Ammianus Marcellinus, Res Gestae 27, 7, 4.
[156] Epitome de Caesaribus 48, 14f.

rung dafür, daß das Schlimmste gelegentlich verhindert werden konnte. Um nur ein Beispiel zu nennen: Als der Verfasser des alt-syrischen ›Romans von Julian Apostata‹ (der vermutlich im späten 5. Jahrhundert schrieb) auf die Tatsache stieß, daß die Herrschaft des Kaisers trotz dessen angeblicher Wut auf die Kirche und trotz des Heroismus der Christen zu jener Zeit nur so wenig Märtyrer hervorgebracht hatte, konnte er sich das nur mit Hilfe des Bildes vom Hofphilosophen erklären.[157] In dem Roman wird der Zorn des heidnischen Tyrannen Julian immer wieder durch eine Reihe diskreter Ratgeber besänftigt. Eine dieser Gestalten ist der Philosoph Aplatos,

> ein weiser und berühmter Mann unter den Philosophen; und gleichwohl er heidnischer Gesinnung war, erteilte er guten und gerechten Rat… »Es steht in der Macht Eurer Königs-herrschaft [sagte er], zu vernichten oder Gnade zu zeigen… Es gibt niemanden über Euch, der Euren Willen tadeln könnte… Da Ihr mir die Freiheit erteilt habt und ich nicht etwas über-spielen möchte, was ich als meine Pflicht betrachte, sage ich Euch offen, daß Ihr als König die Macht habt…, [aber] Gott sei Eurem Königtum gnädig, wenn es gegen die Regeln der Gerechtigkeit verstößt, denn Ihr allein seid die Quelle aller Rechte und Pflichten.«[158]

Obwohl durch den ständigen Gebrauch möglicherweise etwas abgegriffen, verkörperte das Bild des Philosophen auch weiter-hin ein Ideal der Integrität und Freimütigkeit, das in Regierungs-kreisen normalerweise die Ausnahme bildete. Wenn Beamte in die Rolle des Philosophen schlüpften, breiteten sie damit einen Schleier altehrwürdiger Redlichkeit über riskante Angelegenhei-ten. So wurde Hermogenes, der dem grimmigen Kaiser Gallus als Privatsekretär gedient hatte[159], dafür gelobt, daß er aus diesem schwierigen Amt geschieden war, ohne sich die Hände schmut-zig gemacht zu haben. Nach Aussage seines Lobredners, des Rhetors Himerios, »wirkten sich die Gespräche des Hermogenes [mit Gallus], in denen er ihm alte Mythen und Sagen aus Dich-tung und Geschichte vortrug, mildernd auf die Herrschaft des Tyrannen aus«.[160]

---

[157] M. van Esbroeck, Le soi-disant Roman de Julien l'Apostat, in: IV. Symposium Syriacum 1984, (Orientalia Christiana Analecta 229) Rom 1987, 191–202.

[158] H. Gollancz, Julian the Apostate, Oxford 1929, 39–49.

[159] T. D. Barnes, Himerius and the Fourth Century, Classical Philology 82, 1987, 219.

[160] Himerios, Reden 48, 19 ed. A. Colonna, Rom 1951, 205.

Im Alltag hatten natürlich nicht alle Interventionen den Zorn des Kaisers zum Gegenstand. Das normale Regierungsgeschäft betraf die Funktionsweise eines weitgespannten Patronagesystems. Wie am Hof des Herzogs von Mailand in Shakespeares ›Sturm‹ beruhte die Regierungskunst auf Gunst und Gnade:

> … wie man Gesuche
> Gewährt, wie man abschlägt; wen man muß erhöhn,
> Und wen als üpp'gen Schößling fällen.[161]

Dadurch, daß man ihm zutraute, die Wahrheit über den persönlichen Wert eines Menschen sowie über Recht und Unrecht einer Angelegenheit zu sagen, galt der Philosoph, der Mann der *parrhesia,* als idealer Verwalter des Patronagesystems. Nachdem Hermogenes' Ansehen durch eine Periode philosophischer Zurückgezogenheit noch gestärkt worden war, leitete er später unter Kaiser Julian die für die Bittschriften zuständige Verwaltungsstelle: »Welche Gesetze aus seiner Feder waren nicht großzügig? Welcher gefährdete Mann entging nicht dank seiner Hilfe der Gefahr? Welcher Mann, der einen Posten verdient hatte, erhielt ihn nicht mit seiner Unterstützung?«[162]

Im 4. Jahrhundert konnte das Bild vom Philosophen als dem berufenen Ratgeber der Kaiser immer noch die Handlungsweisen realer Persönlichkeiten im Umkreis der kaiserlichen Regierung bestimmen. Das galt etwa für den bemerkenswert erfolgreichen Philosophen Themistios von Konstantinopel. Unter so verschiedenen Kaisern wie Constantius II., Valens und Theodosius I. konkretisierten sich für die Zeitgenossen in Themistios die Erwartungen hinsichtlich eines Herrschaftsstils, der noch Raum für die Gestalt des Philosophen bei Hofe ließ.[163]

Zufall und die festen Bindungen von Familientradition und regionalem Zugehörigkeitsgefühl bewirkten, daß Themistios zu einer Zeit als Philosoph in Konstantinopel wirkte, als sich die Stadt gerade zum Mittelpunkt der östlichen Reichshälfte entwickkelte. Er machte sich diese Situation mit bemerkenswertem Geschick zunutze und realisierte damit in seinem Leben eine altüberlieferte Rolle. Wenn er mit Kaiser Constantius II. eine

[161] Shakespeare, Der Sturm 1, 2, 79 ff.
[162] Himerios, Reden 48, 30 hg. v. Colonna (Anm. 160) 209.
[163] Dagron (Kap. 1 Anm. 51) 1–242; Prosopography (Kap. 1 Anm. 84) 889–894; L. J. Daly, In a Borderland. Themistius' Ambivalence toward Julian, Byzantinische Zeitschrift 73, 1980, 1–11; ders., Themistius' Refusal of a Magistracy, Jahrbuch der österreichischen Byzantinistik 32, 1982, 177–186; S. Bradbury, The Date of Julian's Letters to Themistius, Greek, Roman and Byzantine Studies 28 (1987) 235–251; zu den Quellen des Themistios s. B. Colpi, Die Paideia des Themistios, Bern 1987.

Mahlzeit einnahm oder auf Reisen ging, zeigte er sich nie anders als in dem schlichten Mantel des Philosophen; er ließ seine Gleichgültigkeit gegenüber dem Reichtum erkennen, indem er auf die für einen Prokonsul von Konstantinopel übliche Getreidezuteilung verzichtete.[164] Als ein Mann, der für seine *parrhesia* berühmt war, durfte Themistios sogar dem mürrischen und ungebildeten Kaiser Valens, »der hinter allen politischen Ersuchen immer egoistische Motive vermutete«[165], unmittelbar Vorschläge unterbreiten. Die Korrespondenz des Libanios zeigt uns Themistios an der Spitze eines weitverzweigten Patronagenetzes. Als nomineller Präsident des Senats von Konstantinopel wirkte er dabei mit, dieses Gremium von dreihundert auf zweitausend Mitglieder zu erweitern. Dadurch sah er sich in die Lage versetzt, einem weiten Kreis von Provinzaristokraten gefällig zu sein, die sich darum bemühten, die Privilegien des Senatorenranges oder eine Stellung bei Hofe zu erlangen.[166]

Die eng miteinander verbundenen Themen »Begnadigung« und »Zorn« spielten eine große Rolle in Themistios' öffentlichen Reden. Er fungierte als Sprachrohr des kaiserlichen Wohlwollens und zitierte sogar eine »assyrische Maxime« (in Wahrheit das Alte Testament), wonach »das Herz des Königs in Gottes Hand liegt«.[167] Als die Quelle aller Begnadigungen war der Kaiser das »lebendige Gesetz«, die Verkörperung von Gottes Gnade auf Erden.[168]

Für mehr als dreißig Jahre verlieh Themistios' Nähe zu den Kaisern den Maximen des fiktiven Aplatos Fleisch und Blut. In Antiochia besänftigte er sogar den Kaiser Valens, indem er in einer Rede für religiöse Toleranz plädierte. Die Christen glaubten, es sei ihm gelungen, den Kaiser dazu zu überreden, die Todesstrafe für hartnäckige Anhänger des Nicaenischen Glaubensbekenntnisses in Verbannung umzuwandeln.[169] Einem Mann wie Themistios war zuzuschreiben, daß die Philosophengestalten in

[164] Themistios, Reden 34, 14 und 23, 291c–292b (II 222 und 85f.).

[165] Themistios, Reden 34, 14 (II 222), s. Daly (Anm. 163) 163.

[166] Themistios, Reden 34, 14 (II 221); G. Dagron, La naissance d'une capitale. Constantinople et ses institutions de 330 à 451, Paris 1974, 129–132.

[167] Themistios, Reden 7, 89d; 11, 147c; 19, 229a (I 135; II 22; II 333) mit einem Zitat aus dem biblischen Buch der Sprüche Salomons 21, 1. Vgl. L. Cracco Ruggini, Simboli di battaglia ideologica nel tardo ellenismo, Pisa 1972, 17 Anm. 35.

[168] Themistios, Reden 5, 64bc (I 93f.); zum Geschehen nach dem Tod Julians, verbunden mit einem Aufruf zur religiösen Toleranz, s. ebd. 5, 67b (I 89f.); vgl. 11, 154a und 16, 212d (I 230 und I 303f.); Dagron (Anm. 166) 123.

[169] Sozomenos, Kirchengeschichte 6, 36.

mittelalterlichen byzantinischen Legenden trotz der phantastischen Zusätze späterer Zeiten die klaren Umrisse ihrer Rolle in der Spätantike beibehielten. Die Philosophen wurden als Höflinge angesehen, »gleichzeitig in der Nähe der Macht, aber doch unabhängig von ihr«.[170]

So stand also das Bild des Philosophen immer noch an der Spitze einer imaginären Pyramide, eines verborgenen, aber beständigen Geflechts aristokratischer Einflußnahme auf den kaiserlichen Hof. Mochten diejenigen, die innerhalb dieses Netzes operierten, zumeist vorsichtig und im Grunde wenig heldenhaft gewesen sein, so genossen sie doch fast das ganze 4. Jahrhundert hindurch das beinahe ausschließliche Monopol des freien Zugangs zur kaiserlichen Regierung. Die Bekehrung Konstantins zum Christentum im Jahre 312 hatte wenig Auswirkungen auf einen Herrschaftsstil, der immer noch auf der Zusammenarbeit mit den ortsansässigen Eliten basierte. Auch als Kaiser Theodosius I. im Jahre 388 aus Konstantinopel aufbrach, um Italien von dem gallischen Usurpator Maximus zurückzuerobern, hielt er sich an die traditionellen Verhaltensmuster. Der ehrwürdige Themistios, der sich inzwischen den Siebzigern näherte, gehörte zu denjenigen, die mit der Erziehung von Theodosius' Sohn, des jungen Prinzen Arcadius, betraut wurden. Aber wenig später sollte ein anderer Lehrer des Prinzen, Arsenios, aus dem Palast fliehen und für die Zeitdauer einer Generation in der ägyptischen Wüste verschwinden. Unter den analphabetischen Mönchen hatte er, wie er später verkündete, ein faszinierendes neues Alphabet des Herzens entdeckt, das mit seinen eigenen Kenntnissen der griechischen und lateinischen Klassiker nicht das mindeste zu tun hatte.[171] Und was das weitläufige Thema des kaiserlichen Zornes betraf, so bekam Theodosius es bald mit einem ehemaligen Provinzstatthalter zu tun, der Anfang der Fünfzig war, nämlich mit Ambrosius, dem katholischen Bischof von Mailand. Die Begegnung verlief weitaus dramatischer, als er es jemals in seinen Auseinandersetzungen mit dem kultivierten Themistios erlebt hatte. Ein neuer Typus von »Philosoph« hatte die historische Bühne betreten. Dieser Entwicklung wollen wir uns im nächsten Kapitel zuwenden.

[170] G. Dagron, Constantinople imaginaire, Paris 1984, 123.
[171] Apophthegmata Patrum, Arsenios 5 (PG LXV 89 A); s. auch S. 97.

3. Armut und Macht

Universalis Via

Im frühen 4. Jahrhundert besuchten zwei Philosophen den heiligen Antonius. Er erkannte sie als solche »schon an ihrem Äußeren«, als sie den Bergpfad zu seiner Einsiedelei hochstapften.[1] Bei anderer Gelegenheit zeigte sich ein Philosoph anläßlich eines Besuches überrascht, daß Antonius keine Bücher mit in die Wüste genommen hatte. Indem er auf die feierliche Stille außerhalb seiner Klause aufmerksam machte, sagte Antonius: »Mein Buch, Philosoph, ist die von Gott erschaffene Natur; sie ist stets zur Hand, wenn ich Seine Worte zu lesen wünsche.«[2]

Dieser Vorfall wird in einer Sammlung von Anekdoten über die ägyptischen Mönche kolportiert, die im 5. Jahrhundert in Konstantinopel von Christen der Oberschicht in Umlauf gebracht wurde. In Wahrheit kamen die Mönche aus den unterschiedlichsten sozialen Schichten und hatten im allgemeinen nicht die geringste Abneigung gegen das Lesen oder Schreiben von Büchern.[3] Aber christliche Schriftsteller schilderten sie immer wieder als Männer, die von der *paideia* unberührt waren. Der Mönch stellte das Gegenstück zum Philosophen, dem Repräsentanten der gebildeten Oberschicht, dar. Antonius war ein Bauernjunge gewesen, der keine Ahnung vom Griechischen gehabt und allein Gottes Schule durchlaufen hatte.[4] So lautete die Botschaft, die ein Dokument wie ›Das Leben des heiligen Antonius‹, das bald mit keinem Geringeren als Athanasios, dem Patriarchen von Alexandria, in Verbindung gebracht und schnell ins Lateinische übersetzt wurde, den Eliten des Imperiums vermitteln sollte.[5] Die Reaktion von Augustinus – zu dieser Zeit Lehrer

---

[1] Athanasios, Leben des heiligen Antonius 72.
[2] Sokrates, Kirchengeschichte 4, 23.
[3] Brown (Kap. 2 Anm. 73) 264 f.; C. Scholten, Die Nag-Hammadi-Texte als Buchbesitz der Pachomianer, Jahrbuch für Antike und Christentum 31, 1988, 144–172.
[4] Athanasios, Leben des heiligen Antonius 1; 73; 93.
[5] T. D. Barnes, Angel of Light or Mystic Initiate? The Problem of the ›Life‹ of Anthony, Journal of Theological Studies N. S. 37, 1986, 353–368. Viel spricht weiterhin für die traditionelle Zuweisung des Werkes an Athanasios.

der Rhetorik in Mailand und das lateinische Pendant zu seinem älteren Zeitgenossen Libanios von Antiochia – darf nicht als ungewöhnlich angesehen werden. Als ihm die Geschichte des Antonius im Jahre 386 von einem Beamten, der zu Besuch weilte, erzählt wurde, zog er für sich eine einzige, drastische Schlußfolgerung daraus. Seine Bildung wurde hiermit als wertlos entlarvt; »die Ungebildeten erheben sich und stürmen den Himmel, während wir mit all unserer Bildung noch in Fleisch und Blut gefangen sind.«[6]

Der Haß auf die Mönche, der überall im Reich von den Heiden zum Ausdruck gebracht wurde, bietet einen weiteren Maßstab für die unmittelbare Wirkung, welche diese auf die Phantasie der Zeitgenossen ausübten. Der Heide Eunapios von Sardes, der am Ende des 4. Jahrhunderts schrieb, fand es nicht überraschend, daß die barbarischen Westgoten behaupteten, christliche Mönche in ihrer Mitte zu haben. Bei dem beklagenswerten Zustand des Imperiums war das für ihn nur zu erwarten, denn »es genügte, einen grauen Umhang oder eine graue Tunika zu tragen, um solch ein Nichtsnutz zu sein und auch dafür angesehen zu werden. Die Barbaren benutzten diese Mittel, um die Römer zu täuschen, denn sie hatten genau beobachtet, daß diese Dinge von den Römern respektiert wurden.«[7]

Der Aufstieg christlicher Mönche zu Berühmtheiten wurde als Warnsignal verstanden, das größere Veränderungen in Kultur und Gesellschaft des spätrömischen Reiches ankündigte. Die Aristokratie hatte ihre Autorität auf das Monopol eines hochformalisierten Redecodes gegründet. Ihre Fähigkeit, die Machthaber zu überreden, hing von dem widerwilligen Eingeständnis ab, daß man auf ihre Mitarbeit in vielen Bereichen der Provinzverwaltung nicht verzichten konnte, ebenso wie ihre Kultur, die auf jahrhundertealten, ungebrochenen Traditionen basierte, unersetzlich zu sein schien. Beide Aspekte hingen eng miteinander zusammen. Die traditionelle Kultur mit ihren besonderen Rede- und Verhaltensweisen entsprach den Personen, die sich dazu berufen fühlten, als Ratsherren ihre Städte zu regieren und nach althergebrachten, bewährten Methoden Steuern einzutreiben. Das Monopol der Honoratioren auf eine formalisierte Rede spiegelte sich in ihrem Monopol auf einen in gleicher Weise formalisierten »theatralischen Stil« der Lokalpolitik.[8]

[6] Augustinus, Bekenntnisse 8, 8, 19.
[7] Eunapios, Frg. 48, 2 in Blockley (Kap. 1 Anm. 19) 77.
[8] Thompson (Kap. 1 Anm. 124) 389.

Daher konzentrierte sich die ganze Schärfe des Angriffs auf die Gestalt der Mönche. Sie wurden als die Speerspitze einer Bewegung dargestellt, deren Ziel es war, ein kulturelles und politisches Monopol zu brechen: »Weil die alten Machthaber innerhalb eines formalisierten Codes agieren, können sie nicht schrittweise, sondern nur schlagartig durch eine bewußte, frevelhafte Mißachtung der traditionellen Kultur herausgefordert werden.«[9]

Die Mönche konnten die *gros mots* aussprechen, welche den Zauber der *paideia* zerstörten. Als Lehrer der Söhne Kaiser Theodosius' I. wird Arsenios den alternden Philosophen Themistios gekannt haben, der ebenfalls am Hofe weilte. Arsenios floh aus dem Palast von Konstantinopel nach Ägypten, um seine Seele zu retten. Nach mehr als einem Jahrzehnt tauchte er aus den Einsiedeleien des Wadi Natrun auf, um sich eine Zeitlang in Kanopos, in der Nähe von Alexandria, niederzulassen. Dort nahm er sein Domizil in einem Tempelbezirk, den nur eine Generation vorher einer der von Eunapios von Sardes geschilderten großen Philosophen häufig aufgesucht hatte.[10] Arsenios war ein anderer Mensch. Einst hatte er das Prestige der *paideia* am Kaiserhof repräsentiert. Jetzt hielt er sich an die Worte seines geistlichen Führers, eines älteren Ägypters: »Ich verfügte über eine gediegene griechische und lateinische Bildung. Aber ich habe noch nicht bei diesem Landmann das ABC gelernt.«[11]

Derartige Anekdoten aus der Wüste hatten Gewicht, weil sie Haltungen bestätigten, die in den Städten vorbereitet worden waren. Entsprechend einer langen Tradition, die auf die Apologeten des 2. und 3. Jahrhunderts zurückging, betonten die christlichen Schriftsteller immer wieder, daß der wunderbare Charakter ihrer Religion durch die Art bewiesen werde, in der diese in der römischen Welt durch einfache Männer ohne *paideia* verbreitet worden sei.[12] Die »gottgesandte« Weisheit der ägyptischen Mönche war für die zeitgenössischen Christen so wichtig, weil man sie für eine Neuauflage der ersten, vom Heiligen Geist erfüllten Predigten der »Fischer, Zöllner und des Zeltmachers« – der Apostel und des heiligen Paulus – hielt,

[9] Bloch (Kap. 2 Anm. 37) 25.
[10] Eunapios, Leben der Sophisten 470.
[11] Apophthegmata Patrum, Arsenios 6 (PG LXV 89 A).
[12] Origenes, Gegen Celsus 7, 60; vgl. 6, 2.

denn »was töricht ist vor der Welt, das hat Gott erwählt, damit es die Weisen zuschanden mache.[13]«

Es galt als ein Gemeinplatz der christlichen Polemik, daß die Kirche der römischen Welt eine Weisheit und einen Moralcodex gebracht habe, der früher bestenfalls die zerbrechliche Errungenschaft einiger weniger großer Geister gewesen sei. Wie Augustinus in seinem ›Gottesstaat‹ schreibt, wußte jede alte Frau, wenn sie nur getauft war, jetzt mehr über die wahre Natur der unsichtbaren Welt der Engel und Dämonen als Porphyrios, der gelehrteste Philosoph der damaligen Zeit.[14] Christus hatte der Welt eine *universalis via*, einen »allgemeinen Weg« des Heils gebracht, den nur die stolzen Anhänger der heidnischen Götter weiterhin verleugneten.[15] Die katholische Kirche hielt alle Völker und Klassen in ihrem Busen beschlossen, *populari sinu*.[16] Die Bibel selbst mit ihren scheinbar unendlich vielen Bedeutungsschichten verkörperte einen Mikrokosmos der sozialen und intellektuellen Vielfalt, wie sie in den christlichen Kirchen zu finden war. »Ihre klare Sprache und ihr schlichter Stil machen sie allen zugänglich... dieses Buch überragt alle anderen turmhoch an Autorität und kann doch die Massen in den Bann seiner geoffenbarten Einfachheit ziehen.«[17] Nach Augustinus' Auffassung war das Römische Reich niemals so glücklich wie in der Zeit, als sich die christliche Lehre unter seinen Völkern verbreitete: »Von den Predigtstühlen der Geistlichen wird das Gebot ›Vergelte niemandem Böses mit Bösem‹ als von Gott gegeben verlesen, und heilsame Lehre wird in unseren Gottesdiensten verkündigt, so als ob es sich um Schulunterricht handele, der nun allen offensteht, beiden Geschlechtern, allen Altersstufen und allen sozialen Schichten.«[18]

Wir haben es hier mit einer Art von christlichem Populismus zu tun, der die Bildung der herrschenden Schichten mißachtete und für sich in Anspruch nahm, statt dessen den Mas-

---

[13] 1. Korinther 1, 27; Theodoretos, Graecarum Affectionum Curatio 5, 6 in Canivet (Kap. 2 Anm. 147) 246 (PG LXXXIII 549 B).

[14] Augustinus, Gottesstaat 10, 11, 37; Johannes Chrysostomos, Taufkatechesen 3 / 7, 6, griech.-dt. hg. v. R. Kaczynski, 2 Bde, Fontes Christiani 6, 1–2, Freiburg 1992, II 468 f.

[15] Augustinus, Gottesstaat 10, 32.

[16] Augustinus, Bekenntnisse 6, 5, 8; zu ähnlichen Einstellungen bei Johannes Chrysostomos s. Liebeschuetz (Kap. 1 Anm. 27) 137 f.

[17] Augustinus, Bekenntnisse 6, 5, 8.

[18] Augustinus, Briefe 138, 2, 10.

sen des Imperiums einfache, auf göttliche Autorität gestützte Worte gebracht zu haben.

Das Christentum so dargestellt zu haben, war das Meisterwerk von Schriftstellern, die selber zu den hochgebildeten Männern zählten. Die christlichen Autoren des 4. und 5. Jahrhunderts handhaben mit glänzendem Erfolg die Rhetorik des Paradoxons[19] – eine Rhetorik, die ihre Wirkung der engen Verbindung des Hohen mit dem Niederen, der traditionellen Kennzeichen von Status, Reichtum und Bildung mit ihrem genauen Gegenteil verdankte. Diese Sprache betonte auf diskrete Weise die hohe soziale Stellung derjenigen, die sie gebrauchten: Gemeinsam mit ihnen schauen wir über den Rand eines Abgrundes, an dem sie selber stehen und die Welt aus großer Höhe betrachten. Meisterhafte Stilisten der griechischen und lateinischen Sprache, Männer wie Ambrosius, Hieronymus und Augustinus sowie ihre zahllosen Kollegen in der griechischen Welt traten nun selbst in das Rampenlicht, das sie auf die ungebildeten Mönche, Apostel und Märtyrer gerichtet hatten. Gerade indem sie betonten, in welchem Maße sie durch ihre Bekehrung und ihre nachfolgenden Pflichten im Dienste der Kirche die Vorteile des Reichtums und der Redekunst geopfert hätten, lenkten sie die Aufmerksamkeit auf eben diese Qualitäten. Wie die großen indischen Führer politischer Massenbewegungen in unserem Jahrhundert konnten oder wollten sie nicht dem zähen Gewebe hoher Statussymbole entfliehen, das ihre Autorität stützte. Als Männer mit großen Besitztümern, wenn nicht immer materieller, so doch kultureller Art, lebten sie, so gut sie konnten, mit den Zweideutigkeiten einer »*babu*-Kuli-Beziehung«: »Der Appell an die Idee des Opfers bedeutet in Wirklichkeit einen Appell an die Macht, die aus der Ungleichheit resultiert. Um in der Lage zu sein, Opfer zu bringen, mußte man zunächst einmal über Besitztümer verfügen. … Von Opfern zu sprechen hieß also, von Besitz und damit von Macht zu sprechen.«[20]

Es war ein offenes Geheimnis, daß viele christliche Bischöfe ihr Ansehen in der Gesellschaft größtenteils der Tatsache verdankten, daß sie einmal als Rhetoren agiert hatten. Ein jüngst entdeckter Brief von Augustinus zeigt ihn als alten Mann, der soeben den ›Gottesstaat‹ vollendet hat. Er wurde von Firmus, einem Adligen und noch nicht getauften Christen aus Karthago,

[19] Cameron (Kap. 2 Anm. 28) 178–188.
[20] D. Chakrabarty, Rethinking Working Class History. Bengal 1890–1940, Princeton 1989, 144 und 152.

angesprochen. Mit der Lektüre des ›Gottesstaates‹ war er nicht
so recht vorangekommen. Aber er fand nichts dabei, den Bischof
von Hippo, einen alten, kranken Mann, als ehemaligen Rhetor
nach seiner Meinung über den Stil der Musteraufsätze zu befra-
gen, die sein Sohn in der Schule verfaßt hatte![21] Theodoretos, der
Bischof von Kyrrhos, ein jüngerer Zeitgenosse des Augustinus
aus dem griechischen Osten und eifriger Verfasser von Mönchs-
biographien, vertrat in seinem Buch ›Heilmittel für die Krankheit hellenistischer Religionen‹ ähnliche Auffassungen zur Ausbreitung des Christentums wie Augustinus. Nichtsdestoweniger
unterhielt er freundschaftliche Beziehungen zu einem führenden
Sophisten und bekannten Heiden, nämlich zu Isokasios.[22]

Aber der ausgesprochen populistische Zug in der spätrömischen, christlichen Literatur sollte nicht als reine Rhetorik abge-
tan werden. Wir haben es vielmehr mit einer zählebigen »Reprä-
sentation« der gesamten sozialen und kulturellen Entwicklung
des spätrömischen Reiches zu tun.[23] In dieser Sprache versuchten
wortgewaltige Christen, sich selbst ebenso wie anderen den Erfolg der Kirche begreiflich zu machen. Sorgfältig ausgewählte
Fragmente aus der spätrömischen Erfahrungswelt wurden von
den Zeitgenossen aufgegriffen: die unbezweifelbare soziale Viel-
schichtigkeit der christlichen Gemeinden[24], die Schlichtheit der
Heiligen Schriften, die fehlende Bildung vieler christlicher Heils-
gestalten und, wie wir sehen werden, das Ausmaß der christlichen Fürsorge für die Armen. Christliche Predigten und Erzählungen der damaligen Zeit hoben diese Elemente besonders hervor. Denn solche lebensnahen Einzelheiten verliehen dem gran-
diosen Bild von der christlichen Kirche, die von Gott ermächtigt
war, alle Glieder der römischen Gesellschaft in ihren Schoß auf-
zunehmen, konkreten Inhalt.

Die Christenheit des 4. Jahrhunderts blieb nämlich weit davon
entfernt, eine »Volks«-bewegung zu sein. Es ist nicht sicher, ob
die christliche Religion zur Zeit der Bekehrung Konstantins im
Jahre 312 in irgendeiner Region das Glaubensbekenntnis der
Mehrheit gewesen ist, geschweige denn, daß sie bei breiteren

[21] Augustinus, Briefe 2*, 12f. (S. 19–21 Divjak = S. 88–93 Paris).

[22] Kaster (Kap. 2 Anm. 2) 89.

[23] Dieser nützliche Begriff ist eingesetzt worden von F. Thélamon, Païens et chrétiens
au IVeme siècle. L'apport de l'›Histoire ecclésiastique‹ de Rufin d'Aquilée, Paris 1981, 86
und 96.

[24] Lane Fox (Kap. 1 Anm. 43) 293–312.

Volksschichten Anklang fand.[25] Gegen Ende des 4. Jahrhunderts spiegelte die Kirche – weit davon entfernt, eine Bewegung der Unterschichten zu sein – die scharfen Trennungen innerhalb der römischen Gesellschaft wider: Ihre oberen Ränge besetzten hochgebildete Vertreter des städtischen Patriziats und ihre Predigten richteten sich stärker an die reichen und gebildeten Gemeindemitglieder.[26] In einer nur teilweise christianisierten Region wie Oberitalien hing die Wirksamkeit der christlichen Lehre von dem Zusammenspiel des Klerus mit denjenigen Adelsfamilien ab, die sich zum Christentum bekehrt hatten.[27] Aber dennoch erreichten gerade damals die aggressiv populistischen Elemente in der christlichen Darstellung des Triumphs der Kirche ihren Höhepunkt.

Das kann kaum überraschen. Wir haben es mit dem dramatischen Selbstbildnis einer Gruppe zu tun, die im Begriff stand, die Führungsrolle in der römischen Gesellschaft zu übernehmen. Es kam im wesentlichen darauf an, derartige Themen auf die Tagesordnung zu setzen, um auf möglichst dramatische Weise das Bildungsmonopol in Frage zu stellen, das man mit den traditionellen heidnischen Führungspersönlichkeiten assoziierte. Für viele Ratsherren beinhaltete die Treue zu ihrer Vaterstadt immer noch die Treue zu deren Gottheiten. Viele fürchteten das Schlimmste für den Fall, daß ihre Stadt unter christliche Führung käme: »Alle Tempel werden fallen, die Religion der Stadt wird sterben, unsere Feinde werden sich wider uns erheben, unsere Stadt wird zugrundegehen und aller Ruhm, den ihr heute wahrnehmt, wird dahinschwinden.«[28] Aber trotz der christlichen Behauptungen, über die Götter der Stadt triumphiert zu haben, und trotz des hartnäckigen, wenn auch verborgenen Grolls hochgestellter

[25] Lane Fox (Kap. 1 Anm. 43) 265–293, doch s. Barnes (Kap. 1 Anm. 50) 191.

[26] R. MacMullen, The Preacher and His Audience, Journal of Theological Studies N.S. 40, 1989, 503–511.

[27] R. Lizzi, Vescovi e strutture ecclesiastiche nella città tardoantica, Como 1989, 15–57; dies., Ambrose's Contemporaries and the Christianization of Northern Italy, Journal of Roman Studies 80, 1990, 157–161 und 164–168.

[28] A. Mingana, The Vision of Theophilus, (Woodbrooke Studies 3) Cambridge 1931, 65 (syr.) = 25 (engl.); s. insbesondere C. Lepelly, Les cités de l'Afrique romaine au Bas-Empire, Bd. 1, Paris 1979, 351–369; M. Salzman, Aristocratic Women. Conductors of Christianity in the Fourth Century, Helios 16, 1989, 207–220 kritisiert den Forschungstrend, den Erfolg christlicher Frauen bei der Verbreitung des Christentums in der römischen Aristokratie überzubetonen. Chuvin (Kap. 2 Anm. 33) 55 f.; E. Wipozycka, La christianisation de l'Egypte au IVe–Ve siècles. Aspects sociaux et ethniques, Aegyptus 68, 1988, 117–164; Z. Borkowski, Local Cults and Resistance to Christianity, Journal of Juristic Papyrology 20, 1990, 25–30.

heidnischer Persönlichkeiten dieser Zeit ging es nicht in erster Linie um einen Konflikt der Religionen. Das wurde nur von einigen christlichen Quellen so dargestellt. In Wirklichkeit haben wir es mit dem Kampf um einen neuen Stil der Kommunalpolitik zu tun.

Die städtischen Eliten des 4. Jahrhunderts, die schon durch die von uns beschriebenen Vorgänge stark gespalten waren, sahen sich einer relativ neuen, aber entschlossenen Gruppe gegenüber, die weitgehend ihren eigenen Reihen entstammte. Der christliche Bischof und sein Klerus beanspruchten einen ständig wachsenden Anteil an der Machtausübung in der Stadt. Dabei boten sie neue Möglichkeiten, die Einwohner der Stadt zu mobilisieren und zu kontrollieren. Diese wiederum verliehen den Überredungsstrategien, die schon von den Männern der *paideia* in ihren Verhandlungen mit den Statthaltern und dem Kaiserhof Anwendung gefunden hatten, neues Gewicht. Unter dem Deckmantel einer christlichen Sprache, die mit Paradoxa durchsetzt war und einen brutalen Bruch des Neuen mit dem Alten anzudrohen schien, fand unter den führenden Kräften der spätrömischen Städte eine Umgruppierung statt. Die stillschweigende Akzeptanz eines neuen Partners durch die städtischen Honoratioren für die ständige Aufgabe, die Stadt zu kontrollieren und ihre Interessen nach außen zu vertreten, wurde durch eindeutige Signale von seiten des christlichen Hofes beschleunigt. Der christliche Bischof avancierte zum *vir venerabilis*, einem Mann, den die Mächtigen der »Verehrung für würdig« erachteten.[29] Mit dem Bischof fand die Stimme einer unlängst entstandenen städtischen Gruppierung, der örtlichen Christengemeinde, Eingang in die Politik des Imperiums.

Die Schärfe und die dramatische Tönung des christlichen Selbstbildnisses entsprangen der großen Nähe der Konfliktparteien. Seine dezidierte Klarheit diente dazu, beträchtliche Überschneidungen in der Alltagspraxis zu korrigieren. Honoratioren, die bereit waren, als Christen mit Bischöfen wie Ambrosius von Mailand, Augustinus von Hippo oder Theodoretos von Kyrrhos zusammenzuarbeiten, konnten darauf zählen, daß ihre Bildung, ihr Reichtum sowie der damit verbundene politische Einfluß nicht von vornherein auf Ablehnung stießen.[30]

[29] E. Jerg, Vir venerabilis. Untersuchungen zur Titulatur der Bischöfe in den außerkirchlichen Texten der Spätantike, (Wiener Beiträge zur Theologie 26) Wien 1970, 94–128.
[30] Kaster (Kap. 2 Anm. 2) 76–81.

Nirgendwo kam die christliche Darstellung der neuen Rolle der Kirche in der Gesellschaft deutlicher zum Ausdruck als in dem Anspruch der christlichen Bischöfe, aus »Liebe zu den Armen« zu handeln. Dieses Thema entwickelte eine Anziehungskraft, die in keinem Verhältnis zum tatsächlichen Umfang der christlichen Wohltätigkeit im 4. Jahrhundert stand. Dabei dominierten die beiden eng verwandten Fragen, wer der wirkungsvollste Schutzherr und Gebieter der Unterschichten in den Städten sei und wie die Wohlhabenden am besten von ihrem Reichtum Gebrauch machen sollten. Beide Fragen überstiegen bei weitem die engen Grenzen der traditionellen, mehr nach innen gerichteten Sorge der Kirche für die Armen. Diese hatte sich fast ausschließlich auf die Fürsorge für mittellose Gemeindemitglieder beschränkt, auf die Unterstützung neu angekommener Glaubensbrüder aus anderen Städten und auf den Schutz der Witwen und Waisen aus christlichen Familien.[31] Im 4. Jahrhundert jedoch gewann der Begriff »Liebe zu den Armen« einen neuen Klang. Er bezeichnete nun eine Aktivität, welche die Stadt als Ganzes betraf. Wie Arnaldo Momigliano treffend bemerkt, führten die christlichen Bischöfe und die gebildeten Bewunderer der Mönchsorden eine Wende herbei, die der patrizischen *transitio ad plebem* in den frühen Tagen Roms entsprach. Im Namen einer Religion, die die Werte der Elite zu bekämpfen vorgab, erlangten die Christen der Oberschicht die Kontrolle über die unteren Klassen der Städte.[32] Am Ende des 4. Jahrhunderts beruhte ihre Macht auf einer neu gewonnenen Anhängerschaft. Dadurch daß sie häufig mit den Mönchen zusammenarbeiteten, konnten die Bischöfe eine Form der *parrhesia* entwickeln, die sich besser dazu eignete, die Entscheidungen des Kaisers und seiner Beamten zu beeinflussen, als dies den diskreten Einwirkungsversuchen der Männer der *paideia* möglich gewesen war. Denn sie erhoben nun den Anspruch, für die Bevölkerungen notleidender Städte in einer Zeit krisenhafter Entwicklung zu sprechen.

---

[31] Lane Fox (Kap. 1 Anm. 43) 322–325. A. Harnack, Die Mission und Ausbreitung des Christentums, Leipzig 1924, 127–161 sowie H. L. Strack und P. Billerbeck, Kommentar zum Neuen Testament aus Talmud und Midrasch, Bd. IV 1, München 1928 (8. Aufl. 1986), 536–610 bleiben die umfassendsten Sammlungen von diesbezüglichen Zeugnissen für das frühe Christen- und Judentum.

[32] A. D. Momigliano, After Gibbon's ›Decline and Fall‹, Annali della Scuola Normale superiore di Pisa, 3. S. 8 (1978) 435–354; wieder in: Ders., Sesto Contributo alla storia degli Studi Classici e del mondo antico, Rom 1980, 282 f.

Es ist wichtig, sich die potentiellen Gefahren der Situation klar-
zumachen, in der sich diese Entwicklung vollzog. Die Honoratioren waren praktisch Geiseln ihrer Städte. In den Augen des
Kaisers beschränkte sich die Bedeutung der Ratsherren nicht
darauf, einmal im Jahr mit den kaiserlichen Beamten bei der
Steuererhebung zusammenzuarbeiten. Die Steuererhebung
führte sie in die völlig andersartige Welt des Landlebens. Die
städtische *plebs* unterlag nicht der Grundsteuer. Man hat ge-
schätzt, daß die Städte nur ein Zwanzigstel zum Steueraufkommen des Imperiums beitrugen.[33] Vom fiskalischen Standpunkt
aus betrachtet war das spätrömische Reich eine Agrargesell-
schaft. Aber die Einwohner der Städte – besonders diejenigen der
großen Zentren des östlichen Mittelmeerraumes, deren Bevölkerung oft nach Hunderttausenden zählte – mußten ruhig gehalten
werden. Wie eine hervorragende, neuere Untersuchung zur städtischen Autonomie in Nordafrika und Italien deutlich gemacht
hat, hatte die Selbstverwaltung der Städte die kaiserliche Regierung von der Aufgabe befreit, bei den niederen Ständen für Ordnung zu sorgen. Die städtischen Honoratioren waren für das
Wohlverhalten der breiten Masse verantwortlich. Es kam ihnen
zu, Untertanengeist und Gesetzestreue aufrecht zu erhalten und
damit ein *quietissimus populus*, eine *innocens ordo* zu garantieren.[34]

Dieser Zustand hatte sich auch im 4. Jahrhundert erhalten. Die
städtischen Oberschichten trachteten stets danach, daß die Untertanen es nicht an der Wahrung des Respekts fehlen ließen.[35] Für
Libanios war es wichtig, von den Ladenbesitzern gegrüßt zu werden, wenn er durch Antiochia ging: »Ist er nicht liebenswürdig
und höflich? Freundlich erwidert er sogar den Gruß der Ärmsten‹ . . . sie freuen sich über seinen Anblick.«[36] Seine Schüler wurden auf das bürgerliche Leben vorbereitet, indem sie lernten, gegenüber ihren Untergebenen wohlerzogene Höflichkeit an den
Tag zu legen. »Ein Handwerker sollte niemals von einem Jungen

---

[33] Jones (Kap. 1 Anm. 14) I 464f.

[34] F. Jacques, Le Privilège de la Liberté, (Collection de l'école française de Rome 76)
Rom 1984, 801 und 379–404.

[35] P. Brown, Dalla »plebs romana« alla »plebs Dei«. Aspetti della cristianizzazione di
Roma, in: Passatopresente 2, Turin 1982, 126f.

[36] Libanios, Reden 2, 6 (I 240f.); vgl. Eunapios, Leben der Sophisten 481.

grob behandelt werden, der in den Genuß der *paideia* gekommen ist. Ein solcher muß lernen, in Frieden mit diesen Leuten zu leben und sich niemals des Lobes derer unwürdig zu erweisen, die ihren Lebensunterhalt mit ihrer Hände Arbeit verdienen.«[37]

Vor allem erwartete man von den lokalen Honoratioren, daß sie als Sprecher und Schutzherren für die Angehörigen der niederen Klassen fungierten. Libanios war stolz auf seine Leistungen in dieser Hinsicht. Er ließ sich den Schutz der Handwerker, vor allem der Mitglieder der Bäckerinnung, angelegen sein. In einer Zeit steigender Preise um die Jahre 382/83 beschloß der Statthalter, die Bevölkerung zu besänftigen, indem er eine Gruppe von Bäckern öffentlich auspeitschen ließ:

Er saß dort auf seinem Wagen und fragte bei jedem Peitschenhieb, wem und in welcher Höhe man Bestechungsgelder gezahlt hätte, um für das Brot derartige Preise verlangen zu können... Ich näherte mich in aller Unschuld, indem ich meinen gewöhnlichen Weg ging. Ich hörte das Klatschen der Peitsche, das dem gemeinen Volk so gefiel, und ich sah, daß alle beim Anblick der blutenden Rücken ganz außer sich waren vor Begeisterung... Ich zerteilte die Menge mit meinen Händen und schritt vorwärts bis zum Rad, wo ich still und vorwurfsvoll stehen blieb. Dort erhob ich meine Stimme und sprach laut und ausgiebig... daß, wenn er seinen Zorn nicht besänftige, er Folgen zu gewärtigen hätte, die er nicht wünschen könne.[38]

Eine der am eindringlichsten formulierten Sorgen des alten Libanios lautete dahingehend, daß junge Honoratioren, die unwillig oder unfähig wären, vor einem Statthalter ihre Meinung zum Ausdruck zu bringen, den Respekt ihrer Anhänger und Untergebenen aus den unteren Schichten verlieren würden. Kein Handarbeiter würde zu einem Aristokraten aufblicken, der sich oder andere nicht verteidigen könne.[39] Mißachtung eines Ratsherrn durch einen Statthalter galt als schwerwiegende Angelegenheit. Sie bedeutete die Auflösung der schwachen Bande der Ehrerbietung und der Patronatsverhältnisse, welche die Sicherheit der Stadt garantierten.[40]

Die Lage im 4. Jahrhundert war wirklich prekär. Die Achtung, die die Oberschicht von der Bevölkerung forderte, stützte sich zum großen Teil auf ihre Kontrolle über das Wirtschaftsleben

---

[37] Libanios, Reden 58, 4 (IV 468) in Festugière (Kap. 1 Anm. 54) 468.
[38] Libanios, Reden 1, 208 (I 176).
[39] Libanios, Reden 35, 7 (III 213) in Festugière (Kap. 1 Anm. 54) 485.
[40] Libanios, Reden 33, 11 (III 171).

der Stadt. In den größten wie in den kleinsten Städten des Imperiums kam ein großer Teil der Nahrungsmittel, die von der städtischen Bevölkerung konsumiert wurden, von den Gütern der Honoratioren. Ein hoher Prozentsatz des Einkommens der städtischen Oberschicht stammte aus dem Verkauf von Nahrungsmitteln, besonders von Wein und Getreide, auf einem völlig abhängigen Markt.[41] Diejenigen Honoratioren, die Ehrerbietung in der wohlerzogenen Art erwarteten, wie Libanios sie befürwortete, waren die gleichen, die von Zeit zu Zeit angeklagt wurden, die Bevölkerung auszubeuten, indem sie eine künstliche Lebensmittelknappheit herbeiführten und von den anschließenden Preissteigerungen profitierten, oder indem sie die von der Stadt benötigten Lebensmittel auf anderen, lukrativeren Märkten verkauften. Sowohl der Caesar Gallus im Jahre 354 als auch Kaiser Julian 362/63 machten den Stadtrat von Antiochia für die hohen Lebensmittelpreise während ihrer Aufenthalte in der Stadt verantwortlich.[42] In Rom wurde das schönste Stadtpalais in Trastevere, das L. Aurelius Avianius Symmachus (dem Vater des Quintus Aurelius Symmachus, des Rhetors und Verteidigers der heidnischen Religion) gehörte, im Jahre 375 vom Mob in Brand gesetzt. Dieser war »durch die Anschuldigungen eines gemeinen Plebejers aufgestachelt worden... wonach [Symmachus] erklärt haben sollte, daß er seinen Wein lieber zum Kalklöschen gebrauchen wolle, als ihn zu dem vom Volk erhofften Preis zu verkaufen.«[43] Wenn das Netz aus Patronagebeziehungen und Ehrerbietung, welches das Wohlverhalten der unteren Klassen garantieren sollte, so schnell aus derartig unbedeutenden Anlässen zerstört werden konnte, dann ist es nicht verwunderlich, daß Männer wie Libanios so viel Mühe darauf verwandten, es tragfähig zu erhalten.

Die Ratsherren standen der Bevölkerung ihrer Städte prak-

[41] L. Cracco Ruggini, Economia e società nell' Italia Annonaria, Mailand 1961, 112–152; P. Garnsey, Famine and Food Shortage in the Graeco-Roman World, Cambridge 1988, 257–268; Wörrle (Kap. 1 Anm. 43) 66 ff. Vgl. J. Durliat, De la ville antique à la ville byzantine, (Collection de l'école française de Rome 136) Rom 1990, 514–539 und 564–602. Diese wichtige Untersuchung stellt dar, daß die kaiserliche Verwaltung allein die Grundnahrungsmittel für alle größeren Städte stellte; falls dies zutrifft, wäre das von allen anderen Gelehrten vorausgesetzte Modell eines extensiven privaten Handels zu modifizieren.

[42] Liebeschuetz (Kap. 1 Anm. 25) 129 ff.; Matthews (Kap. 1 Anm. 3) 404–414. Durliat (Anm. 41) sieht in den Stadträten nicht mehr die Verwalter kaiserlicher Nahrungsmittelversorgung – eine in diesem Fall zu weitgehende Annahme.

[43] Ammianus Marcellinus, Res Gestae 27, 3, 4; Symmachus, Briefe 1, 44 und 2, 38.

tisch ohne Ordnungskräfte gegenüber. Die kaiserlichen Legionen waren gewöhnlich in beträchtlicher Entfernung von den großen städtischen Zentren des Mittelmeerraumes stationiert. Nur in ganz außergewöhnlichen Fällen wurden Einheiten der regulären Truppen eingesetzt, um Ordnung zu schaffen.[44] Unter normalen Umständen hatte der Statthalter nur eine kleine Leibwache, zu der allerdings auch zur Bekämpfung öffentlicher Unruhen geeignete Bogenschützen gehören konnten.[45] Die normale Aufrechterhaltung von Recht und Ordnung oblag in einer spätrömischen Stadt den Führern der Handwerkerzünfte und den Bezirksvorstehern. An sie konnte man sich in jedem Fall halten, wenn es irgendwo einen Aufruhr gegeben hatte.[46]

In Rom, das im 4. Jahrhundert ein riesiges Konglomerat von fast einer halben Million Einwohnern bildete, waren die drei städtischen Kohorten sowie die sieben Einheiten städtischer *vigiles*, die Augustus aufgestellt hatte, mit der Zeit aufgelöst worden. Den Präfekten von Rom stand damit keine bewaffnete Macht mehr zur Verfügung.[47] Als der Mob im Jahre 365 versuchte, das Haus des Präfekten Lampadius in Brand zu setzen, trat dieser hastig den Rückzug auf die andere Seite der Milvischen Brücke an, »als wolle er dort auf das Ende des Tumults warten«, und überließ es seinen Nachbarn und ihrem Hauspersonal, die Angreifer mit Steinen und Dachziegeln zurückzuschlagen.[48] Im darauffolgenden Jahr bekam es sein Nachfolger Viventius mit Unruhen zu tun, die durch eine umstrittene Wahl im römischen Bistum ausgelöst worden waren. An einem einzigen Tag wurden nach einem Zusammenstoß in der großen Basilika von Sicinnius, der späteren Santa Maria Maggiore, die Leichen von 137 Erschlagenen gefunden.[49] Viventius »war nicht in der Lage, die Kämpfe zu beenden oder sie zu begrenzen, ... er war gezwungen, ihrer Gewalt zu weichen, und zog sich in die Vororte zurück.«[50] Alexandria, eine notorisch aufrührerische Stadt, besaß ebenfalls keine regulären Polizeikräfte und die Statthalter zogen »zitternd vor Furcht«[51] in diese Stadt ein.

[44] Liebeschuetz (Kap. 1 Anm. 25) 126.
[45] Libanios, Reden 19, 35 f. (II 401 f.).
[46] Liebeschuetz (Kap. 1 Anm. 25) 122 ff.; Codex Theodosianus 16, 4, 5 (404 n. Chr.).
[47] Jones (Kap. 1 Anm. 14) II 693 f.
[48] Ammianus Marcellinus, Res Gestae 27, 3, 8 f.
[49] Ammianus Marcellinus, Res Gestae 27, 3, 13.
[50] Ammianus Marcellinus, Res Gestae 27, 3, 12.
[51] Expositio totius mundi et gentium 37 in Rougé (Kap. 1 Anm. 60) 174 und Drexhage (Kap. 1 Anm. 60) 24.

Rom, Antiochia und Alexandria waren nach den Maßstäben der Alten Welt außergewöhnlich große und innerlich zerrissene Städte. Aber sie verkörperten aufs glanzvollste das urbane Leben in der römischen Welt. Was in ihren Straßen geschah, diente den kleineren Städten als Vorbild und wurde sorgsam vom kaiserlichen Hofe aus beobachtet. Insgesamt waren also im Mittelmeerraum die Ratsherren für das Wohlverhalten der städtischen Bevölkerung verantwortlich, und es standen ihnen dabei keine anderen Zwangsmittel zur Verfügung als die traditionellen, schwach gewordenen Herrschaftstechniken früherer Jahrhunderte.

Deshalb blieb eine »Darstellung« der Beziehung der Honoratioren zu ihrer Heimatstadt auch im 4. Jahrhundert noch von Bedeutung. Selbstverständlich war sie ebenso stilisiert und ebenso blind gegenüber vielen Aspekten der spätrömischen Wirklichkeit wie die gänzlich andersartige Darstellung, die von vielen Christen vertreten wurde. Aber sie verlieh immer noch weiten Bereichen des spätrömischen Staatslebens ihren Sinn und verkörperte jahrhundertealte Erfahrungen der Kommunalpolitik. Das Bild ihrer Rolle im politischen Geschehen der Stadt, das ihnen mit der Erziehung vermittelt wurde und folglich in traditionellen Begriffen zum Ausdruck kam, war ein Bestandteil des kollektiven Bewußtseins der städtischen Oberschichten in der gesamten griechischen Welt (so wie das auch auf etwas andere Weise, aber mit derselben Langlebigkeit, für die ortsansässigen Mitglieder des römischen Senats galt). Sätze aus spätantiken Inschriften und das häufige Vorkommen von Metaphern aus der Sprache städtischer Wohltätigkeit in den Predigten zeitgenössischer christlicher Geistlicher zeigen, daß die traditionelle Darstellung der antiken Stadt – weit davon entfernt, ein Produkt archaisierender Rhetorik zu sein – immer noch eine dauerhafte und gewichtige Rolle in der Vorstellungswelt der Zeitgenossen spielte.[52]

Dabei ging es vor allem um die Verwendung des Reichtums in den Städten. Als einflußreiche Großgrundbesitzer, die oft auch das Transportwesen und den Handel kontrollierten, hatten die städtischen Oberschichten den Reichtum ihrer Vaterstadt monopolisiert.[53] Dieses Monopol mußte verschleiert und durch ein traditionelles Bild von der städtischen Gemeinschaft in eine an-

[52] Robert (Kap. 2 Anm. 99) 226 f.
[53] C. R. Whittaker, Later Roman Trade and Traders, in: P. Garnsey, K. Hopkins und C. R. Whittaker (Hgg.), Trade in the Ancient Economy, London 1983, 169–180.

genehme, paternalistische Beziehung umgedeutet werden. Die Ratsherren wurden zu »Vätern« des *demos*, der *plebs*.[54] Der gute Aristokrat war ein »Ernährer«, ein *tropheus*, seiner Stadt.[55] Er entgalt die Erziehung, die ihm seine Stadt in der Jugend hatte angedeihen lassen, mit einem kontinuierlichen Strom von Geschenken.[56] Diese Geschenke erfolgten entweder in Form von Bauwerken an die Stadt als Ganzes oder in Form von Geld- oder Lebensmittelspenden an eine klar umrissene Gruppe von Nutznießern, den *demos*, das heißt denjenigen Teil der Bevölkerung, der nicht im Stadtrat saß.

So wie die angeborene Vornehmheit eines Aristokraten durch die *paideia* zur höchsten Vollendung gelangte, so glaubte man, daß der Aristokrat ebenfalls *eunoia* im Blut haben müsse, beständiges Wohlwollen gegenüber seiner Vaterstadt, *euergesia*, den Wunsch, der Stadt Wohltaten zu erweisen, und *megalopsychia*, ein hochherziges Streben nach Freigebigkeit. Ein Mosaik aus einem großen Palais in Daphne, einem Vorort von Antiochia, zeigt eine personifizierte *megalopsychia*, aus deren ausgestreckten Händen sich ein Regen von Goldmünzen ergießt.[57] Bereits in der Hochzeitsnacht wurde der junge Aristokrat mit der aufmunternden Ermahnung zu seiner Braut gesandt: »Geh, tummle dich nach Art deiner Väter... so daß du der Stadt Kinder schenken kannst, die sich durch Bildung, Großzügigkeit und öffentliche Wohltätigkeit hervortun werden.«[58] Großzügige Spenden gehörten zur Familientradition: Aristokraten »fanden in ihren Vorfahren Lehrer der Wohltätigkeit gegenüber ihrer Vaterstadt... Denn diese Männer erbten ihr väterliches Gut aufgrund eines gnädigen Geschicks und verteilten es freigebig als Zeichen ihrer Großzügigkeit.«[59]

Ihr Reichtum war also nicht lediglich ein Glücksfall, noch weniger kann man sagen, daß er auf Ausbeutung beruhte. Es handelte sich um Reichtum, den man treuhänderisch für das »allge-

[54] Libanios, Reden 11, 51 (I 486 f.) in Downey (Kap. 2 Anm. 47) 669; Veyne (Kap. 2 Anm. 151) 197–311; E. Patlagean, Pauvreté économique et pauvreté sociale à Byzance, Paris 1977, 131–156; vgl. M. Sartre, L'Orient romain. Provinces et sociétés provinciales, Paris 1991, 163–166.
[55] Robert (Kap. 2 Anm. 99) 226 f.
[56] Roueché (Kap. 1 Anm. 28) 46.
[57] Patlagean (Anm. 54) 183.
[58] Menander Rhetor, Epideiktika 2, 406 und 408, hg. von D. A. Russell und N. G. Wilson, Oxford 1981, 149 und 151.
[59] Libanios, Reden 11, 133 f. (I 480 f.) in Downey (Kap. 2 Anm. 47) 667.

meine Wohl«[60] verwaltete. Er bot die Gelegenheit, die erstrebenswerteste aller persönlichen Qualitäten zu entfalten, eine »angeborene Hochherzigkeit«, die keinen Aristokraten ruhen ließ, bis er nicht mehr für seine Stadt ausgegeben hatte als jeder seiner Vorfahren und bis er nicht sichergestellt hatte, daß seine Stadt infolge seiner Spenden von allen anderen beneidet wurde.[61]

In einer Predigt gegen die Ruhmsucht in Antiochia beschwor der Priester Johannes Chrysostomos (ein Schüler des Libanios) eine Szene, die immer noch als der Höhepunkt im Leben eines Antiochener Aristokraten angesehen wurde:

Das Theater füllt sich, und ungezählte Menschen in prächtigen Kleidern besetzen die Ränge… Man kann weder Ziegel noch Steine sehen, sondern nur menschliche Körper und Gesichter. Dann, als der Wohltäter, der sie alle hier zusammengebracht hat, vor sie hintritt, erheben sie sich von ihren Plätzen und begrüßen ihn mit lautem Jubelgeschrei. Wie aus einem Munde lassen sie ihn als Schutzherrn und Herrscher ihrer Vaterstadt hochleben und strecken den Arm zum Gruße aus… sie vergleichen ihn mit dem größten der Flüsse… sie nennen ihn den Nil der Wohltätigkeiten… und sagen, daß er mit seinen großzügigen Geschenken wie der Ozean unter den Gewässern sei… Was geschieht dann? Der große Mann verneigt sich vor der Menge und erweist ihr so seine Reverenz. Dann setzt er sich, begleitet von den Glückwünschen seiner bewundernden Standesgenossen, von denen jeder heimlich betet, daß er dieselbe öffentliche Bedeutung erlangen möge.[62]

Die Tradition legte genau fest, was ein Aristokrat zu geben hatte und wem es zugute kommen sollte. Die meisten Wohltaten waren für die Stadt als Ganzes bestimmt. Öffentliche Spenden sollten die Stadt zu einem Ort glänzender Annehmlichkeiten, zu einer Oase der *apolausis*, bürgerlichen »Wohlbehagens« und »Entzückens« machen, die sich scharf von den elenden Lebensbedingungen des umliegenden Landes abhob.[63] Von daher lag der Schwerpunkt auf der Pflege der Fassaden öffentlicher Gebäude, auf der reinen, sinnlichen Freude an prachtvollen Becken und Springbrunnen, die frisches Wasser in die hitzegeplagten levantinischen Städte brachten, auf den mit den öffentlichen Spie-

[60] Libanios, Reden 11, 133 (I 480) in Downey (Kap. 2 Anm. 47) 667.
[61] Libanios, Reden 11, 138 (I 482) in Downey (Kap. 2 Anm. 47) 667f.
[62] Johannes Chrysostomos, Über Hoffart und Kindererziehung 4f.
[63] Patlagean (Anm. 54) 183; Expositio totius mundi et gentium 36 mit Rougé (Kap. 1 Anm. 60) 245f.

len verbundenen prunkvollen Zeremonien und auf der Verschönerung der Theater und Rennbahnen, in denen diese Zeremonien stattfanden. Es handelte sich hier um bewußt großartige, distanzierte und eindrucksvolle Gesten, dazu bestimmt, die Vorstellung von einer angeborenen *eunoia*, einem herzlichen Wohlwollen, individueller Aristokraten gegenüber ihrer Heimatstadt zu bestätigen.

Der Hauptempfänger solcher Wohltaten war der *demos*, die Bürgerschaft in der streng begrenzten, antiken Bedeutung des Wortes. Der *demos* umfaßte nicht alle Einwohner der Stadt. Ein Aristokrat hatte nur gegenüber seinen »Mitbürgern« Verpflichtungen. Denn nur sie waren von derselben Stadt »großgezogen« worden wie er. Obwohl sie weit weniger reich waren als ihre Wohltäter, galten die Mitglieder des *demos* von Antiochia als solide, verehelichte Haushaltsvorstände und Nachfahren von Vollbürgern.[64] Es handelte sich genau um die Art von Handwerkern und Arbeitern, deren Ehrerbietung Libanios durch seine Höflichkeit und seine Schutzfunktion als Patron gewonnen hatte. Die Wohlhabenderen unter ihnen zeichneten als Führer und Mitglieder der Zünfte für die Aufrechterhaltung der Ordnung in den Nachbarschaftsbezirken verantwortlich.

Es ist wichtig für das Selbstverständnis der traditionellen Stadt, daß sich der *demos* nicht nur aus den Armen zusammensetzte, im Gegenteil: Die Obdachlosen und Bedürftigen waren geradezu ausgeschlossen. Der »Nil der Wohltaten« ergoß sich von oben herab über jede Klasse, die aktiv am öffentlichen Leben der Stadt teilnahm, wie Wasser über die Katarakte eines mächtigen Flusses hinabstürzt. Denn die Sorge der städtischen Wohltäter für alle Klassen in ihrer Stadt spiegelte die umfassende Sorge des Kaisers in seinem Reiche wider und verstärkte sie dadurch.[65]

Die Bürgerschaft existierte in der Spätantike nicht lediglich als ein abstrakter Begriff. Sie gewann Form und Gestalt, wenn sie sich aus vielerlei Anlässen in den großen Theatern und auf den Rennbahnen versammelte, die auch in spätrömischer Zeit ein wesentlicher Bestandteil des städtischen Lebens blieben. Die Rennbahn von Antiochia bot Platz für achtzigtausend Menschen[66], das Theater von Ephesos für vierundzwanzigtausend.[67]

[64] Libanios, Reden 11, 151 (I 486) in Downey (Kap. 2 Anm. 47) 669.
[65] Die ist deutlich erkannt worden von Gordon (Kap. 2 Anm. 115) 220–230; s. auch Wörrle (Kap. 1 Anm. 43) 254.
[66] J. H. Humphrey, Roman Circuses, Berkeley 1986, 444–461.
[67] Foss (Kap. 1 Anm. 28: Ephesus) 61.

Das Theater von Aphrodisias in Karia faßte achttausend Zuschauer, das kleinere Odeon eintausendsiebenhundert und das Stadion außerhalb der Stadtmauern dreißigtausend.[68] Diese riesigen Treffpunkte werden nicht immer bis auf den letzten Platz besetzt gewesen sein. Die größeren Provinzmetropolen nahmen auch Besucher aus den umliegenden Städten auf, ja sogar Dorfbewohner vom flachen Land. Doch wie es so Reihe für Reihe beisammensaß, verkörperte das Theaterpublikum die Stadt. Im Theater gaben die Antiochener durch sorgfältig dosierten Begrüßungsbeifall den Statthaltern ihre Stimmung kund. Ihr gelegentliches, eisiges Schweigen reichte aus, um einen unbeliebten Statthalter vor Wut und Angst blaß werden zu lassen.[69]

Der in dieser Weise versammelte *demos* bezeichnete eine vielschichtige Körperschaft. Die Inschriften, die man in die Bänke des Theaters und des Stadions von Aphrodisias eingeritzt hat, machen dies deutlich. Wir finden Sitze, die für »junge Männer« ausgewiesen waren, solche für »Juden«, für »die Ältesten der Juden«, für die Anhänger der Blauen und der Grünen Zirkuspartei, für die Metzger, die Gerber, die Gärtner und die Goldschmiede.[70] Aber es war immer eine Gemeinschaft derjenigen, die dazugehörten. Um Mitglied des *demos* zu sein, mußte man aus einer Familie von Vollbürgern stammen, und, wie das Beispiel von Aphrodisias zeigt, Mitglied einer anerkannten bürgerlichen Korporation sein. Städtische Einrichtungen, sogar die Theater, standen allen offen, aber der Zugang zu anderen Formen der Wohltätigkeit – vor allem zu kostenlosen oder preiswerten Lebensmittelzuteilungen – erforderte den Nachweis des Bürgerrechts.[71] Der Kreis der Berechtigten sorgte schon selbst dafür, daß die Lebensmittelverteilungen ordnungsgemäß vonstatten gingen: Die römische *plebs* war dafür bekannt, daß sie in Zeiten der Nahrungsmittelknappheit ein lautes Geschrei anstimmte, sobald ein Unberechtigter oder Fremder an einer Verteilungsstelle auftauchte.[72]

Die traditionelle Bürgerschaft einer Stadt setzte sich also aus klar definierten Komponenten zusammen. Nur eine bestimmte

[68] K. T. Erim, Aphrodisias, (Facts on File) New York 1986, 79, 62 und 68.

[69] Libanios, Reden 41, 3 und 5 (III 296 und 303 f.); ders., Briefe 811, 4 (X 734); Liebeschuetz (Kap. 1 Anm. 25) 211–219.

[70] Roueché (Kap. 1 Anm. 28) 218–226; vgl. Ch. Roueché, Performers and Partisans at Aphrodisias, (Journal of Roman Studies Monographs 6) London 1992.

[71] R. J. Rowland, The »Very Poor« and the Grain Dole at Rome and Oxyrhynchus, Zeitschrift für Papyrologie und Epigraphik 21, 1976, 69–72.

[72] Ammianus Marcellinus, Res Gestae 14, 6, 19; Ambrosius, De officiis 3, 45.

Gruppe, der Kern der gesamten Stadtbevölkerung, hatte ein Anrecht auf die Wohltaten der Honoratioren. Selbst in den kleinen Städten gehörten nicht alle Einwohner zu dieser Gruppe: Große Teile der Unterschichten blieben unberücksichtigt. Die stark formalisierten Wohltaten wurden aus großer Distanz gespendet. Unter den Lebensbedingungen des spätrömischen Reiches waren Umfang und Häufigkeit dieser Wohltätigkeit stark reduziert worden. Höhere Besteuerung und die großen Summen, die jetzt für den Erwerb von Ämtern und Stellungen in der Reichsverwaltung erforderlich waren, hatten dazu geführt, daß die potentiellen »Ernährer« einer Stadt nicht mehr über genügend freies Kapital verfügten, um es ihren Mitbürgern zugute kommen zu lassen. Jetzt dienten die Gesten, die von den Honoratioren erwartet wurden, wie etwa die Unterhaltung der öffentlichen Bäder oder die regelmäßige Finanzierung von Spielen im Theater oder auf der Rennbahn, nicht mehr als Beweis für das angeborene Bedürfnis, ihren Mitbürgern Wohltaten zu erweisen, sondern sie wurden ihnen von der kaiserlichen Regierung auferlegt. Wenn sie vielleicht auch niemals in der Weise von Herzen gekommen waren, wie sie glauben machen wollten, so wurden die Akte der *euergesia* nun von den Reichen erzwungen wie jede andere Steuerzahlung – und sie wurden mindestens ebenso oft umgangen.[73]

Auch hatten die Honoratioren keine Kontrolle mehr über die Wirkung der *euergesia* auf die Bevölkerung. Die Organisation der Spiele hatte aufgehört, eine rein lokale Angelegenheit zu sein. Die Kosten für die Beschaffung wilder Tiere und reinrassiger Pferde aus dem gesamten Reichsgebiet waren drastisch gestiegen. Nur in Zusammenarbeit mit der kaiserlichen Regierung konnten die Mitglieder des Stadtrates überhaupt noch Spiele ausrichten.[74] Das geschah immer seltener und meist nur noch in ausgewählten Städten. Das große Jagdspektakel, das eine der führenden Familien Antiochias vorführen wollte, mußte um sieben Jahre verschoben werden.[75] Wenn solche Volksbelustigungen veranstaltet wurden, dann zielten sie darauf hin, die Treue zum Kaiser und seinen Beamten zu stärken, und dienten nur noch indirekt dazu, das Ansehen der führenden Schichten der Stadt zu erhöhen. Zwar war im 4. Jahrhundert die wirtschaftliche Macht der führenden Ratsherren über die Bevölkerung immer noch so

[73] A. Marcone, L'allestimento dei giochi a Roma nel IV secolo d.C., Annali della Scuola Normale superiore di Pisa, 3. S. 11 (1981) 105–122.
[74] Brown (Anm. 35) 137.
[75] Petit (Kap. 1 Anm. 25) 129.

offenkundig und so verhaßt wie je zuvor, aber sie setzte sich jetzt immer seltener in erfreuliche Gesten staatsbürgerlicher Wohltätigkeit um.

Jedermann spürte die Gefahren, denen sich die Honoratioren in ihren Städten ausgesetzt sahen. Die Beziehungen der großen römischen Familien zu einer potentiell aufrührerischen *plebs* bildeten eines der Hauptthemen im Leben eines Senators des 4. Jahrhunderts, wie etwa dem des Symmachus. Sie gehören zu den wenigen Angelegenheiten, über die er in seinen Briefen mit Anteilnahme spricht.[76] Der Bericht des Ammianus Marcellinus über das Rom des 4. Jahrhunderts enthält denkwürdige Szenen erfolgreicher Konfrontation, in denen der Stadtpräfekt – häufig (obwohl nicht notwendigerweise) ein Senator und langjähriger Bürger der Stadt – einen drohenden Aufruhr abwendete. Leontius fuhr langsam in seiner Staatskarosse durch eine bedrohliche Menge: »In seiner Kutsche sitzend, beobachtete er voller Selbstsicherheit mit scharfen Augen die aufgeregten Gesichter der Menge.«[77] Allein das Geräusch der rollenden Kutsche des Präfekten hätte ihnen Respekt einflößen sollen.[78]

Andere sahen sich gezwungen, mit der *plebs* zu verhandeln. Während einer Hungersnot hielt der Präfekt Tertullus »der wütend erregten Volksmasse seine beiden kleinen Söhne entgegen… und sprach unter Tränen: ›Seht eure Mitbürger, die dasselbe Schicksal erdulden wie ihr.‹«[79]

Diese Anekdoten wurden überliefert, weil sie einen glimpflichen Ausgang genommen hatten. Sie zeigten, daß zumindest einige Honoratioren im Umgang mit den niederen Klassen noch immer auf Reste der ehemaligen Ehrerbietung zählen konnten. Aber weder Ammianus noch Libanios vertrauten darauf, daß das traditionelle Verhältnis zum *demos* sich zwangsläufig als stabil erweisen würde. Ein Aristokrat aus Beirut, den Libanios gut kannte, lehnte es ab, Präfekt von Rom zu werden: Er wußte zuviel von den beständigen Spannungen zwischen Senat und *plebs*, um dieses Amt als erstrebenswert anzusehen.[80] Einige gewalttätige Vorkommnisse genügten, um eine Atmosphäre frostiger Be-

---

[76] Matthews (Kap. 2 Anm. 61) 70–73.

[77] Ammianus Marcellinus, Res Gestae 15, 7, 4.

[78] Cassiodorus, Institutiones 1, 5 (S. 81 Mynors). Dies bezog sich auf die Furcht des Mönches vor dem Kommen Christi nach dem Jüngsten Gericht (freundlicher Hinweis von S. J. B. Barnish).

[79] Ammianus Marcellinus, Res Gestae 19, 10, 2f.

[80] Libanios, Briefe 319, 14 (X 387).

klemmung zu schaffen. Als ein Statthalter in Antiochia während der Hungersnot des Jahres 354 gelyncht wurde, schrieb Ammianus: »Nach seinem elenden Tod sah jeder im Ende dieses einen Mannes ein Symbol seiner eigenen Gefährdung.«[81] Libanios rief etwa vierzig Jahre später dem Stadtrat dieses schaurige Ereignis als warnendes Beispiel in Erinnerung.[82]

Aber wie im England des 18. Jahrhunderts war die »Freiheit der Menge« der Preis, den die Honoratioren für die relative Autonomie ihrer Städte zu zahlen bereit waren.[83] Selbst aufrührerisch blieb die Menge doch *ihre* Menge. Die schlimmsten Auswüchse der Gewalt hatten die Form des öffentlichen Lynchens angenommen, welche während der Hungersnot des Jahres 354 in Antiochia unterblieben wäre, wenn nicht der Casesar Gallus das Opfer dem Antiochener Pöbel buchstäblich ausgeliefert hätte.[84] Seit Menschengedenken hatten sich die Unruhen niemals zu einer Erhebung der gesamten Bevölkerung ausgeweitet.

Ein Aufruhr erfolgte im allgemeinen in der Form »schneller, vorübergehender Attacken« auf einzelne, unbeliebte Persönlichkeiten.[85] Seinen Höhepunkt erreichte er meist in Versuchen, die Päläste mächtiger Honoratioren in Brand zu setzen.[86] Libanios erinnert sich, daß er einmal bei einer solchen Gelegenheit aus dem Fenster blickte und Rauch vom Wohnsitz eines unbeliebten Mitglieds des Stadtrates aufsteigen sah, während der Betreffende mit seiner Familie Hals über Kopf in die umliegenden Berge flüchtete.[87] Gelegentlich verband sich die Aufsässigkeit der Bevölkerung sogar mit dem festlichen Leben der Stadt. In den rauschenden Nächten der Kalenden des Januar wurden die »Rangordnungen der Stadt umgestürzt und erneuert« (um die Worte eines syrischen Dichters aus dem 5. Jahrhundert zu gebrauchen).[88] Sogar über den Kaiser konnte man sich mit spöttischen Liedchen, die während des Festes auf den Straßen gesungen wur-

---

[81] Ammianus Marcellinus, Res Gestae 14, 7, 6.

[82] Libanios, Reden 46, 29 (III 393).

[83] E. P. Thompson, Eighteenth-Century English Society, Social History 3, 1978, 145.

[84] Ammianus Marcellinus, Res Gestae 14, 7, 6.

[85] Thompson (Kap. 1 Anm. 124) 402; Ammianus Marcellinus, Res Gestae 27, 3, 4; vgl. Symmachos, Briefe 1, 44 und 2, 38 sowie ders., Reden 40, 15.

[86] Ammianus Marcellinus, Res Gestae 14, 7, 6 und 27, 3, 8; Ambrosius, Briefe 40, 15.

[87] Libanios, Reden 1, 103 (I 133).

[88] Isaak von Antiochia, Gedicht über die Nachtwachen zu Antiochien, Z. 17 in P. Bedjan, Homiliae S. Isaaci Syri Antiocheni, Leipzig 1903; deutsch in P. S. Landersdorfer, Ausgewählte Schriften der syrischen Dichter, (Bibliothek der Kirchenväter 6) Kempten und München 1913, 212.

den, lustig machen, wovon das Beispiel Julians zeugt.[89] Das Fest
eröffnete für die Bevölkerung eine Gelegenheit, ihr Recht auf
Widersetzlichkeit zu dokumentieren. Im Jahre 384 wurden die
Kalenden zu einer bedrohlichen Zeit für den Ratsherrn Candi-
dus, den man für die Nahrungsmittelknappheit des vorangegan-
genen Sommers verantwortlich machte: »Er saß zu Hause und
hielt sein Gesicht bedeckt... zitterte vor Furcht um sein Palais,
als ein Haufen junger Burschen mit Fackeln in der Hand darauf
zusteuerte und ihn lautstark aufforderte, wieder auszuspucken,
was er sich unrechtmäßig einverleibt hatte.«[90]

Tatsächlich kennzeichneten die Toleranz, mit der solche Frei-
heiten in den Städten behandelt, und die verhältnismäßige Leichtigkeit, mit der Ausbrüche von Gewalt zum Schweigen gebracht
wurden, das städtische Leben des Imperiums in der Zeit vor
Theodosius I. am stärksten.[91] Ratsherren und kaiserliche Verwaltung akzeptierten einen Grad von Autoritätsschwächung in
den Städten, den sie auf dem flachen Land niemals geduldet hätten. Städtische Unruhen aufgrund von Lebensmittelknappheit,
Zusammenstöße zwischen rivalisierenden religiösen Gruppen
und später Kämpfe zwischen verfeindeten Zirkusparteien
betrachtete man mit relativer Sorglosigkeit. Sie schienen ein
wesentlicher Bestandteil der glänzenden *ambitio*, des stolzen Le-
bensgefühls der Großstädter, zu sein.[92] Die Art, mit ihnen umzu-
gehen, war grundverschieden von dem unerbittlichen, grausamen Krieg, der in den Landbezirken des oströmischen Reiches
gegen das Räuberunwesen geführt wurde, und auch von der
Auseinandersetzung mit der unbestimmten, aber zählebigen Bedrohung durch die Bagaudes im ländlichen Gallien und nörd-
lichen Spanien.[93]

Dennoch hatte auch diese Toleranz ihre festen Grenzen. Die
Ratsherren konnten einen gelegentlichen Aufruhr ertragen, aber
eine ernsthaftere Erhebung, selbst wenn sie nicht in größerem

[89] Gleason (Kap. 2 Anm. 122) 108–114.

[90] Libanios, Reden 1, 230 (I 184).

[91] H. P. Kohns, Versorgungskrisen und Hungerrevolten im spätantiken Rom, (Anti-
quitas I 6) Bonn 104–108; L. Cracco Ruggini, Felix Temporum Reparatio, in: A. Dihle
(Hg.), L'Église et l'empire au IVe siècle, (Entretiens de la Fondation Hardt 34)
Vandœuvres 1989, 229.

[92] Ammianus Marcellinus, Res Gestae 27, 3, 14.

[93] B. Shaw, Bandits in the Roman Empire, Past and Present 105, 1984, 3–52; K. Hop-
wood, Bandits, Elites and Rural Order, in: A. Wallace-Hadrill (Hg.), Patronage in Ancient Society, London 1990, 171–187; J. Drinkwater, Patronage in Roman Gaul and the
Problem of the Bagaudae, in: ebd. 189–204.

Umfang zu Totschlag und Verwüstung führte, bedeutete für sie eine »Regierungskrise«[94], da sie für die Unruhen verantwortlich zeichneten. Nach einer Christenverfolgung in Alexandria im Jahre 366 »wurden viele Ratsherren« im Rahmen der damit verbundenen Untersuchung »in den Ruin gestürzt«.[95] Unabhängig davon stellten Unruhen die Fähigkeit des Stadtrates in Frage, die Stadt unter Kontrolle zu halten. Sobald die Ratsherren nicht länger für den inneren Frieden der Städte bürgen konnten, wurde ihre Glaubwürdigkeit gegenüber der kaiserlichen Regierung ernsthaft geschwächt.

Freunde der Armen

Aus diesen Gründen erwies sich der Friede in den Städten als die Achillesferse der traditionellen städtischen Eliten. Am Ende des 4. Jahrhunderts sahen sie sich einer konkurrierenden Macht gegenüber. Der »universale Weg« einer Religion, die behauptete, ohne die Vorteile der *paideia* auszukommen, bedeutete nicht nur eine kulturelle Herausforderung. Vielmehr eignete ihm auch eine soziale Dimension: In der Stadt erreichte die organisierte Kirche mehr Menschen und führte zu einer wirksameren Form der Staatsloyalität, als das die seltenen und etwas distanzierten Auftritte der Honoratioren vermochten.

Wie es dazu kam, ist eine komplexe Geschichte, die keine einfachen Antworten duldet. Die Privilegien, die der christlichen Kirche unter Konstantin und Constantius II. in reichem Maße zuteil geworden waren, stellten eine großartige Ouvertüre zur späteren Stellung der Kirche dar.[96] Das gewalttätige Vorgehen gegen die heidnischen Tempel unter Constantius II. zeigt, daß einige Bischöfe schon glaubten, ungestraft handeln zu können. Ihre Gewalttätigkeit an sich beinhaltete bereits den Anspruch, für die Mehrheit der Bevölkerung in ihren Städten zu handeln.[97]

[94] Beik (Kap. 1 Anm. 29) 191.

[95] A. Martin und M. Albert, ›Histoire Acéphale‹ et Index Syriaque des lettres festale d'Athanase d'Alexandrie, (Sources chrétiennes 319) Paris 1985, 268.

[96] C. Pietri, Roma christiana, (Bibliothèque des écoles françaises d'Athènes et de Rome 224) Rom 1976, I 77–96; ders., La politique de Constance II. Un premier »césaropapisme« ou »imitatio Constantini«?, in: L'Église (Anm. 91) 140.

[97] T. D. Barnes, Christians and Pagans under Constantius, in: L'Église (Anm. 91) 324–327.

Paradoxerweise haben die häufigen Spaltungen der Christenheit im 4. Jahrhundert wohl mehr zur Selbstbehauptung der Kirche in der städtischen Gesellschaft beigetragen als die kaiserliche Gunst oder das kaiserliche Einverständnis mit einzelnen gewalttätigen Vorgehensweisen.

In spätrömischen Städten herrschte massive Unterbeschäftigung.[98] Die vielen Phasen des Arianischen Streites im Osten und des Donatistischen Schismas in Nordafrika gaben den Einwohnern dieser Städte Gelegenheit zu endlosen Diskussionen und Streitereien. Gebildete Christen sprachen, wenn auch nicht immer mit Begeisterung, von der Teilnahme aller Bevölkerungsschichten an ihren Streitigkeiten: »Fragt man nach dem Wechselgeld, hält der Ladenbesitzer einen theologischen Vortrag über den Gezeugten und den Ungezeugten; wenn man nach dem Preis für einen Laib Brot fragt, lautet die Antwort: ›Der Vater ist größer denn der Sohn‹; und wenn man fragt ›Ist das Bad fertig?‹, so antwortet der Diener, daß der Sohn aus dem Nichts gezeugt sei.«[99]

Christliche Streitigkeiten mobilisierten einzelne Glaubensgemeinschaften in den Städten und führten zu größeren Unruhen[100] und zu häufigen Prozessionen und Gegenprozessionen.[101] Im gesamten Imperium bewirkte das christliche Parteiwesen ein merkliches Anwachsen der gewalttätigen Atmosphäre.[102] Ammianus Marcellinus hatte recht mit seiner Feststellung, daß die christlichen Gruppierungen sich untereinander benähmen »wie die wilden Tiere«.[103]

Solche sporadischen Gewaltausbrüche eigneten sich wenig dazu, den Staatsbehörden die christlichen Kirchen als Garanten von Recht und Ordnung in den Städten zu empfehlen. Dennoch wiesen die Auseinandersetzungen auf das Anwachsen lokaler Organisationen hin, die in der Lage waren, große Gemeinden zu mobilisieren und zu kontrollieren. Rivalisierende Kirchen warben um die Gunst der Bevölkerung, indem sie die Sozialleistungen ihrer Gegner kopierten. So wurde die Kontrolle der Bischöfe über das Almosenwesen zu einer heiß umstrittenen Angelegen-

---

[98] Patlagean (Anm. 54) 170.

[99] Gregor von Nyssa, De deitate Filii et Spiritus Sancti (PG XLVI 557).

[100] Sokrates, Kirchengeschichte 2, 13.

[101] Sokrates, Kirchengeschichte 6, 8; Sozomenos, Kirchengeschichte 8, 8.

[102] R. MacMullen, The Historical Role of the Masses in Late Antiquity, in: Ders., Changes in the Roman Empire, Princeton 1990, 267–276, doch s. N. McLynn, Christian Controversy and Violence in the Fourth Century, Kodai 3, 1992, 17–44.

[103] Ammianus Marcellinus, Res Gestae 22, 5, 4.

heit. Schon im 3. Jahrhundert hatte Cyprianus von Karthago Almosen lediglich an seine Anhänger verteilt.[104] Im 4. Jahrhundert beklagten sich sowohl Donatus, der Bischof von Karthago, als auch Athanasios von Alexandria, daß die Behörden Almosen weggenommen oder ausgetauscht hätten, welche bisher gewöhnlich von ihnen selbst an die getreuen Armen ihrer Gemeinde verteilt worden wären.[105] Von den Sozialleistungen für die Armen bis hin zum Bau neuer Basiliken wurde die Allgegenwart des Christentums durch eifrige Kirchenführer zur Geltung gebracht.[106] Jede christliche Gruppe war bemüht, sich ein bleibendes Denkmal in der Stadt zu setzen. Ebenso kamen die ergreifendsten Äußerungen über die Einheit und die mögliche Offenheit der Kirche von Predigern, deren Gemeinden tatsächlich eine Minderheit unter rivalisierenden christlichen Gruppen darstellten. Das galt sowohl für Augustinus in Afrika, wo es in jeder Stadt Spaltungen zwischen Donatisten und Katholiken gab, als auch für Johannes Chrysostomos, den Priester der bedrängten »orthodoxen« Gemeinde in Antiochia.[107]

Kaiserliche Unterstützung und heftige innere Auseinandersetzungen trugen ihren Teil zum Einfluß der christlichen Gemeinden auf die Städte des 4. Jahrhunderts bei. Entscheidend jedoch war die Art, in der die christlichen Bischöfe und der Klerus unbeirrbar ihren Anspruch auf eine Vorzugsstellung vertraten. Diese Forderung gründete sich auf die Berücksichtigung einer Personenkategorie, welche im traditionellen Modell der städtischen Gesellschaft keinen Platz gefunden hatte. Der Bischof verstand sich als »Freund der Armen«, und der Reichtum der Kirche war der »Reichtum der Armen«: »Ein Bischof, der die Armen liebt, ist reich, und Stadt und Land sollen ihn ehren.«[108]

Die städtische Aristokratie hatte den Anspruch erhoben, an der Spitze einer gesellschaftlichen Hierarchie zu stehen, die von

[104] Cyprianus, Briefe 5, 1, 2; 12, 2, 2; s. G. W. Clarke, The Letters of Saint Cyprian, Bd. 1, (Ancient Christian Writers) New York 1984, 163.
[105] Optatus, De schismate Donatistarum 3, 3; s. G. A. Cecconi, Elemosina e propaganda. Un' analisi della ›Macriana persecutio‹ nel III libro di Ottato di Milevi, Révue des études augustiennes 36, 1990, 42–66; Athanasios, Historia Arianorum 61, 2.
[106] R. Krautheimer, Three Christian Capitals. Topography and Politics, Berkeley 1983, 88–92.
[107] P. Brown, Augustinus von Hippo, 3. Aufl. Leipzig 1982, 195; R. L. Wilken, John Chrysostom and the Jews. Rhetoric and Reality in the Late Fourth Century, Berkeley 1983, 16 und 159.
[108] Ps.-Athanasios, Kanon 14, in: W. Reidel und W. E. Crum, The Canons of Athanasius, Amsterdam 1973, 25 f.

allen aktiv am Leben der Stadt Teilnehmenden gebildet wurde. Die christlichen Bischöfe hingegen errichteten ihren Herrschaftsanspruch auf einem sozialen Niemandsland. Die Metzger und Gerber aus Aphrodisias in Karien mögen einfache Menschen gewesen sein, nach modernen Maßstäben sogar verarmt, aber indem sie ihre Namen in die Bänke des Stadions einritzten und dort als eine deutlich erkennbare Gruppe vertreten waren und den großartigen Zeremonien zuschauten, mit denen Glück und Wohlstand ihrer Vaterstadt gefeiert wurden, erhoben sie den Anspruch, als Mitglieder des *demos*, der traditionellen städtischen Gemeinschaft, angesehen zu werden.[109] Die Armen hingegen besaßen nach Meinung von Libanios kein Anrecht auf einen Platz im Theater: Vagabunden ohne Wohnung und Vaterstadt wurden auf keinen Fall als Mitglieder einer Bürgerschaft angesehen.[110] Traten die Armen überhaupt einmal bei öffentlichen Veranstaltungen auf, dann als Akteure in einem grotesken Spektakel, das die Machthaber bewußt veranstalteten, um sich über den traditionellen Anspruch der Bürger, die einzig rechtmäßigen Empfänger von Wohltaten zu sein, öffentlich lustig zu machen. So geschah es beispielsweise in Rom etwa um 335 bis 340: Lampadius war

> ein Mann, der es sehr übelnahm, wenn man nicht die Art lobte, wie er ausspuckte, weil er auch das viel geschickter täte als alle übrigen... Während seiner Zeit als Prätor [das heißt am Anfang seiner Laufbahn] veranstaltete er großartige Spiele und verteilte reichlich Gaben, wobei er sich stets über das Geschrei der *plebs* ärgerte, die oft alle möglichen Geschenke für die Darsteller forderte... Um seine Großzügigkeit und gleichzeitig seine Verachtung für den Pöbel zu zeigen, ließ er deshalb einige Bettler vom Vatikanischen Hügel kommen [einem Friedhofsbezirk, der schon von Bettlern bewohnt worden war, lange bevor das Grab des heiligen Petrus dorthin verlegt wurde] und überreichte ihnen wertvolle Geschenke.[111]

Auch wurden die Armen von niemandem »ernährt«. Da sie keiner gesellschaftlichen Gruppierung angehörten, blieben sie von den Wohltaten, welche die Mächtigen der gesamten Stadt in reichlichem Maß zukommen ließen, unberührt. Nirgends wird das so deutlich wie in der entscheidenden Frage der Lebensmittelverteilung, entweder in Form unentgeltlicher Zuwendungen

[109] Rouché (Kap. 1 Anm. 28) 225.
[110] Libanios, Reden 41, 11 (III 300).
[111] Ammianus Marcellinus, Res Gestae 27, 3, 5.

oder verbilligter Lebensmittel. Als höchste Wohltäter unternahmen die Kaiser alles zur Beibehaltung der *annona*, der subventionierten Lebensmittelversorgung von Rom, »ihrer« Stadt, sowie von Konstantinopel und gelegentlich von weiteren römischen Städten.[112] Im späten 3. und 4. Jahrhundert besaß bei allen kaiserlichen Maßnahmen das alte, überlieferte Modell der Bürgerschaft nach wie vor unbestrittene Gültigkeit. Wenn die Kaiser einzelnen Städten Lebensmittelschenkungen machten, gingen diese an die gesamte Bürgerschaft ohne Rücksicht auf Reiche oder Arme. Das Bürgerrecht, nicht Bedürftigkeit, erschloß den Zugang zu diesen Spenden. Im Oxyrhynchos des späten 3. Jahrhunderts zum Beispiel konnte Aurelius Melas nicht einmal seinen Namen auf Griechisch schreiben. So wie zwei Drittel seiner Mitbürger zählte auch Melas zu den Analphabeten.[113] Er war offensichtlich ein einfacher Mann, aber sein Getreide erhielt er nicht aufgrund seiner Armut, sondern als Sohn und Enkel von Bürgern »der glorreichen Stadt Oxyrhynchos… und nun, nach dem Nachweis meiner Herkunft, …beanspruche ich ebenso wie meine Mitbürger meinen Anteil am Getreide.«[114] Erst später zeigen uns christliche Quellen die wahrhaft Armen von Oxyrhynchos, wie sie in der kalten Wüstennacht vor dem Portal der Hauptkirche schlafen, um bei der sonntäglichen Lebensmittelverteilung nicht zu kurz zu kommen.[115] Diese zusammengewürfelte Masse der Ärmsten der Armen hatte nichts mit der Welt des Aurelius Melas gemein. Viele kamen vom Lande oder waren »Fremde«, Flüchtlinge aus dem von Kriegen verwüsteten Süden. Ein reicher Christ aus Oxyrhynchos konnte bis zu tausend *solidi* im Jahr für die Armenfürsorge aufwenden – genug, um zweihundertfünfzig Familien zu unterhalten. Aber er gab dieses Geld für Mönche, Bettler und Flüchtlinge aus[116] und galt deshalb nicht als »Ernährer« seiner Stadt.

Insgesamt waren die Armen ein weißer Fleck auf der Stadtkarte der Honoratioren geblieben. Wir sollten die Hartherzigkeit der heidnischen Einstellung zu den Armen nicht übertrei-

[112] J. M. Carrié, Les distributions alimentaires dans les cités de l'empire romain tardif, Mélanges de l'école française de Rome: Antiquité 87, 1975, 995–1101; P. Herz, Studien zur römischen Wirtschaftsgesetzgebung, (Historia Einzelschr. 55) Stuttgart 1988, 208–337; Durliat (Anm. 41) 3–163 (Rom), 185–317 (Konstantinopel), 326–334 (Alexandria) und 351–381 (Antiochia).

[113] Kaster (Kap. 2 Anm. 2) 38.

[114] Papyrus Oxyrhynchos 2898, in: Oxyrhynchos Papyri, Bd. 40, London 1972, 46f.

[115] F. Nau, Histoire des solitaires d'Égypte, Revue de l'Orient chrétien 13, 1908, 282.

[116] R. Raabe, Petrus der Iberer, Leipzig 1895, 60 (syr.) und 61.

ben. Es ist irreführend, von dem »rauhen Klima« zu sprechen, das die Haltung gegenüber den Armen in einer Welt bestimmt habe, in der nur der Vollbürger etwas galt.[117] Wir besitzen einfach zu wenig Informationen darüber, wie man in den kleinen, überschaubaren Städten, welche im römischen Mittelmeerraum die Norm waren, für die Armen sorgte. Es ist beispielsweise durchaus möglich, daß in Städten wie Antiochia oder auch in den ländlichen Bezirken ebenso viele Arme rund um die großen Tempel Schutz fanden wie später in den Höfen der christlichen Basiliken.[118] In den kleinen italienischen Städten des 2. und des frühen 3. Jahrhunderts sind möglicherweise viele Angehörige der Unterschicht durch die Gastgelage und die Gabenverteilungen der Reichen vor der äußersten Not gerettet worden: In diesen Städten gab es zwar Arme, doch wurden diese durch eine Reihe von Einrichtungen am Leben gehalten, die sie immer noch als »Bürger« und nicht als »die Armen« behandelten.[119]

Im 4. Jahrhundert jedoch scheint die Zahl der Armen in vielen oströmischen Städten deutlich zugenommen zu haben. Die Bevölkerung in den umliegenden Landbezirken ist offenbar angewachsen.[120] Das Einwanderungskontingent war durch die Tendenz der großen Metropolen, den Reichtum und die Bevölkerung der weniger bedeutenden Provinzzentren an sich zu ziehen, angestiegen.[121] Nicht alle diese Einwanderer waren völlig mittellos, doch firmierten sie als »Arme« in dem Sinn, daß sie nicht zur Bürgerschaft der Stadt gehörten. Ähnlich wie in den deutschen Residenzstädten des 19. Jahrhunderts konnten Städte von der Größe Antiochias, Alexandrias oder Roms besser als die Kleinstädte Immigranten aufnehmen, ohne daß es sofort zu Auseinandersetzungen über die Rechte auf Zuteilung von Almosen kam.[122]

[117] Veyne (Kap. 1 Anm. 151) 55 f.

[118] Libanios, Reden 2, 30 und 30, 20 (I 248 und III 98); F. Nau, Résumé de monographies syriaques, Revue de l'Orient chrétien 18, 1913, 385. Barsauma und seine Mönche vermischen sich mit der Bettlerschar vor einem großen Tempel in Moab. G. W. Bowersock, The Mechanism of Subversion in the Roman Province, in: O. Reverdin und B. Grange (Hgg.), Opposition et résistance à l'empire d'Auguste à Trajan, (Entretiens de la Fondation Hardt 33) Vandœuvres 1987, 304–310.

[119] S. Mrozek, Les distributions d'argent et de nourriture dans les villes italiennes du Haut Empire romain, (Collection Latomus 198) Brüssel 1987, 103–106; weniger optimistisch ist P. Garnsey, Rez. Mrozek, Journal of Roman Studies 79, 1989, 232.

[120] Patlagean (Anm. 54) 231–235; G. Tate, La Syrie à l'époque byzantine, in: J. M. Dentzer und W. Orthmann (Hgg.), Archéologie et histoire de la Syrie, Bd. 2, Saarbrükken 1989, 107 ff.

[121] S. Mazzarino, Aspetti sociali del quarto secolo, Rom 1951, 251–255.

[122] W. Walker, German Home Towns, Ithaca NY 1971, 391–398.

Nur in Zeiten größerer Nahrungsmittelknappheit mußten die Zuwanderer mit ihrer Vertreibung rechnen. Aber die Anwesenheit so vieler Neuankömmlinge verwischte die klare Grenzlinie zwischen den Angehörigen des *demos*, von denen häufig viele arm waren, und den übrigen Angehörigen der Unterschichten, die, auch wenn sie nicht als »arm« im Sinne von mittellos galten, sich dennoch in einer prekären Lage befanden, da sie nicht zu den vollberechtigten Mitgliedern des *demos* zählten. Diese Menschen waren bemüht, eine Gruppe zu finden, der sie sich anschließen konnten. Sie hielten vermutlich nach neuen Führern Ausschau und erwiesen sich dankbar für andere Formen von Zuwendungen. Ihre Anwesenheit in der Stadt erinnerte in beunruhigender Weise daran, daß man es jetzt mit einer größeren, schwerer zu lenkenden Stadtgemeinde zu tun hatte, als sie sich in den klaren, traditionellen Bildern eines Mannes wie Libanios präsentierte.

Als Prediger in Antiochia sprach Johannes Chrysostomos davon, daß die Armen ein Zehntel der Stadtbevölkerung ausmachten.[123] Es ist dies eine überzeugende statistische Zahl, die in etwa dem Armutsniveau der Bevölkerung im spätmittelalterlichen Paris entspricht.[124] Für Chrysostomos gehörten diese Armen gewissermaßen zu »einer anderen Stadt«.[125] Indem sie ihre enge Beziehung zu dieser »anderen Stadt« der Armen betonten, übten die Bischöfe eine Autorität aus, welche die traditionelle Führungsrolle der Honoratioren ebenso wirksam ausschaltete, wie die christliche Bewunderung für die Mönche, jene ungebildeten Helden der Wüste, ihren Anspruch auf Ehrerbietung negierte, soweit er auf ihrem Monopol der *paideia* beruhte.

Das Phänomen der Armen zeigte die ganze Breite der Zuständigkeit eines Bischofs. Auf der sozialen Karte der Stadt bezeichneten sie die äußerste Grenze der *via universalis*, die mit der christlichen Kirche assoziiert wurde, ebenso wie die ungelehrte Weisheit der Mönche eine kulturelle Wüste markierte, die sich weit außerhalb der engen Grenzen der griechischen *paideia* erstreckte. Man glaubte, daß ein mystisches Band den Bischof mit den Armen seiner Stadt verbinde. Dieses Band lief durch alle Stände der Gesellschaft und »umschlang« gewissermaßen die gesamte städtische Gemeinde vom höchsten bis zum niedersten

---

[123] Johannes Chrysostomos, Homiliae in Matthaeum 66, 3 (PG LVIII 630).
[124] B. Geremek, The Margins of Society in Late Medieval Paris, Cambridge 1987, 193f.
[125] Johannes Chrysostomos, De elemosyna 1 (PG LI 261).

Rang als ein allumfassendes »Volk Gottes«. Reiche und Bettler stiegen gemeinsam ins Taufbecken und versammelten sich vor dem Altar, um die Eucharistie zu empfangen.[126] Selbst wenn sie sich vorläufig noch gegenüber Heiden und Juden in der Minderheit befand, hatte die Kirche, indem sie ihre Hand zu den Armen am Rande der Gesellschaft ausstreckte, bereits ihr zukünftiges moralisches Recht bekundet, für die Gesellschaft als Ganzes zu sprechen.

Die Liebe zu den Armen lieferte auch eine akzeptable *raison d'être* für den wachsenden Reichtum der Kirche. Auf diesem Felde beendete die erhöhte symbolische Rolle des Bischofs als »Freund der Armen« eine langandauernde Auseinandersetzung in der christlichen Kirche über die Frage, wer eigentlich der berufene Almosenspender innerhalb der Gemeinde sei. Der Idee nach war die christliche Armenfürsorge nicht das ausschließliche Privileg der Reichen. Juden und Christen betrachteten sie vielmehr als eine fromme Handlung, die unabhängig von Reichtum oder Armut die Sünden des Gläubigen wiedergutmachte. So wie der römische Kavalleriepanzer aus überlappenden runden Metallplättchen gefertigt war, so bestand der »Brustpanzer der Rechtschaffenheit«, den der Gläubige anlegte, aus zahllosen kleinen Münzen, die bei jeder Gelegenheit den Armen zugeworfen wurden.[127]

Tatsächlich versuchte jeder christliche Haushalt, für seine eigenen Armen zu sorgen, und die reichsten Familien gaben am meisten. Das Haus eines wohlhabenden Christen hatte man sich als Quelle von Reichtum und Schutzfunktionen vorzustellen: »Alle Armen nannten Marcellus ihren Schutzherrn, und sein Haus wurde das Haus der Pilger und Armen genannt.«[128] Die Armenfürsorge war insofern eine potentielle zentrifugale Kraft innerhalb der christlichen Gemeinde. Sie begünstigte die reichen Familien und konnte am Bischof und seinem Klerus vorbeilaufen. Durch reiche Almosen sicherte die wohlhabende Witwe Lucilla im Jahre 311 die Wahl ihres Dieners Maiorinus zum Bischof

---

[126] Johannes Chrysostomos, Taufkatechesen 3 / 2, 13 in Kaczynski (Kap. 3 Anm. 16) II 342 f.; ders., Homiliae in I Cor. 10, 1 (PG LI 247 AB); Liebeschuetz (Kap. 1 Anm. 27) 175 f. und 187.

[127] Baba Bathra 9 a in L. Goldschmidt, Der Babylonische Talmud, Bd. 8, Berlin 1933, 370 ff. Die Schuppen auf dem Pferdegeschirr, das man in Dura Europos gefunden hat (heute im Archäologischen Nationalmuseum in Damaskus), haben genau dieselbe Größe wie diese Münzen.

[128] Petrus-Akten 4, 8; deutsch in: W. Schneemelcher, Petrusakten, in: Ders. (Hg.), Neutestamentliche Apokryphen, Bd. 2, 5. Aufl. Tübingen 1989, 243–289, spez. 266.

von Karthago.[129] Traktate über die ideale Ordnung innerhalb einer Kirche ermöglichen uns, die Stärke der Tendenz zu einer »Privatisierung« des Almosenwesens zu ermessen, so wie diese im 4. Jahrhundert von den Bischöfen und dem Klerus gesehen wurde: »Wenn jemand ohne das Wissen des Bischofs gibt, so handelt er vergeblich, denn es kann nicht als eine gute Tat anerkannt werden… Denn der Bischof ist mit den Nöten der Armen vertraut.«[130]

Und der Makel privaten Reichtums blieb erhalten. Man brauchte nur im 4. Jahrhundert in Norditalien oder anderswo eine Kirche zu betreten, um zu sehen, wie Privatpersonen innerhalb der christlichen Gemeinde ihren Reichtum zur Schau stellten. Die glänzenden Mosaikböden der neuen Basiliken teilten sich in Abschnitte, deren jeder den Namen eines Spenders, seiner Familie oder sogar Porträts von Spendern aufwies.[131] Das bürgerliche Ideal der *euergesia*, des alten Strebens nach persönlichem Ruhm durch öffentliche Wohltaten, hatte in besonders aufdringlicher Form Eingang in die Kirche gefunden.

Es war deshalb wichtig, daß der zunehmende Reichtum der christlichen Kirchen, der sich in unzähligen privaten Spenden kundtat, als Reichtum der gesamten Gemeinde dargestellt wurde. Und dieser Reichtum konnte nicht wirkungsvoller aus seinen Bindungen an einzelne Familien gelöst werden, als wenn man ihn an jene »Unpersonen« verteilte, die am Rande der Gesellschaft vegetierten. Indem er das Kirchensilber von Mailand einschmelzen ließ, um Kriegsgefangene auf dem fernen Balkan freizukaufen, zerstörte Ambrosius von Mailand die Erinnerung an jene christlichen Familien (Anhänger seines arianischen Vorgängers), deren Namen sicherlich auf den Rändern der großen silbernen Hostienteller wie auch auf den Meßkelchen eingraviert waren.[132] Dadurch daß die Bischöfe die Wertgegenstände als den

[129] Augustinus, Ad Catholicos Epistula 25, 73; W. H. C. Frend, The Donatist Church, Oxford 1952, 21.

[130] Didascalia Apostolorum 9 ed. A. Vööbus, (Corpus Scriptorum Christianorum Orientalium 402 = Scriptores Syri 176) Löwen 1979, 100.

[131] Lizzi 1990 (Anm. 27) 164 f.; Lizzi 1989 (Anm. 27) 141–145. Ähnliche Panele habe ich etwa im Garten des Archäologischen Nationalmuseums in Damaskus gesehen. Vgl. M. Piccirillo, I Mosaici di Giordania, Rom 1986, 68 f., 71, 82 f., 85 und 204 f.; ders., Madaba, Mailand 1989, 288 f. zu weiteren Stifterporträts (freundlicher Hinweis von P. Henderson).

[132] Ambrosius, De officiis 2, 28, 136–141; vgl. Sokrates, Kirchengeschichte 4, 25. Aufgrund der Anklage eines Laien wurde der Bischof von Jerusalem beinahe abgesetzt, da er dessen Geschenk für den Altar, ein Seidentuch, verkauft und das Tuch später einer berühmten Schauspielerin zur Kleidung gedient habe. Eine Generation später rieten die

»Reichtum der Armen« an sich zogen, wurde der Reichtum der Kirche zum öffentlichen Reichtum. Die Bischöfe pflegten ihn in einer Weise zu entfalten, die alle anderen gesellschaftlichen Gruppen in den Schatten stellte. »Das Eigentum der Kirche dient der Unterstützung der Armen. Sollen doch die Heiden einmal sagen, wieviel Gefangene die Tempel freigekauft haben, wieviel Lebensmittelspenden sie unter die Armen verteilt haben, wie vielen Flüchtlingen sie Unterhalt gewährt haben.«[133]

Wir wissen nicht exakt für jede Region, was die Kirche tatsächlich für die Armen in den Städten des spätrömischen Reiches leistete.[134] Hingegen können wir unseren Quellen entnehmen, inwieweit die Sorge für die Armen ein dramatisches Element in der christlichen Inszenierung der bischöflichen Autorität über die Gemeinde wurde.

Die Aktivitäten des Bischofs und des Klerus rückten die Armen stärker ins Licht der Öffentlichkeit.[135] Die Kirchengebäude ersetzten die Tempel als großräumige Versammlungsorte der Bedürftigen. In Ankyra (Ankara) zum Beispiel galt: »Was gewöhnlich in den großen Städten geschieht, ereignete sich auch hier, denn vor dem Kirchenportal hatten sich eine Menge Leute versammelt, sowohl Verheiratete als auch Ledige, die hier lagen und auf ihre tägliche Essensration warteten.«[136]

Nachdem sie einmal in solche Metropolen eingewandert waren, wurden die Armen bald in das »symbolische Gefolge« des Bischofs aufgenommen. Ihre Anwesenheit in der Gefolgschaft des Bischofs an der Seite von Mönchen und geweihten Jungfrauen symbolisierte die einzigartige Struktur der bischöflichen

Stifter von Silbergeschirr für die Kirche zugunsten der Seelen ihrer verstorbenen Verwandten dem Bischof von Edessa, Rabbula, von einem solchen Verkauf ab. So der Panegyrikus auf Rabbula, in: J. J. Overbeck, S Ephraemi Syri, Rabbulae episcopi Edessensis, Balaei et aliorum opera selecta, Oxford 1865, 173:5ff. Zu solchem Silbergeschirr vgl. M. Mundell, Silver from Early Byzantium. The Kaper Karaon and Related Treasures, Baltimore 1986, 68–85.

[133] Ambrosius, Briefe 18, 17.

[134] C. Pietri, Les pauvres et la pauvreté dans l'Italie de l'Empire chrétien, in: Miscellanea Historiae Ecclesiasticae 6, (Bibliothèque de la Revue d'Histoire ecclésiastique 67) Brüssel 1983, 267–300; K. Mentzou-Meimaris, Eparchiaka evagé idrymata mechri tou telous tés eikonomachias, Byzantina 11, 1982, 243–308; J. Herrin, Ideals of Charity – Realities of Welfare. The Philanthropic Activity of the Byzantine Church, in: R. Morris (Hg.), Church and People in Byzantium, Birmingham 1990, 151–164.

[135] J. Iliffe, The African Poor, Cambridge 1987, 29 und 42.

[136] Palladios, Historia Lausiaca 68 in S. Krottenthaler, Des Palladius von Helenopolis Leben der Heiligen Väter, (Bibliothek der Kirchenväter 5) Kempten und München 1912, 435.

Macht. Er fungierte als Beschützer all derjenigen, die der traditionellen Bürgerschaft am wenigsten zu verdanken hatten, nämlich der Unverheirateten und der Obdachlosen.[137] An den großen Festtagen des Jahres traten die Armen im Rahmen von Prozessionen und feierlichen Banketten ins Licht der Öffentlichkeit. »So lautete unser Wort über die Armen: Gott hat den Bischof wegen der Feste eingesetzt, auf daß er die Armen bei den Festen erquicke.«[138]

Diese Anlässe dürften das Los der Armen in Wirklichkeit kaum wesentlich erleichtert haben, aber sie beinhalteten eine deutliche, zeremonielle Botschaft, die von den Zeitgenossen wahrgenommen wurde. Die Feinde des Ambrosius beschuldigten ihn, Goldstücke unter die Armen verteilt zu haben,[139] und sie betrachteten seine Art der Almosenvergabe als Usurpation eines kaiserlichen Vorrechts. Nur der Kaiser, der durch das Schicksal über alle Geldfragen erhaben war, konnte es sich leisten, Gold, das kostbarste aller Metalle, unter die einfache Bevölkerung zu streuen.[140]

Es ist von großer Bedeutung, daß ein zeremonielles Nebeneinander dieser Art im 4. Jahrhundert toleriert wurde. Indem man die Armen ans Licht der Öffentlichkeit holte, erlangte man auch die Kontrolle über sie. Als ein potentiell aufrührerisches Element am Rande der großen Städte wurden die Armen dazu gebracht, dem Bischof und den reichen Christen mit demselben ehrerbietigen Eifer zu applaudieren, mit dem einst der *demos* den städtischen Honoratioren applaudiert hatte. Ihre zum Zeichen des Dankes erhobenen Hände in den Vorhöfen der großen Kirchen spiegelten im kleinen die feierlichen Szenen aus dem Theater wider, welche die Stadt mit ihren Wohltätern verbanden.[141]

Verglichen mit dem »Nil von Geschenken«, der von einem Aristokraten erwartet wurde, blieben die Summen, die bei solchen Gelegenheiten verteilt wurden, außerordentlich gering. Das elementar Lebensnotwendige – Essen, Kleidung, Unterkunft, ein paar Münzen, schließlich ein anständiges Begräbnis –, nicht Bauwerke und große Spiele waren die geeigneten Ge-

137 Brown (Kap. 2 Anm. 73) 271 f.
138 Ps.-Athanasios, Kanon 14, in: Reidel und Crum (Anm. 108) 27.
139 Ambrosius, Sermo contra Auxentium 33.
140 Justinian, Novellae 105, 2, 1; Wörrle (Kap. 1 Anm. 43) 129 Anm. 296.
141 Paulinus von Nola, Briefe 13, 11 und 13–15.

schenke für die Armenfürsorge.[142] Aber diese Ausgaben erfolgten auf einer regelmäßigeren Basis und in direkterer Weise als die großen Zeremonien der aristokratischen *euergesia*, und sie ermöglichten, mittels kleinerer Dosierung und häufigerer Verteilung, aber zu einem Bruchteil der Kosten aristokratischer Freigebigkeit, Wohlverhalten zu erzielen.

Diese Sorge für die Armen wurde als notwendig angesehen; die Mobilität der unteren Schichten beunruhigte die Kaiser. Im Jahre 382 erließ Valentinian II. Gesetze gegen die Zuwanderung nach Rom. Die traditionelle, von den Bürgern der Oberschicht bevorzugte Lösung bestand darin, alle gesunden Bettler zu Sklaven oder Leibeigenen (je nach ihrem vorherigen Status) derjenigen zu machen, die sie bei den Behörden anzeigten.[143] Die christliche Kirche bot einen weniger drastischen Weg an, um die Bevölkerung zu stabilisieren. Sie übernahm die Kosten, um die Armen an einem bestimmten Ort festzuhalten. Sie wurden in die *matricula* eingetragen, eine Armenliste, die der Bischof und sein Klerus führten. Derartige Verzeichnisse sind uns aus so weit voneinander entfernten Städten wie Hippo in Nordafrika und Edessa im östlichen Syrien bekannt.[144] Zählten sie erst einmal zu den »Armen der Kirche«, so wurden diese Menschen seßhaft und konnten nicht in andere Städte weiterziehen. Zum Betteln selbst wurde eine Erlaubnis benötigt, welche die Unterschrift des Bischofs trug.[145] Wahrscheinlich förderte Konstantin aus diesem Grunde (und nicht nur, um die Anziehungskraft des Christentums zu erhöhen) die Ausweitung der Armenfürsorge in den großen Städten. Er ließ den »Armen der Kirche« Kleider- und

[142] Palladios, Dialogus de Vita Johannis Chrysostomi 6 (PG XLVII 22); Durliat (Anm. 41) 552–558 und 176.

[143] Codex Theodosianus 14, 18, 1; Raabe (Anm. 116) 25: 3ff. (syr.) und 30f.

[144] M. Rouche, La matricule des pauvres, in: M. Mollat (Hg.), Études sur l'histoire de la pauvreté, Bd. 1, Paris 1974, 83–110; M. de Waha, Quelques réflexions sur la matricule des pauvres, Byzantion 46, 1976, 336–354. Zu Edessa s. Panegyrikus auf Rabbula, in Overbeck (Anm. 132) 190: 7f.; G. G. Blum, Rabbula von Edessa, (Corpus Scriptorum Christianorum Orientalium 300 = Subsidia 34) Löwen 1969, 71ff. Zu Hippo s. Augustinus, Briefe 20*, 2 (S. 95f. Divjak = S. 294 Paris), zu Ägypten s. Ps.-Athanasios, Kanon, Frg. Copt., in: Reidel und Crum (Anm. 108) 98 und 127.

[145] Konzil von Chalkedon: Kanon 11, in J. J. Mansi, Sacrorum Conciliorum Nova et Amplissima collectio, Bd. 7, Florenz 1762, 364 AB; J. Flemming, Akten der ephesinischen Synode vom Jahre 449, (Abhandlungen der königlichen Gesellschaft der Wissenschaften zu Göttingen, phil.-hist. Klasse 15, 1) Göttingen 1917, 82: 17 (griechisch) und 83: 25 (deutsch).

Nahrungsmittelspenden zukommen, die allein der Bischof verwalten durfte.[146]

Nachdem ein solches System einmal installiert war, konnte es nur unter großen Risiken wieder aufgelöst werden. In Armenien soll es einen beunruhigenden Anstieg der Wanderungsbewegungen gegeben haben, nachdem die Feinde des Patriarchen Narses in den 350er Jahren die von diesem errichteten Armenhäuser zerstört hatten.[147] Das große Hospital, das Basileios um 370 außerhalb von Caesarea gegründet hatte, entging einem ähnlichen Schicksal. Es beherbergte die Leprakranken der umliegenden Landbezirke in einem einzigen, sorgfältig kontrollierten Asyl.[148]

Versorgungseinrichtungen für die Kranken, die Armen und die Zugewanderten allein hätten den unteren Schichten der Bürgerschaft niemals einen überzeugenden Ersatz für das alte Ideal der Zugehörigkeit zum *demos* geboten. Die Kleinbürger hätten sich erniedrigt gefühlt, wenn man sie mit gewissen Bettlern auf eine Stufe gestellt haben würde. Aber im 4. Jahrhundert erweiterte der Begriff des »Armen« selbst unmerklich seine Bedeutung. Die Zugehörigkeit zur Bürgerschaft war in den Städten des griechischen Ostens immer noch von Bedeutung, ebenso wie im Rom des 4. Jahrhunderts. Aber es handelte sich um ein ausgesprochen lokalpatriotisches Identifikationsmuster, das keinen Bezug zum Rechtsleben aufwies. Schon seit dem 2. Jahrhundert gab es im allgemeinen Strafgesetzbuch des Römischen Reiches eine einzige, brutale Unterscheidung zwischen *honestiores* und *humiliores*, zwischen den Reichen und den einfachen Leuten.[149] Wirtschaftliche Faktoren, und nicht das Bürgerrecht, bestimmten bereits den rechtlichen Status der Mehrheit der römischen Bürger.

Der dramatische Verfall des rechtlichen Schutzes, welcher mit

---

[146] Athanasios, Apologia contra Arianos 18, 30; vgl. Eusebios, Leben Konstantins 3, 58. Der Häretiker Eunomius wurde angeklagt, damals nur deshalb der Kirche beigetreten zu sein, um sich verpflegen zu lassen; s. R. P. Vaggione, Some Neglected Fragments of Theodore of Mopsuestia's ›Contra Eunomium‹, Journal of Theological Studies N. S. 31, 1980, 413.

[147] Faustus von Byzanz, Geschichte Armeniens 5, 31, in: N. Garsoian, The Epic Histories Attributed to P'awstos Buzand, Cambridge MA 1989, 212; ders., Sur le titre du »Protecteur des Pauvres«, Revue des études arméniennes N. S. 15, 1981, 21–32.

[148] Gregor von Nazianz, Reden 43, 63 (PG XXXV 577); Sozomenos, Kirchengeschichte 6, 34; Patlagean (Anm. 54) 195; T. S. Miller, The Birth of the Hospital in the Byzantine Empire, Baltimore 1985, 50–88; M. Avi-Yonah, The Bath of the Lepers at Scythopolis, Israel Exploration Journal 13, 1963, 325f.

[149] Patlagean (Anm. 54) 11–17; s. D. Grodzynski, Pauvres et indigents, vils et plebéiens, Studia et Documenta Historiae et Iuris 53, 1987, 140–218.

dem Bürgerrecht einhergegangen war, verstärkte sich im 4. Jahrhundert deutlich durch die stetige Übernahme einer alternativen Sprache der sozialen Beziehungen, wie sie jüdische und christliche Kreise schon lange kannten. Diese Sprache ignorierte die feinen Unterscheidungen, die man mit dem Bild der klassischen, griechisch-römischen Stadt verband. Die Sprache der Psalmen spiegelte vielmehr die soziale Ordnung des Nahen Ostens wider, die zugleich älter und stärker gespalten war. Sie legte Wert auf die klare Unterscheidung zwischen den »Reichen«, welche die Macht und damit die Verantwortung für ihre Mitmenschen hatten, und den »Armen«, die sich nicht selbst helfen konnten. In diesem Gesellschaftsmodell waren die »Armen« nicht einfach die Mittellosen. Der Begriff umfaßte vielmehr *alle* Menschen – Bettler, Handwerker, kleine Hausbesitzer, Klienten –, die von der Gnade und Freigebigkeit der Mächtigen abhingen.[150]

Hiermit ist ein Gesellschaftsbild beschrieben, daß nur allzu wahrheitsgetreu weiten Bereichen des spätrömischen sozialen Alltags entsprach, so wie es von den unteren Schichten in den Städten empfunden wurde. Das grimmige »volkstümliche Rechtsempfinden« der Fluchtafeln – wie sie für die Zeit seit dem 4. Jahrhundert in der Heilquelle der Minerva Sulis in Bath gefunden und von Roger Tomlin verständnisvoll analysiert worden sind – zeigt, daß der durchschnittliche spätrömische Provinziale von seinen Göttern erwartete, daß sie ihre Macht als Richter zeigten, indem sie Diebstahl, Meineid und Zauberei bestraften.[151] In Ägypten wandten sich die Gläubigen immer noch in althergebrachten Wendungen, die der Sprache der hebräischen Psalmen entsprachen, an ihre Götter. Diese Gläubigen waren die erzürnten »Armen«, die Genugtuung nur durch die Gerechtigkeit ihres Gottes erlangen konnten.[152]

Aus diesem Grund bedeutete Konstantins Anerkennung des bischöflichen Schiedsgerichts, der *episcopalis audientia*, den wichtigsten Schritt in der Entwicklung einer christlichen Vertretung innerhalb der Gesellschaft. Denn dieser Gerichtshof ermöglichte den kaum merklichen Umschwung, durch den der

[150] G. J. Botterweck, 'ebyon, in: ders. und H. Ringgren (Hgg.), Theologisches Wörterbuch zum Alten Testament, Bd. 1, Stuttgart 1983, 28–43.
[151] R. S. O. Tomlin, The Curse Tablets, in: B. Cunliffe u. a. (Hgg.), The Temple of Sulis Minerva at Bath. The Finds from the Sacred Spring, Oxford 1988, 71.
[152] C. L. Gallazzi, Supplica ad Atena su un ostraka di Esna, Zeitschrift für Papyrologie und Epigraphik 61, 1985, 107.

Bischof als »Freund der Armen« nun auch zum Beschützer der niederen Klassen wurde.

Die *episcopalis audientia* stand als Gericht keineswegs nur dem einfachen Volke offen. Spätestens am Ende des 4. Jahrhunderts war es für seine Rechtsprechung darauf angewiesen, daß sich beide Prozeßparteien bereitfanden, das Urteil des Bischofs anzuerkennen.[153] Bei diesen Prozeßparteien konnte es sich auch um reiche Großgrundbesitzer handeln. Einige von ihnen bekannten sich sogar zum Christentum, um sich der Dienste des Bischofs als eines billigen und effizienten Schiedsrichters zu versichern.[154] Häufig beschuldigte man die Bischöfe, in ihren Gerichtshöfen einseitig zu Gunsten der Reichen geurteilt zu haben.[155] Auch waren die Verfahrensweisen im bischöflichen Gerichtshof weder in irgendeiner Weise außergewöhnlich noch besonders religiös, und dem Urteil des Bischofs lag das römische Recht, das in sorgfältiger Absprache mit Experten interpretiert wurde, zugrunde.[156] Dabei bildete die *audientia* des Bischofs eine ständige Einrichtung innerhalb der Stadt. Augustinus pflegte den ganzen Vormittag, manchmal sogar bis in die Zeit der *siesta* hinein Gericht zu halten.[157] In diesem engen, täglichen Kontakt mit ihrem Bischof oder seinem Klerus nahmen die niederen Schichten der spätrömischen Städte unmerklich eine alttestamentarische Färbung an. Sie profitierten davon, sich nicht länger als Mitbürger zu sehen, sondern als Angehörige der »Armen« des Alten Testaments – als Benachteiligte, denen Gerechtigkeit nur aus der Hand eines neuen patriarchalischen Führers, nämlich des christlichen Bischofs, zuteil werden konnte.

Als die »Armen der Kirche« kamen die Unterschichten im allgemeinen auch bei einer aufregend neuen Veranstaltung der Lokalpolitik zu Wort. Bei der Wahl eines Bischofs spielten die »Armen« der Stadt als eine besondere Gruppe eine wichtige Rolle.

---

[153] Codex Theodosianus 1, 27, 2 (408 n. Chr.); A. Steinwenter, Audientia episcopalis, in: Reallexikon für Antike und Christentum, Bd. 1, Stuttgart 1950, 916 f.

[154] Augustinus, Enarratio in Psalmos 46, 5.

[155] Augustinus, Enarratio in Psalmos 25; ders., Sermones 2, 13. Vgl. das anonyme Leben des Ephiphanius von Salamis 55 (PG XLI 93 A; freundlicher Hinweis von C. Rapp). Der von J. G. Keegan, A Christian Letter from the Michigan Collection, Zeitschrift für Papyrologie und Epigraphik 75, 1988, 267–271 publizierte Text mag das Urteil eines Bischofs in einem Schiedsverfahren darstellen, bei dem es um das Recht der Belegung von Familiengräbern geht – kaum die Angelegenheit eines Armen.

[156] Augustinus, Briefe 24* (S. 126 f. Divjak = S. 382–386 Paris).

[157] Possidius, Leben des Augustinus 19.

Der Bischof war »ihr« Bischof. So bewarfen sie zum Beispiel den unglücklichen Gregor von Nazianz mit Steinen, als er zum Bischof von Konstantinopel gewählt wurde.[158]

Im mauretanischen Caesarea unterstützten die »Armen der Kirche« im Jahre 419 Honorius, einen ehemals verheirateten Mann, der schon Bischof einer kleineren Diözese gewesen war (wo er prompt seinen Sohn als Nachfolger etablierte!). Die Wahl betrübte Augustinus und andere »religiös denkende Menschen«. Aber Honorius galt als ein tüchtiger Schutzherr, der schon am kaiserlichen Gerichtshof gewirkt hatte wie andere Bischöfe der Stadt vor ihm.[159] Nicht nur die in das kirchliche Armenverzeichnis eingetragenen Mittellosen, sondern die unteren Schichten des mauretanischen Caesarea insgesamt unterstützten die Bischofswahl eines Mannes, von dem sie wußten, daß er erfolgreich mit der Obrigkeit verhandeln konnte.

Die Sorge für die Armen ermöglichte somit eine weniger spektakuläre, aber entscheidende Entwicklung, durch die der Bischof zu einem bedeutenden Schutzherrn innerhalb der Stadt aufstieg. Schauen wir uns das Beispiel des Basileios an: Unmittelbar vor seiner Ernennung zum Bischof von Caesarea hatte Basileios eine wichtige Rolle bei der Organisation der Hilfe für die Opfer der Hungersnot von 368 gespielt.[160] Als er sein Bischofsamt antrat, gründete er ein großes Asyl für Leprakranke am Stadtrand von Caesarea. Das waren publikumswirksame Unternehmungen, von denen man in den altüberlieferten Termini sprechen konnte. Sein Asyl glich einer Trabantenstadt außerhalb des alten Stadtkerns. Bald wurde sie nach ihm benannt und hieß fortan Basileias.[161] In einem Brief an einen kaiserlichen Beamten erklärte er, nicht mehr getan zu haben, als man von jedem pflichtbewußten Statthalter erwarten konnte. Er hatte der Stadt durch neue Bauwerke zu ihrem alten Ruhm verholfen.[162] Aber wie sein Freund Gregor von Nazianz sich zu zeigen bemühte, widmete er all seine Bemühungen der Sorge für Menschen, die im politischen Leben von Caesarea keine Rolle spielten: Die Tatsache, daß Basileios den Armen das Essen servierte und die Leprakranken

[158] Gregor von Nazianz, Briefe 77, 3.
[159] Augustinus, Briefe 22*, 7–10 (S. 116–119 Divjak = S. 354–363 Paris).
[160] Gregor von Nazianz, Reden 43, 63 (PG XXXVI 577); P. Maraval, La date de la mort de Basile de Césarée, Revue des études augustiennes 24, 1988, 31.
[161] Sozomenos, Kirchengeschichte 6, 34; Firmus von Caesarea, Briefe 43.
[162] Basileios, Briefe 94; Robert (Kap. 1 Anm. 61) 60–64.

pflegte, zeigte, daß er nicht von den ehrgeizigen Bestrebungen eines weltlichen Schutzherrn getrieben wurde.[163]

Gestützt auf die Armen schien Basileios' Macht innerhalb der Stadt frei von Ehrgeiz. In Wirklichkeit wissen wir aus seiner Korrespondenz, daß er seinen Einfluß auf den Regierungsapparat bis nach Konstantinopel auszudehnen versuchte. Selbst seine Klosteraktivitäten profitierten von seinen Fähigkeiten als Schutzherr. Basileios bot sein ganzes Prestige als städtischer Würdenträger und Mann der *paideia* auf, um Steuerbefreiungen und persönliche Sonderrechte für angehende Mönche und Gründer von Armenhäusern zu erreichen.[164] Basileios' Schutzherrschaft gründete auch tief in der Bevölkerung von Caesarea selbst.[165] Einmal unterstützten ihn die Zünfte in einer denkwürdigen Auseinandersetzung mit einem Statthalter: »Jeder Teilnehmer an der Demonstration war mit einem seiner Werkzeuge bewaffnet oder mit dem, was gerade zur Hand war. Mit Fackeln in der Hand und schlagbereiten Knüppeln zogen alle Steine werfend umher und schrien mit vereinten Kräften.«[166]

In Alexandria können wir am deutlichsten die Etappen zur entscheidenden Eroberung des Basars durch den Bischof erkennen. Unter der Herrschaft Konstantins hatten die großen Patriarchen Einfluß auf die Zünfte der Städte gewonnen. In einer ungewöhnlichen Geste halbliberaler Großzügigkeit hatte Konstantin den Patriarchen nicht nur eine Leinenabgabe zugestanden, die zur Bekleidung der Armen verwendet werden sollte, sondern auch einen kostenfreien Begräbnisdienst eingerichtet, der vom Klerus verwaltet wurde.[167] Das Personal für diese Dienstleistungen stellten jedoch die Mitglieder der Handwerkerzünfte, wofür diese so großzügige Sonderrechte erhielten, daß sich selbst reiche Ladeninhaber bemühten, in diesen Kreis aufgenommen zu werden.[168] Der Patriarch hatte das Recht, über alle Aufnahmegesuche zu entscheiden. Im Jahre 395 wurde ihm die Befugnis verliehen, darüber zu wachen, daß keinem Heiden die Leitung einer Zunft übertragen würde.[169] Um das Jahr 418 verfügte der

163 Gregor von Nazianz, Reden 43, 64 (PG XXXVI 577).

164 Basileios, Briefe 3, 36, 104, 117 und 142.

165 L. Cracco Ruggini, Le associazioni professionali nel mondo romano-bizantino, in: Settimane di Studio sull' Alto Medio Evo XVIII, Spoleto 1971, 171.

166 Gregor von Nazianz, Reden 43, 57 (PG XXXVI 568f.).

167 Justinian, Novellae 59 praef. (537 n. Chr.), vgl. 43, 1 (536 n. Chr.) und Codex Iustinianus 1, 2, 4 (409 n. Chr.); Epiphanios, Panarion 3, 1, 76 (PG XLII 516D–517A).

168 Codex Theodosianus 16, 2, 43, 1.

169 Codex Theodosianus 1, 4, 5.

»höchst ehrenwerte Bischof« auf diese Weise über eine Haustruppe von ungefähr fünfhundert außergewöhnlich starken Männern, den *parabalani*, die sich nominell als Bahrenträger und Krankenpfleger »um die Körper der Siechen« zu kümmern hatten.[170] Die massierte Anwesenheit der *parabalani* war sowohl im Theater als auch bei den Gerichten und vor dem Rathaus von Alexandria spürbar, so daß sich der Stadtrat gezwungen sah, beim Kaiser über diese Art der Einschüchterung Beschwerde einzulegen.[171]

Wenn auch vor allem der Patriarch von Alexandria für den Einsatz dieser Gruppen bekannt wurde, so stand er damit noch keineswegs allein. Auch der Patriarch von Antiochia kommandierte eine bedrohliche Truppe von *lecticarii*, von Sargträgern für die Begräbnisse der Armen.[172] Die starke Erweiterung der unterirdischen Begräbnisstätten der christlichen Gemeinde in Rom, der berühmten Katakomben, vom frühen 3. Jahrhundert an verschaffte dem Bischof die Verfügungsgewalt über eine Mannschaft von *fossores*, Friedhofsgräbern, die den Tuffstein aushöhlen konnten und genauso stark und kämpferisch waren wie die legendären britischen Bergleute aus Durham, die in die stürmischen Wahlkämpfe des 19. Jahrhunderts eingriffen.[173] Während der umstrittenen Wahl, durch die Damasus im Jahre 366 Bischof von Rom wurde, spielten die *fossores* eine wichtige Rolle in einer Reihe mörderischer Angriffe auf die Anhänger seines Rivalen.[174] Im gesamten Imperium hatte sich das Personal, das mit der bischöflichen Armenfürsorge betraut war, zu einer regelrechten städtischen Miliz entwickelt.

[170] Codex Theodosianus 16, 2, 43.

[171] Codex Theodosianus 16, 2, 42; J. Rougé, Les débuts de l'épiscopat de Cyrille d'Alexandrie et le Code Théodosien, in: Alexandrina. Mélanges offerts au P. Claude Mondésert, Paris 1987, 346–349.

[172] Flemming (Anm. 145) 118 und 133; Leben des Johannes von Tella, in: E. W. Brooks, Vitae vivorum apud Monophysitas celeberrimorum, (Corpus Scriptorum Christianorum Orientalium, Scriptores Syri Ser. 3, 25) Leipzig 1907, 55: 33 und 88: 24 (syr.).

[173] H. Brandenburg, Überlegungen zu Ursprung und Entwicklung der Katakomben Roms, in: Vivarium. Festschrift für Th. Klauser, (Jahrbuch für Antike und Christentum Ergänzungsband 11) Münster 1984, 11–49; M. Griesheimer, Génèse et développement de la catacombe S. Jean à Syracuse, Mélanges de l'école française de Rome: Antiquité 101 (1989) 751–782.

[174] Collectio Avellana 1, 7 (Corpus Scriptorum Ecclesiasticorum Latinorum 35, Wien 1895, 3); Ammianus Marcellinus, Res Gestae 27, 3, 12.

Als Beschützer der Armen hatten die Bischöfe in der letzten Dekade des 4. Jahrhunderts ein unerwartetes Maß öffentlicher Berühmtheit erlangt. Als Ambrosius von Mailand im Jahre 388 eine Reihe straflos gebliebener, öffentlicher Unruhen in den Städten des Imperiums – Demonstrationen gegen Kaiser und wiederholte Brandschatzungen der Paläste hoher Beamter – Revue passieren ließ, zog er seine eigenen Schlußfolgerungen: »Die Bischöfe sind die Aufseher über die Massen, die leidenschaftlichen Verteidiger des Friedens, außer natürlich [fügte er ominös hinzu], wenn sie es mit Angriffen auf Gott und seine Kirche zu tun haben.«[175]

Politische und fiskalische Entwicklungen bekräftigten Ambrosius' Worte. Nach der Schlacht von Adrianopel im Jahre 378 begann eine gefahrvolle Epoche. Die östliche Reichshälfte trug die Hauptlast der Wiederherstellung der Balkangrenze.[176] Theodosius I. wurde im Januar 379 als Kaiser des Ostens ausgerufen. Nach seinen Feldzügen auf dem Balkan gegen die Westgoten erkrankte er in Thessalonike schwer und ließ sich im Herbst des Jahres 380 taufen. Im November hielt er dann in Konstantinopel Einzug, »nicht nur als siegreicher Feldherr, sondern auch als getaufter Katholik. Das erwies sich als eine wirkungsvolle Kombination.«[177]

Getauft oder nicht, Theodosius war als Kaiser der östlichen Reichshälfte der direkte Erbe von Konstantins Revolution. Er herrschte über diejenigen Gebiete, von denen Konstantin und seine christlichen Nachfolger geglaubt hatten, daß sie hier am ehesten die alte Religion würden ersetzen können.[178] Nun erbte Theodosius zwar einen Traum, jedoch nicht die Mittel, um ihn zu verwirklichen. Er konnte sich niemals so sicher fühlen, wie es Konstantin vergönnt gewesen war. Von 383 bis 388 wurde seine Herrschaft im Westen durch Maximus bedroht, einen Verwandten, der beanspruchte, ein ebenso eifriger Katholik zu sein wie er selbst. Indem Maximus im Jahre 387 in Italien einzog, zwang er

[175] Ambrosius, Briefe 40, 6.
[176] Matthews (Kap. 2 Anm. 19) 101–145; Liebeschuetz (Kap. 1 Anm. 25) 164.
[177] Matthews (Kap. 1 Anm. 19) 122.
[178] Vgl. die wichtige und wohlüberlegte Studie von T. D. Barnes, Religion and Society in the Age of Theodosius, in: H. A. Meynell (Hg.), Grace, Politics and Desire. Essays on Augustine, Calgary 1990, 157–160.

Theodosius zu einem Feldzug, um den jungen Kaiser Valentinian II. im Westen wieder einzusetzen. Der Ausgang des Bürgerkriegs blieb so ungewiß, daß in Konstantinopel Unruhen ausbrachen, als das Gerücht aufkam, Theodosius sei auf dem Feldzug gestorben; der Patriarch von Alexandria hatte seinem Gesandten nach Rom vorsichtshalber zwei Briefe mitgegeben, einen an Maximus und einen an Theodosius, wobei nur dem Sieger sein Brief ausgehändigt werden sollte![179]

Zur gleichen Zeit veränderte sich die wirtschaftliche Entwicklung des Imperiums durch die endgültige Einführung der Goldwährung.[180] Eine Situation, die ein Zeitgenosse bis auf die Herrschaft Konstantins zurückführte, wurde nun irreversibel. Die Reichen, die durch ihre Zusammenarbeit mit den kaiserlichen Behörden Zugang zu Gold hatten, wurden noch stärker vom Rest der Bevölkerung isoliert, welcher Geld von minderem Wert verwenden mußte und doch gezwungen war, Steuern zu zahlen, die zunehmend in goldenen *solidi* entrichtet werden mußten: »Die Häuser der Mächtigen waren reich gefüllt, und ihr Glanz ließ das Elend der Armen noch stärker hervortreten... Aber die Armen wurden durch ihre Nöte zu den verschiedensten kriminellen Handlungsweisen getrieben... und verloren jede Achtung vor dem Gesetz und alle Gefühle von Staatstreue.«[181]

Theodosius war gezwungen, die Städte stärker zu besteuern als jemals zuvor.[182] Zu diesem Zweck mußte er im gesamten Imperium klarstellen, mit welcher Gruppe er verhandeln wollte, um trotz seiner wachsenden Unbeliebtheit die Loyalität der Stadtbewohner sicherzustellen. In den 380er Jahren sah sich Theodosius schließlich veranlaßt, einen neuen »theatralischen Stil« im Umgang mit den Städten zu entwickeln. Er tat das mit

[179] Sokrates, Kirchengeschichte 6, 2.

[180] J. P. Callu, Le »centenaire« et l'enrichissement monétaire au Bas Empire, Ktema 3, 1978, 311.

[181] Anonymus de rebus bellicis 2, 2; die – alles andere als sichere – Datierung dieses Textes in das Zeitalter Theodosius' I. ist beeinflußt von H. Brandt, Zeitkritik in der Spätantike. Untersuchungen zu den Reformvorschlägen des Anonymus de Rebus Bellicis, (Vestigia 40) München 1988, 83; andere Gelehrte datieren den Text zwanzig Jahre früher, würden ihn aber auch auf Bedingungen im Osten, unter Valens, Bezug nehmen sehen: Al. Cameron, The Date of the ›Anonymus de rebus bellicis‹, in: M. W. C. Hassall und R. Ireland (Hgg.), Aspects of the de Rebus Bellicis. Papers presented to Professor E. A. Thompson, (BAR International Series 63) Oxford 1979, 1–10. Eine ausführliche Erörterung des Problems bietet A. Giardina, Anonimo. Le cose della guerra, Mailand 1989, XXXVI–LII.

[182] M. F. Hendy, Studies in the Byzantine Monetary Economy, Cambridge 1985, 189f.

beachtlichem Geschick. Widerstand gegen seinen Willen in Form von Aufständen führte zu eindrucksvollen Demonstrationen seines Zorns. Aber diese Zornesausbrüche vollzogen sich nach feststehenden Regeln mit dem Ziel, Besänftigungsversuche zu veranlassen. Nur, wer kam dafür in Frage? Theodosius setzte seinen Zorn geschickt ein, um als anerkannte Besänftiger eine neue gesellschaftliche Gruppe einzuführen, die er aus den unterschiedlichsten religiösen und politischen Gründen für seine Zwecke am geeignetsten hielt. Er stützte sich lieber auf die Bischöfe und Mönche als auf den ernsten Themistios oder den vorsichtigen Libanios.

Das geschah zum ersten Mal im Frühjahr des Jahres 387 nach dem »Sturm auf die Statuen« in Antiochia. Für die Honoratioren kam jede Einzelheit des Aufruhrs einer »Regierungskatastrophe« größten Ausmaßes gleich. Der Aufruhr erfolgte nach Jahren starken Getreidemangels, während derer man große Anstrengungen unternommen hatte, die Nahrungsmittelversorgung der Stadt zu verbessern.[183] Nachrichten von einer neuen Abgabe der Stadtbewohner, die in Gold zu entrichten sei, brachten das Faß zum Überlaufen.[184] Die Menge ignorierte das Rathaus und versammelte sich zunächst vor dem Palast des Bischofs.[185] Bischof Flavianus blieb jedoch unauffindbar. Ohnehin war es bereits zu spät: Man hatte die Statuen des Kaisers und der Kaiserin von ihrem Sockel gestürzt und durch die Straßen geschleift.[186] Ein späterer, syrischer Schriftsteller faßte die Ruchlosigkeit der Tat in ein Gleichnis: Ein Christ kann sündigen, aber nur ein Abtrünniger wird seine Taufe verleugnen; ebenso kann eine Stadt einen Aufruhr hervorbringen, aber nur wenn sie die Statuen des Kaisers in ihrer Mitte umstürzt, hat sie Hochverrat begangen.[187] Mit dieser Handlungsweise hatte sich Antiochia auf Gedeih und Verderb dem Zorn des Kaisers ausgeliefert. Das bedeutete natürlich, daß Theodosius nach eigenem Gutdünken darüber entscheiden konnte, wem er das Verdienst zukommen lassen wollte, ihn gnädig gestimmt zu haben. Auf umfassende

[183] G. L. Kurbatov, K voprosu o korporacii khlebopekov v Antiokhii, Vestnik Drevnei Istorii 109, 1965, 141–153; F. Tinnefeld, Die frühbyzantinische Gesellschaft, München 1977, 127; Libanios, Reden 1, 205–212 (I 175 ff.).

[184] Libanios, Reden 19, 25 (II 396 f.); R. Browning, The Riot of 387 A. D. in Antioch, Journal of Roman Studies 42, 1952, 14.

[185] Libanios, Reden 19, 28 (II 398).

[186] Libanios, Reden 19, 29 f. (II 398 f.).

[187] A. Tanghe, Memra de Philoxène de Mabboug sur l'inhabitation du Saint Esprit, Mouséon 73, 1960, 53 und 62 f.

Weise machten sich der Bischof und die städtischen Honoratioren daran, öffentlich alle Register ihrer Überzeugungskunst zu ziehen, wobei sich die Machtbalance schon merklich zugunsten des christlichen Bischofs und der Mönche senken durfte.[188]

Die kaiserlichen Untersuchungsbeamten trafen im März 387 in Antiochia ein und betraten eine Stadt, über die sich Totenstille gesenkt hatte. Die Einwohner fürchteten ein blutiges Strafgericht oder zumindest den Entzug des Status der Stadt als *metropolis* von Syrien. Aber Bischof Flavianus hatte schon die syrischen Mönche unter Führung des Eremiten Makedonios in die Stadt kommen lassen, um noch vor der öffentlichen Untersuchung des Aufruhrs bei den kaiserlichen Beamten Gnade zu erwirken.[189] Makedonios, ein Syrer aus dem Landesinneren, beherrschte das Griechische so schlecht, daß Flavianus ihn zum Priester hatte weihen können, ohne daß er ein Wort von der Zeremonie verstand. Als er hinterher erfuhr, was geschehen war, lief Makedonios hinter dem Bischof her, um ihn mit seinem Gehstock zu schlagen![190]

Die gebildeten Christen liebten solche Geschichten. Sie benötigten jetzt Fürbitter vom Kaliber eines Makedonios. Während sich der städtische Klerus so weit erniedrigen mußte, die Knie der kaiserlichen Gesandten zu umschlingen und ihnen die Füße zu küssen, nur um ein paar Gefangene freizubekommen,[191] konnte Makedonios als ein Heiliger, der mit Antiochia nichts zu tun hatte, für die gesamte Stadt sprechen. Er trat den Gesandten mit so ungewohnt schroffem Mut entgegen, daß es schien, als sei er vom Heiligen Geist erfüllt. »Er trug ihnen auf, dem Kaiser zu sagen, er sei vom selben Fleisch und Blute« wie die Aufständischen. Wenn der Kaiser mit umfassenden Hinrichtungen drohte, mußte er wissen, daß er »seinem Zorn auf unverhältnismäßige Weise freien Lauf gelassen hatte«. Als seine Worte den Gesand-

---

[188] L. Cracco Ruggini, Poteri in gara per la salvezza di città rebelli. Il caso di Antiochia 387 d. C., in: Hestiasis. Studi di tarda antichità offerti a Salvatore Calderone, (Studie tardoantichi 1) Messina 1988, 265–290. Das Werk von F. van de Paverd, St. John Chrysostom, The Homilies on the Statues, (Orientalia Christiana Analecta 239) Rom 1991, stand mir erst nach Abschluß meiner Arbeit zur Verfügung; seine detaillierten Ergebnisse würden meine Deutung des Verlaufs und der Bedeutung jenes Vorfalls in vielen Punkten ändern.

[189] Johannes Chrysostomos, Homilien über die Statuen 17, 6 (PG XLIX 174 f.).

[190] Theodoretos, Historia Religiosa 9, 4 f. (PG LXXXII 1401 C); R. M. Price, Theodoret. A History of the Monks of Syria, (Cistercian Studies 88) Kalamazoo MI 1985, 102.

[191] Johannes Chrysostomos, Homilien über die Statuen 17, 8 (PG XLIX 175).

ten aus dem Syrischen ins Griechische übersetzt wurden, über-
lief sie ein Schauder. Denn »der Gerechte hat die Kraft eines Löwen«.[192] Der Wind der *parrhesia* wehte nun wahrlich aus einer
anderen Ecke. Vorsichtig wie immer, wenn sie weit entfernt von
ihrem Herrscher waren, entschieden die Beamten, Theodosius
zunächst einmal Bericht zu erstatten. Bischof Flavianus reiste ei-
ligst durch Kleinasien, um selbst beim Kaiser um Gnade zu fle-
hen. Später wurde berichtet, er habe die Chorknaben, die an der
Tafel des Kaisers sangen, überredet, die Bitten der Antiochener
in Form eines Klageliedes vorzutragen. Theodosius »vergoß
Tränen in die Schale, die er in der Hand hielt«.[193] Das bedeutete
ein gutes Omen.

Wir müssen uns jedoch vor Augen halten, daß die *parrhesia*
Bischof Flavianus' und der Mönche nur deshalb so erfolgreich
sein konnte, weil Theodosius und seine Beamten von vornherein
entschlossen waren, ihnen Gehör zu schenken. In Konstantinopel förderte Theodosius weiterhin den alternden heidnischen
Philosophen Themistios und versuchte sogar, sein Ansehen bei
den Konservativen zu stärken, indem er ihn zum Präfekten der
Stadt machte.[194] Gleichzeitig war er aber ein frommer Christ, der
sich bemühte, die heidnischen Tempel im Osten des Reichs zu
beseitigen. Bei dieser Aufgabe wurde sein Bevollmächtigter Kynegios durch die syrischen Mönche unterstützt. Die Mönche
nahmen Kynegios' Auftrag zum Anlaß, über die Tempel in Syrien, an der Euphratgrenze und in Phönizien herzufallen.[195]
Diese wilden Horden konnten die Honoratioren aus Antiochia
überzeugend als proletarische Randalierer darstellen. So schrieb
Libanios damals: »Dieses schwarzgewandete Pack, das mehr
frißt als die Elephanten... überschwemmt das Land wie ein über
die Ufer getretener Fluß... und gleichzeitig mit den Tempeln
verwüsten sie die großen Landgüter.«[196]

Mit dieser denkwürdigen Charakterisierung deutete Libanios
an, daß die Aktivitäten der Mönche auf das gesamte Unterneh-

[192] Theodoretos, Historia Religiosa 9, 7f. (PG LXXXII 1404 B–1405 A) mit einem
Zitat aus dem biblischen Buch der Sprüche Salomons 28, 1.
[193] Sozomenos, Kirchengeschichte 7, 23.
[194] Themistios, Reden 31, 34; Pallades, Anthologia Graeca 11, 292; L. J. Daly, Themistius' Refusal of a Magistracy, Jahrbuch der österreichischen Byzantinistik 32, 1982,
177–186.
[195] Matthews (Kap. 2 Anm. 19) 140ff.; G. Fowden, Bishops and Temples in the
Eastern Roman Empire. A. D. 420–425, Journal of Theological Studies N. S. 29, 1978,
62–69.
[196] Libanios, Reden 30, 9 (III 92).

men des Kynegios einen Schatten von Illegalität warfen. Ihre Handlungsfreiheit war die von Räubern und Gesetzlosen.[197] Indem Theodosius beschloß, sich von Bischof Flavianus und einer Gruppe sorgfältig ausgewählter Eremiten umstimmen zu lassen, legitimierte er die Gewalttätigkeiten, die von den Mönchen im Vorjahr begangen worden waren. So hatte er zu einem Zeitpunkt, da der drohende Krieg mit Maximus, verbunden mit den Ungewißheiten eines Herrscherwechsels im Sassanidenreich, es nicht geraten erscheinen ließen, die führende Stadt im Osten zu bestrafen, zumindest die Wahl, welcher Gruppe er das Verdienst seiner huldreichen Milde zukommen lassen wollte. Er wählte den Bischof und die Mönche.

Johannes Chrysostomos, der in Antiochia predigte, glorifizierte den Sieg der Kirche. In den Mönchen hatte die Stadt neue Träger der *parrhesia* gefunden:

Wo sind nun die Philosophen dieser Welt mit ihren zerlumpten Kleidern, ihren langen Bärten und ihren Wanderstecken? All diese Männer hatten die Stadt im Stich gelassen… die Einwohner der Stadt flohen in die Berge… aber die Bewohner der Wüste eilten in die Stadt… Das wollen wir den Heiden erzählen, wenn sie es wagen, mit uns über die Philosophen zu disputieren. Oh, wie wundervoll ist doch die Macht des Christentums, daß es einen Mann zähmt und mäßigt, der nicht seinesgleichen auf Erden hat, einen Herrscher, der mächtig genug ist, alles zu zerstören und zu verwüsten, und daß es ihn lehrt, solche Weisheit zu zeigen.[198]

Chrysostomos sprach später von ganzen Familien, die sich um diese Zeit zum Christentum bekehrt hätten.[199] Das Bruchstück eines großen Bodenmosaiks mit vielen Inschriften (von denen eine in der Eingangshalle des Museums der Universität von Princeton aufbewahrt wird) zeigt, daß am Heiligtum von Sankt Babylas im reichen Vorort Daphne ein ehrgeiziges Bauprojekt vom »höchst ehrenwerten« Bischof Flavianus in Angriff genommen worden war. Diese Bautätigkeit erfolgte im Jahre 387, zu einer Zeit, als die traditionellen Zentren der Stadt – der Markt, die

---

[197] Libanios, Reden 30, 12 und 48 (III 94 und 114). In ähnlicher Weise wurde Schenute von Atripe des »Brigantentums« beschuldigt: Schenute, Briefe 24, 16 *(mntléstés)*, hg. von J. Leipoldt und W. E. Crum, (Corpus Scriptorum Christianorum Orientalium 43 = Scriptores Coptici 3) Leipzig 1898, 79; vgl. Eunapios, Leben der Sophisten 472 *(tyranniké exousia)*.

[198] Johannes Chrysostomos, Homilien über die Statuen 17, 5 und 21, 13 (PG XLIX 173 und 217).

[199] Johannes Chrysostomos, De Anna 1 (PG LIV 643).

Bäder und das Theater – aus Furcht vor dem Zorn des Kaisers lahmgelegt waren.[200]

Indem Theodosius dergestalt nachgab, legitimierte er weitere lokale Gewalttätigkeiten der Christen. Im folgenden Jahr, 388 also, überfielen der christliche Bischof und seine Mönche in Kallinikon – dem heutigen Raqqa in Syrien –, einer größeren Garnisonsstadt über dem Zusammenfluß von Euphrat und Nahr al Balikh, eine Synagoge und brannten sie bis auf die Grundfesten nieder, nachdem sie schon vorher auf ähnliche Weise einen Versammlungsort valentinianischer Häretiker heimgesucht hatten.[201] Die Militärbehörden zeigten sich äußerst erzürnt. Selbst Theodosius räumte ein: »Die Mönche begehen viele Grausamkeiten.«[202] Der Bischof erhielt den Befehl, den Wiederaufbau der Synagoge aus Kirchenmitteln zu finanzieren.

Zu dieser Zeit hielt sich Theodosius nach seinem Sieg über Maximus in Norditalien auf. In einer dramatischen Unterredung in der Kathedrale von Mailand weigerte sich Bischof Ambrosius trotz der erregten Proteste des Generals Timasius, mit der eucharistischen Liturgie – einschließlich des feierlichen Gebets für den Kaiser und seine Legionen – zu beginnen, bevor der Kaiser den Befehl nicht widerrufen hätte.[203] Wenn Theodosius der Stadt Antiochia vergeben konnte, drängte Ambrosius, so könnte er auch dem eifrigen Bischof von Kallinikon vergeben.[204] Theodosius fühlte sich in der soeben befriedeten westlichen Provinz nicht sicher und wollte unbedingt Zustimmung finden. Er gab Ambrosius nach. Die Auswirkungen der Art und Weise, wie er um des Bischofs und der Mönche willen der Stadt Antiochia verziehen hatte, zogen zunächst im Euphratgebiet ihre Kreise und setzten ihn nun auch in Mailand in Verlegenheit. Er hatte sich die gefährliche Gewohnheit aufzwingen lassen, den Bischöfen nachzugeben.

Nur drei Jahre nach dem Sturm auf die Statuen in Antiochia geschah das Fürchterliche. Zu Beginn des Jahres 390 wurden siebentausend Einwohner von Thessalonike auf Befehl des Kaisers niedergemetzelt. Den Anlaß lieferte ein Aufruhr, bei dem Butherich, der gotische Befehlshaber der Garnison, gelyncht

---

[200] Sh. Campbell, The Mosaics of Antioch, Toronto 1988, 43f.; Johannes Chrysostomos, Homilien über die Statuen 15, 1 (PG XLIX 153).
[201] Ambrosius, Briefe 40, 6 und 16; Matthews (Kap. 2 Anm. 19) 232f.
[202] Ambrosius, Briefe 41, 27.
[203] Ambrosius, Briefe 41, 28f.
[204] Ambrosius, Briefe 40, 32.

worden war. Er hatte sich geweigert, den Bitten der Bevölkerung nachzugeben, die im Rahmen einer feierlichen Veranstaltung auf der Rennbahn vorgetragen wurden und ihn ersuchten, einen Wagenlenker freizulassen, den man wegen Sodomie verhaftet hatte. Der Aufruhr gefährdete Theodosius' Politik, die Goten zur Verteidigung des Balkans einzusetzen.[205] Die Tatsache, daß Theodosius unlängst in dieser Stadt den Jahrestag seiner Thronbesteigung gefeiert hatte, machte die Dinge noch schlimmer. Thessalonike war *seine* Stadt, das Zentrum seiner Balkanstrategie, und insofern mit Antiochia nicht zu vergleichen. Hier mußte sich der kaiserliche Zorn einmal in seiner ganzen Furchtbarkeit zeigen.

Theodosius weilte in Mailand, als die Nachrichten von dem Aufruhr eingingen.[206] Er verließ die Stadt mit seinen engsten Mitarbeitern, um über die zu ergreifenden Maßnahmen zu beratschlagen. Die Beratungen im *consistorium* unterlagen strenger Geheimhaltungspflicht. Weder der Bischof von Thessalonike noch Ambrosius, sein einflußreichster Verbündeter in Italien, durften vorab etwas von der Entscheidung des Kaisers erfahren.[207] Das Bild vom »Zorn« des Kaisers verdeckte dabei in Wirklichkeit einen kaltblütigen Entschluß, der nach vielen Wochen auf Drängen der militärischen Fachleute gefaßt worden war.[208]

Die Entscheidung sah ursprünglich wohl die selektive Hinrichtung einiger junger Männer vor, die an der Bluttat im Hippodrom beteiligt gewesen waren, doch bei der Durchführung gerieten die Dinge außer Kontrolle. »Die Stadt ertrank im Blut vieler zu Unrecht Erschlagener.«[209] Die Nachrichten eines Massakers von horrendem Ausmaß trafen in Mailand zu einem Zeitpunkt ein, da die Bischöfe von Gallien sich zu einer Synode in der Stadt versammelt hatten.[210] Die Mitglieder der gallischen Delega-

[205] Sozomenos, Kirchengeschichte 7, 25.
[206] Matthews (Kap. 2 Anm. 19) 234–237 bietet eine klare Zusammenfassung der Ereignisse. Zu den Beziehungen zwischen Ambrosius und Theodosius habe ich nach dem Abschluß des Entwurfs dieses Kapitels mit Gewinn den ›Abstract‹ der Oxforder Dissertation von N. McLynn gelesen und mit ihm gesprochen; sein darauf beruhendes Buch Saint Ambrose, Berkeley 1995 wird einige Forschungs-Irrtümer – darunter durchaus auch hier stehende – beseitigen.
[207] Ambrosius, Briefe 51, 2.
[208] Dies wird besonders deutlich bei F. Kolb, Der Bußakt von Mailand. Zum Verhältnis von Staat und Kirche in der Spätantike, in: H. Bockmann, K. Jürgensen und G. Stoltenberg (Hgg.), Geschichte und Gegenwart. Festschrift für Karl Dietrich Erdmann, Neumünster 1980, 49.
[209] Sozomenos, Kirchengeschichte 7, 25.
[210] Ambrosius, Briefe 51, 6.

tion waren bis vor kurzem Untertanen des Kaisers Maximus gewesen, eines aufrechten Katholiken, den die Rhetoren des siegreichen Theodosius als »Schlächter in Purpur«[211] geschmäht hatten. Ambrosius durfte bei ihnen nicht den Eindruck erwecken, als ob er ein solches Blutvergießen billige. Er zog sich unter Vorschützung von gesundheitlichen Gründen diskret aufs Land zurück, um dem Kaiser nicht begegnen zu müssen.[212] Beide Seiten mußten sich nun überlegen, wie sie sich weiterhin verhalten sollten.

Glücklicherweise senkte sich die Sommerhitze über Mailand. Der Hof verließ die Stadt und begab sich in das kühlere Klima des Alpenvorlandes. Am 18. August erließ Theodosius von Verona aus ein Gesetz, welches besagte, daß wenn der Kaiser »entgegen seiner Gewohnheit« eine Todesstrafe verhängen sollte, die Exekution erst dreißig Tage später vorzunehmen sei – vermutlich, um die Art von Bittgesuch zu ermöglichen, die man Ambrosius im selben Jahr so strikt verweigert hatte.[213] Aber das Gesetz richtete sich an den Prätorianerpräfekten Flavianus, einen bekannten Heiden, und bezog sich auf Aristokraten, die im Gefängnis saßen, nicht auf die unschuldige Bevölkerung einer ganzen Stadt.[214] Auf alle Fälle wollte Theodosius dem Bischof Ambrosius den Wind aus den Segeln nehmen. Das Edikt von Verona besagte lediglich, daß Theodosius in den Beziehungen zu der weitgehend heidnischen Aristokratie Italiens seinen Zorn unter Kontrolle halten wollte, nicht aber, daß er das Blutgericht von Thessalonike bedauerte.

Es ist bemerkenswert, mit welchem Geschick Ambrosius seinen anfänglich gescheiterten Versuch, den Kaiser und seine Umgebung zu beeinflussen, überspielte. Er schlüpfte zu diesem Zweck in die altehrwürdige Rolle des Philosophen. Bei seinen folgenden Kontakten mit Theodosius spielte Ambrosius nicht den Part eines Hildebrand. In der Gestalt des Theodosius sah Ambrosius die ehrfurchtgebietende Verkörperung der römischen Verfassung vor sich. Die Massen, die sich in den Straßen Mailands drängten, um den Kaiser bei einer feierlichen Prozession zu sehen, wurden allein durch »den Glanz des Purpurs« verleitet, in seinem Gesicht »übermenschliche«[215] Züge zu erken-

[211] Pacatus, Preisrede auf Theodosius (= XII Panegyrici Latini 2 [12]), 24.
[212] Ambrosius, Briefe 51, 5.
[213] Codex Theodosianus 9, 40, 13.
[214] Matthews (Kap. 2 Anm. 19) 235 Anm. 2.
[215] Ambrosius, Expositio in Psalmum CXVIII 8, 19.

nen. In der Begegnung mit solch eindrucksvoller Macht trat bei Ambrosius der Bischof hinter dem Erben der philosophischen Tradition zurück. Im Jahre 388, in der Affäre von Kallinikon, war Ambrosius dem Kaiser und seinem Hof in der relativ unbedeutenden Frage der Begnadigung eines fernen Bischofs mutig entgegengetreten. Jetzt, im Herbst des Jahres 390, spielte er voll die Rolle des Philosophen, der sich an einen zornigen Kaiser wendet.

Wir sollten Ambrosius' Erfolg nicht für selbstverständlich halten. Er war seit 376 Bischof von Mailand und seine Stellung war ursprünglich nicht sehr stark. Der Ambrosius der späten 370er und frühen 380er Jahre, der noch nicht lange als Bischof amtierte und sich außerdem zum selbsternannten Sprecher einer unnachgiebigen nicaenischen Fraktion gemacht hatte, durfte nicht damit rechnen, daß ihn ein Kaiser als Autorität in Gewissensfragen anerkennen würde.[216] Am wirkungsvollsten machte er zu dieser Zeit vom Mut des Philosophen, nicht aber von der gebietenden Autorität eines katholischen Bischofs Gebrauch. Das half ihm, die Auseinandersetzung mit der arianischen Umgebung Kaiser Valentinians II. im Jahre 386 durchzustehen. Als die Soldaten der Palastwache bei dieser Gelegenheit seine Basilika umstellten, zeigte die Reihe der bemerkenswerten Predigten, die er unter dem Titel ›De Isaac et beata vita‹ hielt, daß er die Kunst des öffentlichen Wirkens beherrschte. In diesen Predigten verband sich die »philosophische« Standhaftigkeit der Makkabäischen Märtyrer mit dem Ideal des unbewegten und furchtlosen Weisen, das den Werken Plotins entnommen war.[217] Zu dieser Zeit präsentierte sich Ambrosius als christliches Beispiel der alten *karteria*, der geistigen Beharrlichkeit, mit der die Philosophen den Mächtigen gegenübertraten. Dabei hatte er Glück in der Wahl seiner Gegner. Im Jahre 386 befand sich der minderjährige Kaiser Valentinian II. in einer besonders schwachen Position. Der Loyalität seiner Truppen nicht sicher, war er außerdem nicht so stark wie Maximus in Gallien und Theodosius im Osten. Er zögerte, die Ordnung auf Kosten eines Massakers an den Katholiken

---

[216] P. Nautin, Les premières relations d'Ambroise avec l'empereur Gratien, in: G. Madec (Hg.), Ambroise de Milan, Paris 1974, 229–244; N. McLynn, The ›Apology‹ of Palladius. Nature and Purpose, Journal of Theological Studies N. S. 42, 1991, 70–73.

[217] G. Nauroy, La méthode de composition et la structure du ›De Isaac et beata vita‹, in: Ambroise (Anm. 216) 114–153; ders., Le fouet et le miel. Le combat d'Ambroise en 386 contre l'arianisme milanais, Recherches augustiniennes 32, 1988, 35–86.

wiederherzustellen; lieber lenkte er ein.[218] Ambrosius' *karteria* hatte Erfolg gehabt. Jetzt, fast fünf Jahre später, war die Zeit für *parrhesia*, für die freimütige Rede, gekommen.

Ambrosius kannte die Regeln der *parrhesia*. Nach dem Massaker von Thessalonike konnte kein Mitraträger daran denken, Theodosius den Zutritt zur Kathedrale von Mailand zu verweigern, wie sich das spätere Zeitalter vorstellten. Statt dessen trat Ambrosius bewußt als geistiger Führer an den Kaiser heran. Theodosius empfing einen langen Brief, »den ich eigenhändig und ausschließlich für Euch verfaßt habe«.[219] Dem Brief war offenbar die ›Apologia David‹ beigefügt, eine Abhandlung zum 50. Psalm.[220] Indem er auf diese Weise schrieb, gebärdete sich Ambrosius bewußt wie ein Philosoph. Er sprach direkt den kaiserlichen Zorn an. Zorn, so schrieb er, sei eine Krankheit der Seele, ein Zeichen der angeborenen Schwäche des Menschen, die durch Adams Sündenfall verursacht wurde. Aber es sei eine Krankheit, die durch christliche Buße geheilt werden könne.[221]

Nie jedoch hatte ein Philosoph über eine Basilika verfügt, die dreitausend Zuhörer aufnehmen konnte.[222] Theodosius wußte, daß bei einem Verbleib des Hofes in Mailand das Zeremoniell der Kaiserresidenz verlangte, daß eine Prozession vom Palast zu Ambrosius' Kathedrale stattfände, wo in der Kirche kaiserliche Geschenke dargeboten würden und Theodosius als getaufter Christ das Abendmahl nähme. Wenn der Hof in Mailand residierte, hingen große Purpurtücher in den Portalen der Basilika zu Ehren des kaiserlichen Gottesdienstbesuchers.[223] Das Bedürfnis der Kaiser nach einem Gottesdienstraum in ihren Residenzstädten hatte schon den weniger taktvollen arianischen Kaiser Valens in Konflikt mit den Bischöfen der östlichen Reichshälfte gebracht: mit Basileios, als der kaiserliche Hof durch Caesarea zog, und mit dem Bischof von Tomi, der lediglich seine Gemeinde aus der Basilika entfernte, als der Kaiser eintraf.[224]

Allein schon die Erhabenheit des kaiserlichen Zeremoniells

---

[218] Barnes (Anm. 178) 162.

[219] Ambrosius, Briefe 51, 14.

[220] Ambrosius, Apologia David; s. dazu insbesondere P. Hadot, Ambroise de Milan. Apologie de David, (Sources chrétiennes 239) Paris 1977, 38–43. Der Psalm wird auch als 51. gezählt.

[221] Ambrosius, Briefe 51, 4f.

[222] Krautheimer (Anm. 106) 76.

[223] Ambrosius, Sermo contra Auxentium 20, 30; Nauroy 1988 (Anm. 217) 77ff.

[224] Gregor von Nazianz, Reden 43, 52f. (PG XXXVI 562f.); Sozomenos, Kirchengeschichte 6, 21.

band Theodosius an die katholische Kirche. Um wieder die Hauptrolle beim feierlichen Hochamt in der Kathedrale von Mailand spielen zu können, befand er den Preis einer öffentlichen Buße als nicht zu hoch. Nach einer kurzen Buße, die vermutlich darin bestand, daß er auf eine kaiserliche Prozession in vollem Ornat verzichten mußte, versöhnte er sich deshalb mit Ambrosius. Es ist bezeichnend, daß Theodosius im Anschluß daran die Teilnahme an der Eucharistie bis zu dem feierlichen Moment aufschob, in dem seine »Söhne« in der Stadt eintrafen – sein eigener Sohn Honorius und sein Schützling Valentinian II.[225] Das »denkwürdige Schauspiel« eines Kaisers, der während einiger Gottesdienste auf seine Vorrechte verzichtet hatte, dürfte bei den Mailänder Bürgern durch den späteren Glanz einer wahrhaft kaiserlichen Versöhnungsfeier des Herrscherhauses überdeckt worden sein.[226]

Die spätbyzantinische bildende Kunst zeigt König David als Kaiser, im Purpurgewand und mit Diadem, wie er sich vor dem Propheten Nathan verneigt, der passenderweise als Philosoph mit langem Bart und dem klassischen Philosophengewand dargestellt ist.[227] Dieses Bild entspricht am ehesten der Vorstellung, die ein Zeitgenosse des 4. Jahrhunderts von Ambrosius' Begegnung mit Theodosius gehegt haben dürfte, im Gegensatz zu der Darstellung auf dem dramatischen Relief aus der Zeit der Gegenreformation, das Gibbon bei seinem Besuch in Mailand mit tiefem Abscheu betrachtete.[228] Mit seiner Handlungsweise nach dem Massaker von Thessalonike hatte Ambrosius in den Augen der Öffentlichkeit auf die wirkungsvollste Art die dunkelgewandete Gestalt seines älteren Zeitgenossen Themistios in den Schatten gestellt. Der Bischof hatte sich als Kritiker des kaiserlichen Zorns behauptet und folglich auch als Schiedsrichter bezüglich der kaiserlichen Gnade.

Theodosius erhöhte sein Prestige als frommer Kaiser durch eine Reihe von Edikten gegen den Polytheismus. Im Februar des Jahres 391 untersagte er alle Formen kultischer Opferhandlungen. Die alte Religion sollte im öffentlichen Leben künftig kei-

[225] Ambrosius, De obitu Theodosii 34.

[226] G. W. Bowersock, From Emperor to Bishop. The Self-Conscious Transformation of Political Power in the Fourth Century A. D., Classical Philology 81, 1986, 299.

[227] Z. Kadar, Un rilievo frammentario del museo di Budapest, Rivista di archeologia cristiana 38, 1962, 149f. Es ist unsicher, ob das dort speziell besprochene Fragment authentisch oder eine auf späteren byzantinischen Darstellungen von Nathan und David beruhende Kopie ist (freundlicher Hinweis von A. Cutler).

[228] G. A. Bonnard, Gibbon's Journey from Geneva to Rome, London 1961, 47.

nen Platz mehr haben. Kein Statthalter – auch kein heidnischer –
sollte einen Tempel betreten, um die alten Götter anzubeten.[229]
Das bedeutete, daß im gesamten Imperium der *adventus* eines
Statthalters von nun an nur noch zu einem religiösen Bauwerk
führte – zur Basilika des christlichen Bischofs (so wie ja schon die
neue Basilika von San Lorenzo auf dem Weg des Triumphzuges
nach Mailand stand und auf respektvolle offizielle Besucher war-
tete).[230] Die Zeremonie, die, wie wir anfangs sahen, in Form der
feierlichen Ankunft des Statthalters die unregelmäßigen Energie-
ströme sichtbar machte, welche die lokalen Gemeinschaften mit
einem weit entfernten Zentrum verbanden, war fortan zwangsläufig verbunden mit der Gestalt eines christlichen Bischofs, mit
der öffentlichen Zurschaustellung christlicher Symbole bei der
feierlichen Willkommensprozession – großer Evangeliare und
Prozessionskreuze – sowie mit Demutsbezeugungen des Neuan-
kömmlings gegenüber den christlichen Kirchen, die nun die Ein-
trittsschwelle zu jeder Stadt bildeten.[231]

Das Gesetz wurde im Juni 391 in Ägypten angewandt[232] und in
feierlicher Form bestätigt, als Theodosius im November 392
nach Konstantinopel zurückkehrte.[233] Aber wieder einmal ließ er
sich von lokalen Ereignissen überrumpeln. Im Jahre 392 benutzte Theophilos, der Patriarch von Alexandria, die durch die
Gesetze geschaffene Stimmung in der Bevölkerung, um eine Prozession durchzuführen, bei der Götterstatuen aus einem verlas-
senen Heiligtum öffentlich der Lächerlichkeit preisgegeben wurden.[234] Der daraufhin entstehende blutige Aufruhr machte es
dem christlichen Mob möglich, die Heiden auf dem Gelände des
Sarapeions einzukesseln. Das größte Heiligtum des östlichen
Mittelmeerraumes, einzigartig in seiner Anlage und seinem religiösen Stellenwert, war nun ihrem Zugriff ausgeliefert.

Der Patriarch Theophilos hielt sie zurück, da er zunächst das

[229] Codex Theodosianus 16, 10, 10.

[230] Vgl. die Karte bei Krautheimer (Anm. 106) 73.

[231] Vgl. etwa die Ankunft des Statthalters von Osrhoene in Edessa im Jahre 449:
Flemming (Anm. 145) 14 f.; zur imaginären Ankunft des Theodosius I. in Alexandria s.
Mingana (Anm. 28) 14 und 51.

[232] Codex Theodosianus 16, 10, 11.

[233] Codex Theodosianus 16, 10, 12.

[234] Rufinus, Kirchengeschichte 2, 22 (PL XXI 528 A); Sokrates, Kirchengeschichte 5,
16. Vgl. insbesondere Thélamon (Anm. 23) 160–394; Chuvin (Kap. 2 Anm. 33) 65–69.
Wann das Sarapeion zerstört wurde, ist unsicher; ich übernehme die Datierung ins Jahr
392: A. Bauer und J. Strzygowski, Eine alexandrinische Weltchronik, (Denkschriften
der kaiserlichen Akademie der Wissenschaften zu Wien, phil.-hist. Klasse 51, 2) Wien
1905, 69.

Schreiben des Kaisers abwarten wollte. Der Brief, der von den Stufen des Serapeums aus verlesen wurde, begann mit einer heftigen Schmähung der alten Götter. Das allein genügte. Mit einem Entsetzensschrei stoben die Anhänger des heidnischen Glaubens auseinander und überließen so den Christen das Feld für die Vollendung ihres Sakrilegs.[235] In ihren Augen hatten die Götter unzweifelhaft die Erde verlassen und sich aus Trauer über soviel Blasphemie in den Himmel zurückgezogen.[236] Die große Sarapisstatue wurde zerstört, der Tempel dem Erdboden gleichgemacht, und der Platz, der durch die Götzenbilder verunreinigt war, durch Mönche und durch die Gebeine von Märtyrern geheiligt.[237] Doch in irgendeinem Winkel der mächtigen Ruinen trieb man noch fast ein Jahrhundert später heimlich Zauberei.[238] Als Theodosius von den Ereignissen in Alexandria erfuhr, soll er Christus gepriesen haben, daß »die alten Irrtümer ausgelöscht worden seien, ohne daß die große Stadt Schaden genommen habe«.[239] Die Zeitgenossen, die sich noch an das Massaker von Thessalonike erinnerten, wußten, daß sie Glück gehabt hatten.

Als Folge dieses spektakulären Triumphes verbreiteten sich die Gewaltaktionen gegen Tempel, verstärkt durch gelegentliche blutige Zusammenstöße zwischen Christen und heidnischen Gruppen, in den 390er Jahren über den gesamten Mittelmeerraum.[240] Diese Ereignisse übten einen entscheidenden Einfluß auf die Haltung der führenden Christen gegenüber ihren Heimatstädten aus. Der plötzliche Fall der Tempel machte sie noch ungeduldiger im Hinblick auf das Weiterbestehen religiöser Gruppen und bürgerlicher Bräuche, die nicht ihrer Kontrolle unterlagen.[241] Nur an der Ostgrenze hielt Theodosius es schließ-

[235] Rufinus, Kirchengeschichte 2, 22 f. (PL XXI 529 C und 531 A).

[236] Eunapios, Leben der Sophisten 470; Chuvin (Kap. 2 Anm. 33) 67 f.

[237] Rufinus, Kirchengeschichte 2, 28 (PL XXI 536 BC).

[238] Raabe (Anm. 116) 71, 72: 5 (syr.).

[239] Rufinus, Kirchengeschichte 2, 30 (PL XXI 538 A).

[240] Zu Phönizien s. Sozomenos, Kirchengeschichte 7, 15 und Theodoretos, Kirchengeschichte 5, 29; zu Griechenland s. Eunapios, Leben der Sophisten 476; zu Norditalien s. Lizzi 1989 (Anm. 27) 59–86; zu Nordafrika s. R. A. Markus, The End of Ancient Christianity, Cambridge 1990, 107–123; zu Gallien s. Rousselle (Kap. 1 Anm. 41) 31–64.

[241] Dies hat für Augustinus hervorragend Markus (Anm. 240) 110–121 dargestellt. Bislang unbekannte, in einer Mainzer Handschrift entdeckte Predigten des Augustinus über etwas spätere Ereignisse wird F. Dolbeau publizieren; s. ders., Sermons inédits de S. Augustin dans un manuscrit de Mayence (Stadtbibliothek I 9), Revues des études augustiniennes 36, 1990, 335–359; ders., Nouveaux sermons de Saint Augustin pour la conversion des païens et des donatistes, ebd. 37, 1991, 37–78; vgl. R. Klein, Die neuen Augustinus-Predigten, Gymnasium 100, 1993, 370–384.

lich doch für geraten, auf seine Heerführer zu hören. Da er wieder einmal einen Feldzug gegen einen westlichen Rivalen führte, ließ er dem Heerführer der östlichen Streitkräfte im September 393 folgenden Erlaß zukommen: »Euer Exzellenz sind gehalten, nach Empfang dieser Ordre mit angemessener Strenge die Ausschreitungen all derjenigen zu unterdrücken, die im Namen der christlichen Religion ungesetzliche Handlungen vollbringen wollen und versuchen, Synagogen zu zerstören und zu berauben.«[242] Das war ein seit langem überfälliger Erlaß, der die mangelnde Entschlußkraft anläßlich des Vorkommnisses von Kallinikon wieder ausglich.

Aber das Ende der Tempel bedeutete nicht notwendigerweise das Ende eines politischen Gewohnheitsrechts, nach welchem der Bischof sich weiterhin vor dem Stadtrat und der gesamten Stadt verantworten mußte. Selbst der siegreiche Theophilos konnte sich nicht vollständig sicher fühlen. Als im Jahre 400 sein Versuch fehlschlug, seinen eigenen Armenaufseher unter der fälschlichen Anschuldigung der Sodomie abzusetzen, versammelten sich die früheren Sarapisverehrer auf dem Platz am Tyche-Tempel und stimmten begeistert in das Protestgeschrei gegen den Patriarchen ein. Es ist gut möglich, daß Theophilos bei der öffentlichen Gerichtsverhandlung im Rathaus eine Niederlage erlitt.[243] Noch zwanzig Jahre lang konnten sich die nichtchristlichen Teile der alexandrinischen Gesellschaft behaupten. Dann setzte im Jahre 415 eine Selbstbehauptungskampagne von Theophilos' Neffen und Nachfolger Kyrillos dem Status der Philosophen in der Öffentlichkeit gewaltsam ein Ende.

Es ist ein Beweis für die Beständigkeit der Rolle, die noch immer den Philosophen zuerkannt wurde, daß sie sogar von einer Frau übernommen werden konnte. Hypatia von Alexandria glich darin dem Themistios, daß auch ihr Vater schon Philosoph gewesen war.[244] Sie wirkte als Lehrerin in Alexandria und wurde von ihren Zeitgenossen als »der leuchtende Stern der Weisheit«

[242] Codex Theodosianus 16, 8, 9.
[243] Theophilos, Brief an die Bischöfe von Palästina, in Hieronymus, Briefe 92, 3 (PL XXII 765).
[244] J. R. Martindale (Hg.), Prosopography of the Later Roman Empire, Bd. 2: A. D. 395–527, Cambridge 1980, 575 f.; J. M. Rist, Hypatia, Phoenix 19, 1965, 214–225; D. Shanzer, Merely a Cynic Gesture?, Rivista di filologia 113, 1985, 61–66 nimmt einen Einfluß durch Plotin an. Chuvin (Kap. 2 Anm. 33) 85–90. Die beste Darstellung der Kultur Hypatias bieten nunmehr Al. Cameron und J. Long, Barbarians and Politics at the Court of Arcadius, Berkeley 1993, 13–69.

gepriesen.[245] Im Jahre 415 war sie eine Frau in fortgeschrittenem Alter und erfüllte alle Anforderungen, die man an einen Philosophen stellte: »Voller Sorgfalt bei der öffentlichen Vertretung der Interessen ihrer Vaterstadt, gründeten ihre Selbstbeherrschung und die Freiheit ihrer Rede in ihrer vorzüglichen Bildung.«[246]

Als die Stadt im Jahre 415 von Unruhen erschüttert wurde, gab der kaiserliche Präfekt Orestes Bischof Kyrillos die Schuld an der Störung der öffentlichen Ordnung. Der Patriarch erschien vor ihm, wobei er ihm die Evangelien entgegenhielt, so wie es einst Flavianus von Antiochia vor Theodosius getan hatte, denn »er glaubte, daß die Ehrfurcht vor der Religion ihn zur Aufgabe seines Zorns bewegen würde«[247]. Aber selbst als getaufter Christ hielt Orestes es für angebracht, Kyrillos zu demütigen. Der Philosophin Hypatia, nicht Kyrillos, gestand er das Recht auf *parrhesia* zu. Nur ihr sollte das Verdienst zukommen, seinen Zorn besänftigt zu haben.

Den Anblick so vieler Staatskarossen vor Hypatias Villa empfand der Patriarch als unerträglich.[248] Kyrillos war erst wenige Jahre zuvor im Oktober 412 zum Bischof gewählt worden. Unruhen hatten seine übereilte Investitur begleitet und seine Autorität geschädigt. Mit der charakteristischen Rücksichtslosigkeit des Unsicheren machte er sich daran, seine Position in der Stadt zu festigen. Er schloß die bis dahin geduldeten Kirchen der Novatianer und eignete sich ihre Reichtümer an. Die Zusammenstöße zwischen Juden und Christen im Theater im Jahre 415 nahm er zum Anlaß, den Pöbel zur Plünderung des Judenviertels aufzuhetzen. Dieses Pogrom bedeutete das Ende einer Gemeinde, die seit siebenhundert Jahren in Alexandria gelebt hatte. Derartige Aktionen ließen seine Absichten deutlich erkennen. Einer seiner christlichen Gegner schrieb: »Von da an überschritt der Bischof von Alexandria die Grenzen seiner priesterlichen Funktionen und mischte sich in weltliche Angelegenheiten ein.«[249]

Für Kyrillos als neugewählten Patriarchen war es von ent-

[245] Palladas, Anthologia Graeca 9, 400.

[246] Sokrates, Kirchengeschichte 7, 15.

[247] Sokrates, Kirchengeschichte 7, 13; vgl. Johannes Chrysostomos, Homilien über die Statuen 21, 17 (PG XLIX 219); Johannes Lydus, De Magistratibus populi Romani 3, 59.

[248] Damaskios, Leben des Isidor frg. 102, in: Zintzen (Kap. 1 Anm. 83) 79.

[249] Sokrates, Kirchengeschichte 7, 7; L. R. Wickham, Cyril of Alexandria. Select Letters, Oxford 1983, XVIf.; J. Rougé, La politique de Cyrille d'Alexandrie et le meurtre d'Hypatie, Christianesimo nella storia 11, 1990, 487–492.

scheidender Bedeutung, das Monopol der *parrhesia* in Alexandria zu erlangen. Kein Ungläubiger durfte in den Augen der Öffentlichkeit Einfluß auf Orestes haben. Nachdem er durch eine Reihe von Demonstrationen die Autorität des Orestes untergraben hatte, fühlte sich der Patriarch frei zu handeln. Hypatia wurde aus ihrer Kutsche gezerrt, als sie durch die Stadt fuhr. Ein Haufen christlichen Pöbels, angeführt von einem Laienprediger und höchstwahrscheinlich verstärkt durch die gefürchteten *parabalani* des Patriarchen, steinigte sie auf dem Platz vor einer großen Kirche.[250] Ihr Körper wurde mit Tonscherben in Stücke gehackt und auf einem öffentlichen Platz verbrannt. Es liegt ein bewußter Akt totaler Vernichtung vor, eine »Reinigung« des Landes, ähnlich derjenigen, die man durch das Verbrennen der Götterbilder zu erreichen versucht hatte. Kyrillos' Anhänger hatten in der politisch verantwortungsbewußten Philosophin die letzte Götzenfigur gesehen.[251]

Die großen Städte des Ostens veränderten ihren Charakter grundlegend. Die Ereignisse des späten 4. Jahrhunderts zeigten, daß sie nicht länger ausschließlich von Männern der *paideia* kontrolliert werden konnten. Ihre neue Sozialstruktur und das zunehmende Gewicht der kaiserlichen Macht, das auf ihnen lastete, zwangen die Honoratioren, mit dem christlichen Bischof zusammenzuarbeiten. Denn er schien eine immer größere *parrhesia* bei Hofe und bei den lokalen Statthaltern zu genießen. Philosophen, die wie in früheren Zeiten versuchten, in das politische Geschehen einzugreifen, konnten leicht eingeschüchtert werden. Als der Philosoph Isidor nach Alexandria zurückkehrte, bemerkte er, daß die Furcht, welche durch die Ermordung Hypatias erregt worden war, noch nach zwei Generationen die Stadt beherrschte.[252] Ihr Stil eines politisch engagierten Philosophenlebens schien auf gefährliche Weise veraltet. Es war sicherer und natürlich auch erhebender für die Seele, sich von der Öffentlichkeit abzusondern. Zu Beginn des 6. Jahrhunderts konnte sich kein heidnischer Philosoph mehr irgendwelche Illusionen über die Welt machen, in der er lebte. Platons Meditationen über die Rolle des Philosophen in einer »verderbten Stadt« hatten nur zu

[250] Wickham (Anm. 249) XVI.
[251] Sokrates, Kirchengeschichte 7, 15; Johannes von Nikiu, Chronik 84, in: R. H. Charles, The Chronicle of John, Bishop of Nikiu, translated from Zotenberg's Ethiopic Text, London 1916, 100 ff.; zu ähnlichen Praktiken der totalen Vernichtung im alten Ägypten s. Thélamon (Anm. 23) 232.
[252] Damaskios, Leben des Isidor frg. 276, in: Zintzen (Kap. 1 Anm. 83) 219.

gut zum Ausdruck gebracht, was der nichtchristliche Philosoph jetzt in seiner eigenen Zeit erlebte:

Der Philosoph flüchtet und doch flüchtet er nicht. Es ist wahr, daß er, wenn er auf der Höhe der kontemplativen Tugenden angelangt ist, ohne Unterlaß flüchtet, denn er schaut das Göttliche; aber der Philosoph, der die sozialen Tugenden übt, bleibt in der Stadt, wenn er Mitbürger hat, die seiner Selbstbeherrschung würdig sind. Sind seine Landsleute seiner jedoch unwürdig, so zieht er sich zurück... Denn diejenigen, die unter solchen Menschen ausharren, wird dasselbe Schicksal treffen wie die Toren, die sich unter wilde Tiere begeben und versuchen, diese zu streicheln.[253]

Abschließend wollen wir deshalb im nächsten Kapitel betrachten, wie neue Einstellungen gegenüber der Ausübung der kaiserlichen Macht entstanden sind. Sie entstammen einer politischen Welt, aus der der Philosoph vertrieben worden ist und in der die städtischen Honoratioren Macht und Einfluß mit den Bischöfen und Mönchen teilen müssen.

[253] Olympiodoros, In Gorgiam 485. d. 5 in L. G. Westerink, Olympiodorus. In Platonis Gorgiam commentaria, Leipzig 1970, 143; Hadot (Kap. 2 Anm. 80) 38 f.

4. Der Weg zu einem »christlichen Imperium«

Die höchste Philosophie

Einige Zeit nach dem Tod seines Bruders Basileios im Jahre 377 hörte Gregor, der Bischof von Nyssa, als er sich gerade auf der Heimreise von Sebaste (Sivas) nach Kappadokien befand, daß Helladios, Basileios' Nachfolger als Bischof von Caesarea, in einem nahegelegenen Bergdorf das Fest eines Märtyrers beging. Das Verhältnis zwischen Gregor und Helladios war gespannt, und ein Höflichkeitsbesuch bei dem Metropoliten schien den Umweg wert zu sein. Gregor stieg von seinem Maultierkarren und ritt mit einem kleinen Gefolge in die Berge. Nachdem die Gruppe vom Morgengrauen an, teilweise zu Fuß, über steile Bergpfade gezogen war, traf sie schließlich in der drückenden Hitze eines Augusttages in dem Dorf ein. Helladios machte keine Anstalten, sie zu begrüßen. Sie standen in der Mittagssonne vor der Kirche und wurden von den Dorfbewohnern finster angestarrt. Als sich Helladios schließlich herabließ, Gregor in das kühle Innere der Kirche zu bitten, wechselten die beiden kaum ein Wort – kein Zeichen für Gregor, sich auf der Bank der Priester niederzulassen, keine höfliche Erkundigung über ihre Reise, keine Einladung, am Festmahl teilzunehmen. Das kam einer schallenden Ohrfeige gleich. Gregor war wütend und ließ den unterdrückten Zorn eines städtischen Würdenträgers, eines Mannes der *paideia*, erkennen, der von einem emporgekommenen Kollegen brüskiert wurde, von dem eigentlich ein besseres Benehmen zu erwarten gewesen wäre. Gregor schrieb umgehend an den Patriarchen in Antiochia: »Aber wenn Ihr uns einmal ohne unseren Bischofsrang denkt, wer von uns hat dann mehr vorzuweisen als der andere? Geburt? Bildung? Freiheit der Rede vor großen und angesehenen Persönlichkeiten? ...Was kann diese Beleidigung unserer Person rechtfertigen, wenn der Mann uns weder an Geburt noch an Amtswürde, Redegewalt oder öffentlicher Wohltätigkeit überragt?«[1]

Die Bischöfe, die relativ plötzlich als neue Figuren im Gefüge der städtischen Gesellschaftsordnung auftraten, besaßen im Oströmischen Reich im allgemeinen denselben gesellschaftlichen Hintergrund wie Gregor. Sie gehörten zu den lokalen Honoratioren und bekannten sich stolz zu ihrer vornehmen Geburt und ihrer Bildung.[2] Den Sieg der Kirche in ihrer Region hatte eine eigenwillige Rhetorik begleitet, die die paradoxe, weil übernatürliche Neuartigkeit des Triumphes des Glaubens betonte. Akte direkter Gewalt gegen alte, heilige Bauwerke, selbst Angriffe auf die Person und das Eigentum von Heiden waren häufig vorgekommen. Aber nach dem Tod Theodosius' I. im Jahre 395 und besonders im Verlauf der unnatürlich lang währenden, ereignislosen Herrschaft seines Enkels Theodosius' II. von 408 bis 450 wurde deutlich, daß sich ein neues Gleichgewicht eingestellt hatte. Wie Steine, die in einem Sieb gerüttelt werden, nahmen die Oberschichten eine neue Formation ein: Der christliche Bischof und sein Klerus genossen mehr Ansehen als zuvor. Aber es befanden sich immer noch dieselben Steine im Sieb, wenn auch in einer anderen Anordnung.

Wir wissen nicht, wie weit ein Kaiser wie Theodosius I. die Folgen seiner wiederholten Entscheidungen, den christlichen Mönchen und Bischöfen *parrhesia* zu gewähren, übersah oder glaubte kontrollieren zu können. Aber die Neuordnung der lokalen Kräftekonstellation, die aus diesen Entscheidungen resultierte, hätte kaum deutlicher in Einklang mit den Traditionen der römischen Vergangenheit stehen können, wenn er sie exakt vorausberechnet hätte. Das Oströmische Reich wurde ein stärker christlich geprägter Staat, als er es gewünscht hatte, aber in den weltlichen Strukturen seines Staatslebens hatte sich wenig verändert. Als sich diese Strukturen wandelten, und zwar grundlegend in den kommenden Jahrhunderten, resultierte dies nicht aus dem Einfluß des Christentums. Vielmehr veränderte sich die christliche Kirche, die nun tief im Leben der östlichen Städte wurzelte, im Zusammenhang mit diesen Strukturen.

---

[1] Gregor von Nyssa, Briefe 1, 32 und 34; zur Zuweisung und zu den Umständen des Briefes s. P. Maraval, Grégoire de Nysse. Lettres, (Source chrétiennes 363) Paris 1990, 54 f.

[2] W. Eck, Der Einfluß der konstantinischen Wende auf die Auswahl der Bischöfe im 4. und 5. Jahrhundert, Chiron 8, 1978, 561–585; R. Lizzi, Il potere episcopale nell' Oriente Romano, Rom 1987, 13–32.

Wir können die stillschweigende Neuformierung der herrschenden Schicht an zahllosen, charakteristischen Details feststellen. Selbst Entwicklungen, die man zu Recht als neuartige Erscheinungen in Verbindung mit dem Aufstieg des Christentums ansprechen konnte, bewahrten in ihrer sprachlichen Darstellung die Vergangenheit. Die leidenschaftlichen Predigten der kappadokischen Kirchenväter und des Johannes Chrysostomos zur Armenfürsorge stellten die neue christliche Almosenverteilung in der Weise dar, daß der christliche Spender die Attribute eines *tropheus* erhielt, eines Würdenträgers, der seine Heimatstadt »ernährte«. Die Sprache dieser Predigten gilt der Forschung als ein Beweis für das Fortbestehen der alten Vorstellungen von staatsbürgerlicher *euergesia*, die nun mobilisiert wurden, um das Gewissen der reichen Christen zu rühren.[3]

Auch waren dies nicht bloß rhetorische Blüten. In den kleinen, in ihrer Struktur relativ festgefügten Städten Kleinasiens konnte der Reichtum der Mächtigen nur auf wenigen, vorgezeichneten Bahnen seinen Weg nach unten finden. Der Reichtum, der nun durch christlich akzentuierte Gesten an neue Bevölkerungsgruppen – die Armen – verteilt wurde, hatte die Tendenz, durch die alten, jahrhundertelang benutzten Kanäle zu fließen. Die Stadt profitierte vom Reichtum der Kirche durch Bauwerke, Festgelage und die Unterstützung verarmter, in Witwenlisten verzeichneter Adelsdamen.[4] Viele Bischöfe scheinen sogar allzu bereitwillig in die Rolle eines *tropheus* geschlüpft zu sein. *Lithomania*, Bauwut, wurde als Gewohnheitslaster bedeutender Bischöfe angesehen. Theophilos von Alexandria beschuldigte man, Geld, das gespendet worden war, um Hemden für die Armen zu kaufen, für den Bau großartiger neuer Kirchen ausgegeben zu haben.[5] Die Klage, daß die Nahrungsmittel der Armen vom Stein aufgezehrt würden, von dem farbenprächtigen Marmor und den goldenen Mosaiken der Basiliken, ließ sich zu jener Zeit überall im Mittelmeerraum vernehmen. Nur ein vorbildlicher Bischof

---

[3] L. Robert, Tropheus et aristeus, Hellenica 11/12, 1960, 569–572; A. Natali, Église et évergétisme à Antioche à la fin du IVᵉ siècle après Jean Chrysostome, in: Studia Patristica XVII 3, Oxford 1982, 1176–1184.

[4] Zur Eintragung von Witwen als Sinekure s. Palladios, Dialogus de Vita Johannis Chrysostomi 5 (PG XLVII 20), als Bestechung s. Theophilos, Brief an die Bischöfe von Palästina, in: Hieronymus, Briefe 92, 3 (PL XXII 766).

[5] Palladios, Dialogus de Vita Johannis Chrysostomi 6 (PG XLVII 22). Zum Patriarchat des Theophilos als Wendepunkt im Kirchenbau s. A. Martin, Les premiers siècles du christianisme à Alexandrie. Essai de topographie religieuse, Revues des études augustiniennes 30, 1984, 211–225.

wie Rabbula von Edessa konnte sich rühmen, aus Sorge für die Armen keine großen Bauprojekte in Angriff genommen zu haben.[6] Solche Bischöfe durften jedoch nicht unbedingt auf Beliebtheit zählen. Obwohl es für sensiblere Gemüter ein erschreckendes Phänomen gewesen sein dürfte, war die Auseinandersetzung über die kirchlichen Reichtümer zu einer stehenden Einrichtung geworden.

Tatsächlich zeigte der Bischof am deutlichsten als Bauherr sein Wohlwollen für die Stadt. Um die Mitte des 6. Jahrhunderts lagen die Akte der Zerstörung und die Gewalttätigkeiten zwischen den Religionsgruppen, die zur Zeit des Bischofs Porphyrios zur Zerstörung des großen Marnas-Tempels in Gaza geführt haben sollen, im Dämmerlicht halb legendärer Zeiten.[7] Der gegenwärtige Bischof von Gaza, Markianos, war nicht ein Zerstörer wie sein grimmiger Vorgänger, sondern selbst Bauherr und regte gleichzeitig die Mächtigen zur Errichtung von Bauwerken an. Die führenden Bürger konnten die große oktogonale Kirche nicht übersehen, die sich neben dem Marktplatz erhob: Ihr Portal, das von vier hohen Säulen aus karystischem Marmor gestützt wurde, trug im Schlußstein des Torbogens das Kreuzzeichen. Mit wehenden Gewändern pflegten die Stadtbewohner den Vorhof zu durchqueren, um die Kirche zu betreten, einen weiten, kühlen Raum, in dem allenthalben Gold und Silber schimmerten. Das war sinnvoll verwendetes Gold: »Andere Wohltaten tragen zum Schmuck der Stadt bei, während Aufwendungen für eine Kirche die Schönheit mit dem religiösen Renommee der Stadt verbinden... denn Reichtum, der für kirchliche Zwecke fließt, wird für seine Eigentümer zu einem nie versiegenden Strom.«[8] Ein wenig nördlich der Stadt, auf einer Anhöhe, die von einer kühlen Brise vom Mittelmeer her bestrichen wurde, diente der mit Kolonnaden versehene Park neben dem Grab des heili-

[6] Panegyrikus auf Rabbula, in: Overbeck (Kap. 3 Anm. 132) 190: 13–23; A. Amiaud, La légende syriaque de Saint Alexis l'homme de Dieu, Paris 1889, 9 und 13: 2–20 (syr.); vgl. Hieronymus, Briefe 52, 10 und 58, 7 (PL XXII 535 und 584); Isidor von Pelusion, Briefe 3, 246 (PG LXXVIII 684 D–685 C).

[7] Marcus Diaconus, Leben des Porphyrios, ist vielleicht eine spätere Kompilation; s. H. Grégoire und M. A. Kugener, Marc le Diacre. Vie de Porphyre, Paris 1930, XXXIII f. und P. Peeters, La vie géorgienne de saint Porphyre de Gaza, Analecta Bollandiana 59, 1941, 65–201. Den Vorfall analysiert R. Van Dam, From Paganism to Christianity at Late Antique Gaza, Viator 16, 1985, 1–20; s. auch C. A. M. Glucker, The City of Gaza in the Roman and Byzantine Period, BAR International Series 325, Oxford 1987.

[8] Chorikios von Gaza, Reden 1: 18, 20, 30 und 42, hg. von Förster und Richtsteig (Kap. 2 Anm. 44) 7, 8, 10 und 13; weitere Texte in Übersetzung bei C. Mango, The Art of the Byzantine Empire, Englewood Cliffs NJ 1972, 60–72.

en Stephanus dem Bischof als Stätte für Festgelage. Hier pflegte
Markianos die Honoratioren von Gaza zu empfangen, »mit offe-
em Herzen und lächelndem Gesicht, wie Homers Nestor, *des-*
n Rede süßer als Honig floß (Ilias 1, 249)«. In einer Provinz,
ie erst unlängst ein blutiger Aufstand der Samariter erschüttert
atte, erfüllte die Anwesenheit des gütigen Markianos die Ein-
ohner mit Vertrauen und Zuversicht.[9]

Vor dem Hintergrund eines Schmucks neuer Bauwerke, die
ontinuierlich die höchsten »klassischen« Standards der Bau-
unst, so wie sie damals erreichbar waren,[10] fortführten, ist es
icht überraschend, daß die meisten Bischöfe auch den soliden
ulturellen Schmuck beibehielten, der ihrer Stellung entsprach.
ine Führungsrolle in der städtischen Gesellschaft setzte den Be-
tz von *paideia* voraus. Weder Kirche noch Reich, schrieb Isidor
on Pelusion an einen frisch geweihten Laienprediger, könnten
hne *logoi* als menschliche Einrichtungen fortbestehen.[11]

Wir haben es mit einer Gruppe führender Christen zu tun, die
ch von »dem Zwang zu alternativen Entscheidungen freige-
acht haben«.[12] Die vorherrschende rhetorischen Antithese
wischen *paideia* und der schlichten Weisheit des Evangeliums;
er etwas gezwungene Versuch, Regeln für den »rechten Ge-
rauch« nichtchristlicher Literatur aufzustellen: Das waren luf-
ge Gedankenspielereien, verglichen mit der soliden Gravität
strömischer Oberschichtsmentalität.[13] Die *paideia* sollte erhal-
n bleiben, da ihr, wie wir gesehen haben, einiges Gewicht zu-
am. Sie war nicht lediglich der triviale Schmuck einer Klasse
on Müßiggängern, sondern der kostbare Niederschlag hart er-
ungener sozialer Überlebensstrategien – der einzig verläßliche
ode, der das Verhalten der Mächtigen steuerte. *Paideia* bot alt-
rwürdige, fast sprichwörtlich gewordene Lebensweisheit aus
er griechischen Geschichte und Literatur in ernsten Angelegen-
eiten, die kein Würdenträger – ob Christ oder Heide, Bischof
der Laie – außer acht lassen durfte: für Höflichkeit, für die

---

[9] Chorikios von Gaza, Reden 2, 23 und 33, hg. von Förster und Richtsteig (Kap. 2
nm. 44) 34 und 36.

[10] Dies ist für Nordafrika mit einem klaren Blick auf die Implikationen untersucht
n J. Christern, Das frühchristliche Pilgerheiligtum von Tebessa, Wiesbaden 1976,
7–260.

[11] Isidor von Pelusion, Briefe 1, 322 (PG LXXVIII 369 A).

[12] Kaster (Kap. 2 Anm. 2) 79; s. insbesondere ebd. 74–81, die zu den besten Seiten in
em unentbehrlichen Buch gehören.

[13] Ch. Gnilka, Chrésis. Die Methode der Kirchenväter im Umgang mit der antiken
ultur, Basel 1984, 63–91 und 103–132.

kluge Pflege von Freundschaften, für die Beherrschung de
Zorns, für Haltung und Überredungskunst angesichts behördli
cher Gewalttätigkeiten. Wenn man von den Tugenden, welch
durch die griechische Literatur vermittelt wurden, als vo
»Schattenrissen« und von »flüchtigen Kohlezeichnungen« in
Vergleich mit der wahren christlichen Tugend sprach, wie da
Basileios einst in seiner berühmten Rede ›Wie die Jugend Nutze
aus der heidnischen Literatur ziehen kann‹ getan hatte, so blie
man weit hinter der spätrömischen Wirklichkeit zurück.[14] Fü
den durchschnittlich Gebildeten verkörperten sie die *Tugen*
schlechthin.

Die *paideia* vermittelte den Bischöfen des 5. Jahrhunderts wei
terhin das, was sie am meisten benötigten – die Kunst, mit ihre
Nachbarn in Frieden zu leben. Die unlängst edierten Briefe de
Firmus, Bischof von Caesarea, dem früheren Bischofssitz de
Basileios (der im Jahre 439 verstorben war), machen dies deut
lich. Das Interessante an ihnen gründet in der Tatsache, daß sie s
uninteressant sind. Sie zeigen, wie ein Bischof, von dessen Ver
strickung in die Intrigen des Konzils von Ephesos wir wisse
seine Verbindungen in althergebrachter Weise pflegte. Firmu
appellierte an die natürliche Freundschaft, die alle verbinde
sollte, welche an der griechischen *paideia* teilhatten. Die spätere
Byzantiner, die diese Briefe in Anthologien aufnahmen, schätz
ten sie als das, was sie waren: Juwelen antiker Zivilisiertheit.[1]
Ein benachbarter Bischof, Eugenius, erhielt einen Jagdhund
dessen Schönheit an diejenige der Helena von Troja erinnerte.[1]
Die beiden Weinsorten, die Eugenius dem Firmus gesandt hatte
erforderten die Fähigkeiten eines Homer, um ihr Bouquet ange
messen zu würdigen.[17] Basileios' Armenhaus in Caesarea, die be
rühmte Basileias, wird nur in einem Brief erwähnt, in dem Fir
mus seine Entschlossenheit kundtut, sie nicht als Zufluchtsor
für arbeitsscheue Bauern, die von den Gütern ihrer Herren geflo
hen sind, mißbrauchen zu lassen.[18] Bischöfe wie Firmus breitete
den Zauber der *paideia* über eine weiterhin von starken Gegen
sätzen geprägte Gemeinschaft aus.

Allerdings trat eine feine Verschiebung in der Argumentatio

[14] Basileios, An die Jugend 10, 1.
[15] M.-A. Calvet-Sébasti und P.-L. Gatier, Firmus de Césarée. Lettres, (Sources chré
tiennes 350) Paris 1989, 35–51.
[16] Firmus von Caesarea, Briefe 44.
[17] Firmus von Caesarea, Briefe 45.
[18] Firmus von Caesarea, Briefe 43.

ein, welche die rhetorische Antithese zwischen nichtchristlicher *paideia* und »wahrem« Christentum entschärfte. *Paideia* und Christentum wurden als zwei unterschiedliche Errungenschaften dargestellt, von denen die eine zwangsläufig zur anderen führte. Die *paideia* blieb nicht länger das allumfassende und höchste Ideal im Leben eines Staatsbürgers. Sie galt nun vielmehr als eine notwendige Vorstufe im Lebenslauf eines christlichen Würdenträgers. Damit war die *paideia* nicht länger nur eine traditionelle Zierde, sondern zugleich auch eine Vorschule für die christliche Charakterbildung.

Tief verwurzelte Vorstellungen von Kultur und Religion ließen diese »Zweistufenlösung« als außerordentlich vernünftig erscheinen. Wie Gregor von Nyssa betont hatte, war das Christentum »die höchste Philosophie«.[19] Seine Theologie und höhere moralische Praxis (die zunehmend mit dem mönchischen Leben gleichgesetzt wurde) taugten nicht für Anfänger, geschweige denn für Uneingeweihte. Christentum bedeutete *paideia* für einen inneren Kreis.[20] Aber so hatte man die Philosophie immer gesehen, als Berufung zu einer höheren Ebene intellektuellen und moralischen Strebens. Vom Philosophen erwartete man, daß er sich einer anderen und anspruchsvolleren Lebensweise befleißigte. In der Praxis bedeutete die allgemeine Kultur der *paideia* die unerläßliche Eingangsstufe zur Ausbildung des Philosophen. Nachdem sie die üblichen Bildungsinstitutionen durchlaufen hatten, pflegten einige ernsthafte junge Honoratioren sich durch die Hingabe an die Philosophie zu den schwer zugänglichen Höhen einer Lebensweise aufzuschwingen, die sich von derjenigen ihrer Altersgenossen deutlich unterschied. Diese Männer hatten die *paideia* immer als Vorbereitung auf Höheres angesehen. Basileios verlieh also in seiner Rede ›An die Jugend‹ dem Begriff der Philosophie nur größeren Nachdruck und größere Allgemeinheit. Alle Christen waren aufgerufen, sich »zur höchsten Philosophie« zu bekennen. Aber »griechische Literatur«, das heißt *paideia*, hatte ihre Geltung nicht verloren. Sie nahm den Platz eines moralischen und intellektuellen Rekrutenlagers ein, in welchem die undisziplinierten Jünglinge ihren Geist schärfen und ihren Charakter stählen sollten, um sich dann als Erwachsene den ernsteren Herausforderungen des christlichen Lebens zu stellen.[21]

[19] Gregor von Nyssa, Oratio Catechetica 28, 3 (PG XLV 46 A).
[20] A. M. Malingrey, Philosophia, Paris 1961, 212f.
[21] Basileios, An die Jugend 2, 6.

Basileios war ebenso wie seine Zeitgenossen und wie spätere Generationen instinktiv davon überzeugt, daß Religion eine zu kostbare Sache sei, um sie an Kinder zu vergeuden. Die Initiation, die sich jetzt in Form der christlichen Taufe vollzog, sah er als einen Ritus an, dem man sich nur nach reiflicher Überlegung unterziehen sollte. Man mußte die Gewißheit haben, daß sie mit den Entwicklungsgesetzen des Lebens und den tiefsten charakterlichen Neigungen harmonisierte. Firmus, ein Würdenträger aus Karthago, sandte ein Schreiben an Augustinus, in dem er entschieden erklärte, daß er noch nicht den endgültigen Schritt der Taufe vollziehen werde. Obwohl wohlbewandert im christlichen Schrifttum, behauptete er, die christliche Taufe als zu ernst anzusehen, um sie übereilt vornehmen lassen zu können: »Die Last eines solchen Gewichtes kann nicht vom Schwachen getragen werden… Denn nur der zeigt seine unerschütterliche Wertschätzung des Glaubens, der, um der höchsten Geheimnisse des Heiligen teilhaftig zu werden, sich dessen… Bezirken mit der gebührenden Scheu nähert.«[22] Firmus wollte so lange warten, bis Gott selbst seinen Willen kundtat, möglicherweise, wie es häufig vorkam, durch einen Traum oder durch ein ungünstiges Vorzeichen, das den angehenden Täufling »warnen oder mit Furcht erfüllen würde«.[23]

Firmus' Zögern verärgerte Augustinus. Es widersprach seinen festen Glaubensgrundsätzen hinsichtlich Gnade und Prädestination. Diese Gnade war ausreichend für alle Lebensumstände, und in Anbetracht der Folgen des Sündenfalls sollte sie so früh wie möglich erworben werden, indem man sich als Anhänger der katholischen Kirche taufen ließ.[24] Doch Firmus' Ansichten fanden im griechischen Osten weite Verbreitung. Die volle Hingabe an das Christentum mußte ebenso wie die Hingabe an ein philosophisches Leben im Einklang mit den individuellen Entwicklungsgesetzen stehen. Selbst ernsthafte Jünglinge aus gläubigen Familien verschoben ihre Taufe bis ins Erwachsenenalter. Die Taufe galt als eine Art *Verlobung*, die ihren Eintritt in die Welt der Erwachsenen kennzeichnete. Basileios und Gregor von Nazianz ließen sich erst taufen, als sie vom Studium heimkehrten und die Zwanzig schon überschritten hatten. Andere ließen sich noch mehr Zeit. Für sie erfolgte die Taufe gewissermaßen *ex voto*. Sie bedeutete eine Geste des Dankes und der Ergebenheit

[22] Augustinus, Briefe 2*, 4 und 6 (S. 11 und 12 Divjak = S. 64 und 68 Paris).
[23] Augustinus, Briefe 2*, 7 (S. 14 Divjak = S. 72 Paris).
[24] Augustinus, Briefe 2*, 7–11 (S. 14–19 Divjak = S. 72–86 Paris).

an Gott, der sie bis dahin unbeschadet durch die Stürme des Lebens geleitet hatte,[25] und wurde zu einer offiziellen Angelegenheit, die sich gewöhnlich in Anwesenheit einer sorgfältig ausgewählten Gruppe von Standesgenossen vollzog. »Ein Bischof soll mich taufen... und zwar ein adliger, denn es wäre schlimm, wenn mein Adel dadurch befleckt würde, daß ich von einem Nichtadligen getauft werde.«[26] Solche Männer waren im allgemeinen unwiderruflich durch die griechische *paideia* geprägt, lange bevor sie über das Taufbecken zu den höheren Weihen der »höchsten Philosophie« aufstiegen.

Unter den Verhältnissen des 5. Jahrhunderts gab diese Haltung den Angehörigen der Oberschichten Handlungsfreiheit. Sie benötigten Zeit, um sich zu entscheiden. Wenn sie sich schon der herrschenden Religion anschließen mußten, dann wollten sie sich frei fühlen, dies wenigstens ohne ungebührliche Hast tun zu können. Sie hätten sich niemals offenem Zwang gefügt. Viele Honoratioren des 5. Jahrhunderts müssen General Robert E. Lee geähnelt haben, von dem sein Biograph schreiben konnte, daß »er bis nach seinem 45. Lebensjahr zufrieden gewesen war, sich eher an die Lebensregeln eines Gentleman als an die moralischen Vorschriften eines kirchlichen Glaubensbekenntnisses gehalten zu haben«[27].

Für hartnäckige Polytheisten besaß die *paideia* natürlich auch die Funktion eines hochnotwendigen Schutzpolsters. Gemeinsame Bildung hatte immer die Spannungen zwischen den streitenden Parteien der herrschenden Schicht gemildert. Nun diente sie außerdem dazu, tiefverwurzelte, private Differenzen zwischen Christen und Heiden zu verschleiern. An der *paideia* hatten beide Gruppen teil, sie wurde auf Schulen vermittelt, die weiterhin der Stadt als Ganzes dienten, nicht nur den dogmatischen Interessen des Bischofspalastes. Viele Bischöfe zeigten tatsächlich Interesse daran, Rhetoren zu fördern, auch solche, von denen man wußte, daß sie Heiden waren.[28] Das Erziehungswesen bot einen neutralen Lebensraum, wie er vor allem für junge Menschen erforderlich ist. Daher betrachtete man – die Fanatiker in

[25] Dies traf auf Synesios von Kyrene nach seiner Rückkehr von einer Mission nach Konstantinopel im Jahre 400 zu: Synesios, Hymnen 1, 428–495, in: J. Gruber und H. Strohm, Synesios von Kyrene, Hymnen, Heidelberg 1991, 62–65.

[26] Gregor von Nazianz, Reden 40, 26 (PG XXXVI 396 B).

[27] D. S. Freeman, R. E. Lee. A Biography, Bd. 4, New York 1935, 502.

[28] Kaster (Kap. 2 Anm. 2) 79; vgl. noch P. Brown, The Problem of Christianization, Proceedings of the British Academy: 1992 Lectures and Memoirs 82, 1993, 89–106.

der Zuhörerschaft ausgenommen – es als einen schweren Verstoß gegen die guten Sitten, als im späten 5. Jahrhundert in Alexandria ein junger Rhetor eine Begräbnisrede zu Ehren seines verstorbenen christlichen Lehrers mit einem Angriff auf die heidnischen Götter beschloß. Die anwesenden Heiden protestierten scharf: Sie hatten sich nicht zu einer Vorführung klassischer Rhetorik zu Ehren eines gemeinsamen Freundes einladen lassen, um nun mit einer solch kraß konfessionellen Sprache konfrontiert zu werden.[29]

Wir müssen uns allerdings in Erinnerung rufen, daß das Bild von einer Welt, in der Altes und Neues in müheloser, vorbestimmter Harmonie zusammentreffen, nicht solche Bedeutung erlangt hätte, wenn das Oströmische Reich des 5. Jahrhunderts in der Tat ein so wohlgeordnetes und friedliches Staatsgebilde gewesen wäre, wie dieses Bild uns glauben machen will. In jeder Region beruhte jedoch die stillschweigende Übereinkunft zwischen potentiell feindlichen Segmenten der städtischen Eliten im wesentlichen auf der Angst vor den möglichen Alternativen. Diese Eliten wußten, daß sie in einem bedrohten Imperium lebten. Abgesehen von feindseligen äußeren Mächten an fast allen Grenzen – an der Donau, am Euphrat und am Nil – wurde das flache Land in Kleinasien und Syrien von Räuberbanden heimgesucht, die im Taurusgebirge beheimatet waren. In Palästina stellten mögliche Aufstände der zutiefst unzufriedenen Juden und Samariter eine ständige Bedrohung dar.

Auch die religiös motivierte Gewalttätigkeit der Mönche wurde von vielen Bischöfen mißbilligt; häufig verbanden sie sich mit den Eliten der Bürgerschaft, um die Mönche aus der Stadt fernzuhalten und die alten Gebräuche des öffentlichen Lebens zu verteidigen. Zu der Zeit, als Bischof Markianos in seinem milden, klassischen Amtsstil die Kirche von Gaza leitete, erregten sich die Mönche der Gegend über den Statthalter und eine Standesperson aus Gaza, die damals in Konstantinopel residierte. Sie hatten – offenbar ohne Einspruch von seiten Markianos' – weiterhin nächtliche Schauspiele im Theater sowie andere Festlichkeiten stattfinden lassen wollen, die von den Mönchen als »heidnisch« angesehen wurden.[30] Als 434/35 der Präfekt von Konstantinopel, Leontius, in dem jenseits des Bosporus gelegenen eleganten Vorort Chalkedon, dem heutigen Kadiköy, Olympische

[29] Zacharias Scholasticus, Leben des Severus (Patrologia Orientalis II 45f.).

[30] L. Regnault und P. Lemaire, Barsanuphe et Jean de Gaza. Correspondance, Sable-sur-Sarthe 1971, 504: 836f.

Spiele abzuhalten gedachte, befahl der Bischof dem erzürnten Abt Hypatius, sich um seine eigenen Angelegenheiten zu kümmern. »Bist du entschlossen zu sterben, selbst wenn niemand einen Märtyrer aus dir machen will? Da du Mönch bist, geh in deine Zelle und gib Ruhe. Das hier ist meine Angelegenheit.«[31] Erst die gemeinsame Frontstellung eines zentralen Sektors der christlichen Honoratioren gegen hartnäckige Heiden einerseits und gegen die radikalen Elemente andererseits, welche ihre rücksichtsloseren Vorgänger entfesselt hatten, erklärt den täuschend glatten Konsens des neuen Oströmischen Reiches zur Zeit Theodosius' II.

Wunder und Macht

Es waren vor allem die Vertreter dieses Konsenses, die den gebildeten Zeitgenossen ein angemessenes Bild ihrer stürmischen Vergangenheit präsentierten. Wir wissen so genau, was um die Wende vom 4. zum 5. Jahrhundert geschah, weil in den folgenden Dekaden so viel darüber geschrieben worden ist. Wie Alan Cameron über Konstantinopel im Zeitalter Theodosius' II. gesagt hat: »Das vorherrschende literarische Interesse des Zeitalters galt der Kirchengeschichte und der Hagiographie.«[32]

Die christlichen Schriftsteller setzten dort mit der Darstellung der Kirchengeschichte ein, wo Eusebios aufgehört hatte, nämlich bei der Regierungszeit Konstantins des Großen. Im Jahre 402 übersetzte Rufinus von Aquileia, ein lateinisch schreibender Mönch und ehemaliger Freund des Hieronymus, der in Ägypten und Palästina gelebt hatte, die ›Kirchengeschichte‹ des Eusebios und führte sie in zwei weiteren Büchern bis zu seiner eigenen Zeit fort, das heißt bis zur Zerstörung des Sarapeion und zum letzten Sieg und Tod Theodosius' I. im Jahre 395.[33] Ihm folgten eine Generation später in Konstantinopel die weltlichen Schriftsteller Sokrates (439) und Sozomenos (443)[34] und noch später

---

[31] Kallinikos, Leben des Hypatius 33, in: A. J. Festugière, Les Moines d'Orient, Bd. 2: Les Moines de la région de Constantinople, Paris 1961, 57.

[32] Cameron 1982 (Kap. 2 Anm. 8) 279.

[33] Thélamon (Kap. 2 Anm. 23).

[34] Ausführliche Untersuchungen (wie die von Thélamon zu Rufinus) fehlen, doch s. insbesondere A. D. Momigliano, Popular Beliefs and the Late Roman Historians, in:

(449) Theodoretos, Bischof von Kyrrhos, der schon 440 eine triumphale Geschichte der Mönche seiner Heimat, seine ›Geschichte der Freunde Gottes‹ verfaßt hatte.[35]

Diese Konzentration des Interesses auf die neuere Kirchengeschichte war nicht ohne politische Bedeutung. Wenn nach dem Ausspruch Joseph de Maistres die Armee, die als erste das *Te Deum* zelebriert, diejenige ist, die den Sieg herbeigeführt hat, dann kann man die Literatur der ersten Generation nach dem Tode Theodosius' I. als ein *Te Deum* betrachten, dessen triumphale Klänge den Sieg der christlichen Kirche über alle anderen Religionen im Römischen Reich verkündeten.

Die Kirchengeschichten bekräftigten in lebhaften Erzählungen die Darstellungen, die die Christen von ihrer jeweiligen Zeit gegeben und in Predigten und Streitschriften verbreitet hatten. Den Mönchen kam natürlich besondere Aufmerksamkeit zu. Es wurde gezeigt, wie ungebildete Anachoreten heidnische Philosophen auf dem Konzil von Nicaea zum Schweigen gebracht hatten.[36] Sozomenos sah es nicht als Zufall an, daß das Ansehen der Philosophen unter Kaiser Valens auf seinem Tiefpunkt angelangt war – sie wurden damals in der ganzen östlichen Reichshälfte unter der Anklage der verbotenen Wahrsagerei und des Hochverrats verfolgt –, zu einer Zeit, da die »wahren« Philosophen, die Mönche Ägyptens und Syriens, einen Hochstand an Zahl, Religiosität und Ansehen erreicht hatten.[37]

Vor allem verweilten die christlichen Historiker liebevoll bei den dramatischen Momenten der Auseinandersetzung zwischen Christentum und Polytheismus. Rufinus' ›Kirchengeschichte‹ gipfelt in der Zerstörung des mächtigen Heiligtums des Sarapis in Alexandria im Jahre 392, gefolgt von dem Sieg Theodosius' I. in der Schlacht am Frigidus im Jahre 395 über den westlichen

D. Baker, Studies in Church History VIII, Cambridge 1971, 1–18, wieder in: Ders., Essays in Ancient and Modern Historiography, Oxford 1977, 141–159; G. Chesnut, The First Christian Histories, (Théologie historique 46) Paris 1977; L. Cracco Ruggini, Universalità e campanilismo, centro e periferia, città e deserto nelle ›Storie Ecclesiastiche‹, in: La storiografia ecclesiastica nella tarda antichità. Convegno di Erice, Messina 1978, 159–194; dies., Imperatori romani e uomini divini, in: Passatopresente 2, Turin 1982, 9–91; M. Mazza, Le maschere del potere. Cultura e politica nella tarda antichità, Neapel 1986.

[35] Price (Kap. 3 Anm. 190) IX–XXXIV.

[36] Gelasius, Kirchengeschichte 2, 13, 1–15, hg. von G. Loeschke und M. Heinemann, Leipzig 1918, 61–64; Rufinus, Kirchengeschichte 1, 3 (PL XXI 469B–470C); Sozomenos, Kirchengeschichte 1, 18; Thélamon (Kap. 2 Anm. 23) 430–435.

[37] Sozomenos, Kirchengeschichte 6, 28–35.

Usurpator Eugenius, dessen Heer sein Vertrauen in die Statuen der alten Götter gesetzt hatte.[38]

Die Siegesgewißheit, die in jener Zeit entstand, überliefert uns das Papyrusfragment einer illustrierten Weltchronik aus dem 5. Jahrhundert. Auf der linken Randspalte ist der Patriarch Theophilus abgebildet, wie er auf dem Sarapeion steht, die Evangelien hält und von Siegespalmen umrankt wird. Auf der rechten Randspalte der Usurpator Eugenius, der sein Vertrauen in die heidnischen Götter setzt und nach seiner Niederlage im Staube kniet.[39] Der kaiserliche Hof, der jetzt ständig in Konstantiopel residierte, schloß sich unter Theodosius' ältestem Sohn Arcadius (383–408) und später unter seinem Enkel Theodosius II. der Sichtweise der Kirchenhistoriker an. Lokale Ereignisse, wie das Schicksal der Tempel in Alexandria und anderen Städten, wurden aufgegriffen und im gesamten Imperium als Teil der offiziellen Chronik von Konstantinopel verbreitet. Sie verbanden sich mit dem feierlichen Leben in der »herrscherlichen Stadt« mit seinen kaiserlichen Festlichkeiten und seinen großen christlichen Zeremonien, um im gesamten Oströmischen Reich das Gefühl ständiger, unfehlbarer Siege der christlichen Kaiser über die alten Götter und die aufständischen Barbaren zu propagieren.[40]

Insgesamt beruht der von vielen modernen Gelehrten verbreitete Eindruck, das 4. nachchristliche Jahrhundert sei durch eine allgemeine und bewußte Auseinandersetzung zwischen Christentum und Heidentum charakterisiert gewesen, weitgehend auf der geschickten Darstellung, welche christliche Historiker des 5. Jahrhunderts der römischen Welt vermittelten. Sie waren diejenigen, die vom 4. Jahrhundert als von einer Zeit sprachen, in der ein schwerwiegender Konflikt durch eine Reihe denkwürdiger Siege des christlichen Glaubens schnell beendet worden sei. Auf solche Weise setzten sie eine Art von erzählerischem Schlußpunkt hinter ein Jahrhundert, das sehr treffend ein »schwankendes Jahrhundert« genannt worden ist.[41] Die Heiden sollten einfach wissen, daß es einen Krieg gegeben hatte und daß sie besiegt worden waren. »Der heidnische Glaube«, schrieb Isidor von Pe-

[38] Rufinus, Kirchengeschichte 2, 22–34 (PL XXI 528 A–540 C); Thélamon (Kap. 2 Anm. 23) 325–417 und 459–472.

[39] Thélamon (Kap. 1 Anm. 23) 247; die Farbtafel einer Szene, in der Theophilos auf dem Sarapeion steht, bildet das Frontispiz jenes Buches.

[40] B. Croke, City Chronicles of Late Antiquity, in: Reading the Past (Kap. 2 Anm. 132) 193.

[41] Chuvin (Kap. 2 Anm. 33) 36–56.

lusion, »der mit so viel Schmerzen, so viel finanziellem Aufwand und so vielen Kriegen über lange Jahre die Welt beherrscht hat, ist von der Erde verschwunden.«[42] Und Kaiser Theodosius II. erklärte im Jahre 432 rundheraus: »Die Gesetze, die früher erlassen worden sind, dienen dazu, alle Heiden zu unterdrücken, wobei Wir der Überzeugung sind, daß es inzwischen gar keine Heiden mehr gibt.«[43]

Es war ein Bild dieser Zeit, das hinsichtlich seiner Glaubwürdigkeit von dem abhing, was unter ähnlichen Umständen eine »Ideologie des Schweigens«[44] genannt worden ist. Tatsächlich blieb der Polytheismus auf allen Ebenen des oströmischen Gesellschaftsleben immer noch weit verbreitet. Der von den christlichen griechischen Schriftstellern »Hellenismus« – das heißt die alte Religion der »Hellenen« – genannte traditionelle Polytheismus nahm ebenso wie der Judaismus großen Raum in den christlichen Schriften des 5. Jahrhunderts ein. Er war Bestandteil einer christlichen Siegesrhetorik. Der Glaube der »Hellenen« stand für die dämonischen Irrtümer einer Vergangenheit, die man unwiderruflich überwunden hatte. Aber es handelte sich hier um eine literarische Konstruktion, ein inständiges *basso profundo* zu Ehren der neuen Zeit, die dem christlichen Imperium gehörte.[45] Die Anhänger des Polytheismus selbst wurden in offiziellen Kreisen kaum erwähnt.

Als Folge davon gewähren uns die Quellen nur flüchtige Einblicke in das Leben der Anhänger des Heidentums. Wir wissen zum Beispiel, daß es überall in den kleinen Städten des Oströmischen Reiches treue Anhänger des Polytheismus gab. Aus Athen,[46] aus Aphrodisias in Karien[47] und vom Heiligtum Menouthis bei Alexandria[48] haben wir anschauliche Berichte von heidnischer Religionsausübung bis zum Ende des 5. Jahrhunderts. In anderen Regionen, so im libanesischen Bekaa-Tal und

---

[42] Isidor von Pelusion, Briefe 1, 270 (PG LXXVIII 344 A).

[43] Codex Theodosianus 16, 19, 22; Chuvin (Kap. 2 Anm. 33) 91 f.

[44] Ch. J. Halperin, Russia and the Golde Horde. The Mongol Impact on Russian History, London 1985, 5 nimmt auf die Beziehungen zwischen Russen und nicht-christlichen Nomaden im Mittelalter Bezug.

[45] P. Canivet, Histoire d'une entreprise apologétique au Vème siècle, Paris 1958, 118–125.

[46] Fowden (Kap. 2 Anm. 139); Frantz (Kap. 1 Anm. 28) 57–92.

[47] Roueché (Kap. 1 Anm. 28) 85–96; Smith (Kap. 2 Anm. 139) 153 ff.

[48] Zacharias Scholasticus, Leben des Severus 14–35; Chuvin (Kap. 2 Anm. 33) 106–111.

in Harran (Karrhai) an der Ostgrenze blieb der Polytheismus bis über das Ende des 6. Jahrhunderts hinaus die Regel.[49]

Die fragmentarische Struktur unserer Quellen läßt uns dahin tendieren, den lokalen Charakter und damit scheinbar den Restbestand der geschilderten Praktiken zu übertreiben. Gemeinden, die den alten Göttern treu blieben, werden von modernen Gelehrten häufig als isolierte Inseln »überlebenden Heidentums« in einem weitgehend christlichen Reichsverband behandelt. Nur selten wird die Ideologie des Schweigens in einer christlichen Quelle soweit durchbrochen, daß wir diese Einzelfälle als Teil eines größeren Zusammenhangs zählebigen und förmlichen Widerstandes gegen das Christentum erkennen können. In einem Schreiben an den Patriarchen von Konstantinopel aus dem Jahre 431 versucht Johannes von Antiochia seinen Widerstand gegen Kyrillos von Alexandria nach dem Konzil von Ephesos zu rechtfertigen und erklärt, daß die Kirchen des Ostens es sich nicht erlauben könnten, durch theologische Kontroversen (wie sie Kyrillos provoziert hatte) geschwächt zu werden, wenn sie »sich gegen die Heiden in Phönizien, Palästina und Arabien behaupten wollten«.[50] Obwohl dieses Geständnis auf kühlem politischem Kalkül beruht, erlaubt es uns, das Ausmaß des Schattenreiches zu erfassen, das gewöhnlich durch das gleißende Licht der christlichen Quellen ausgeblendet wird. Neuere Forschungen scheinen das von Johannes angedeutete Bild zu bestätigen. Die Widerstandskraft und Anpassungsfähigkeit des Polytheismus war ein integraler, wenn auch offiziell tabuisierter Bestandteil der Vielfalt und Lebenskraft der östlichen Provinzen in der Spätantike.[51]

Auch trug dieser Polytheismus nicht unbedingt nur lokale Züge. Berichte über das studentische Leben in Alexandria und Beirut am Ende des 5. Jahrhunderts zeigen die Söhne der Honoratioren aus dem gesamten Imperium, für die der Polytheismus immer noch die Familienreligion bildete. Das Christentum, vor allem in seiner asketischen und strengen Ausprägung, blieb eine neue und ungewohnte Lebensform, die vor allem für die jungen Heißsporne unter den Studenten eine Verlockung darstellte. Es

---

[49] M. Tardieu, Sabiens coraniques et »Sabiens« de Harran, Journal asiatique 272 (1986) 1–44; C. Klugkist, Die beiden Homilien des Isaak von Antiochien über die Eroberung von Bet Hûr durch die Araber, in: IV. Symposium Syriacum 1984, (Orientalia Christiana Analecta 229) Rom 1987, 237–256; Chuvin (Kap. 2 Anm. 33) 112f. und 139f.

[50] Collectio Casinensis 287, 5, in: Schwartz (Kap. 1 Anm. 35) 210.

[51] Bowersock (Kap. 2 Anm. 17) 2–5, 35–40 und 72–81.

gab sogar Spaltungen innerhalb einzelner Familien. Von insgesamt vier Brüdern aus Aphrodisias in Karia wurde einer unter dem Namen Athanasios Mönch in Alexandria, zwei blieben als prominente Bürger in Aphrodisias und der vierte, Paralios, wurde zur Vervollkommnung seines Studiums nach Alexandria geschickt, unter der Bedingung, daß er keinen Kontakt zu seinem zum Christentum übergelaufenen Bruder aufnehmen dürfe.[52] Es handelte sich um eine Gruppe der gesellschaftlichen Oberschicht, die ebenso stürmische Auseinandersetzungen zwischen den Vertretern der alten und der neuen Religion und ebenso dramatische Konversionen kannte wie das Elisabethanische Oxford zur Zeit Edmund Campions.

So kam beispielsweise der künftige Architekt der monophysitischen Theologie und spätere Patriarch von Antiochia, Severus, trotz anderslautender Behauptungen seiner späteren Verteidiger[53] aus polytheistischen Verhältnissen. Er interessierte sich erst für das Christentum, als er in den Hörsälen von Alexandria und Beirut mit Kreisen junger Eiferer in Berührung kam.[54] Die Geschichte von Adam und Eva mußte er sich erst erklären lassen, als er sie auf einem Mosaik in einer christlichen Kirche dargestellt sah.[55] Die Bekehrung des jungen Severus zu einer radikalen – man könnte sagen »fundamentalistischen« – Form der herrschenden Religion und seine anschließende Taufe am Altar des heiligen Leontius in Tripolis in der Nähe von Beirut unterschied sich nicht sehr von der Bekehrung seines älteren Zeitgenossen Proklos aus Lykien von einer religiös indifferenten Laufbahn als römischer Jurist zu der Weisheit der Alten, die ihn bewogen hatte, »unter dem Schutz aller Götter« nach Athen zu reisen, um sich der strengen Lebensform eines Philosophen zu ergeben.[56]

In vieler Hinsicht schützte das Gesetz des Schweigens derartige Persönlichkeiten. Im Oströmischen Reich des 5. und 6. Jahrhunderts fand sich ein beträchtlicher Anteil an Männern der

[52] Zacharias Scholasticus, Leben des Severus 14 ff. und 37–44; Roueché (Kap. 1 Anm. 28) 85 f.

[53] Zacharias Scholasticus, Leben des Severus 7–10.

[54] G. Garitte, Textes hagiographiques orientaux relatifs à Saint Léonce de Tripoli II: L'Homélie copte de Sévère d'Antioche, Mouséon 79, 1966, 335–386, spez. 357 f. und 374: Homilie 4, 1–4. Eine englische Übersetzung (mit Kommentar) dieser Teile von Zacharias' Leben des Severus bietet R. A. Darling Young, Zacharias. The Life of Severus, in: V. L. Wimbush (Hg.), Ascetic Behavior in Greco-Roman Antiquity. A Sourcebook, Minneapolis 1990, 312–328.

[55] Zacharias Scholasticus, Leben des Severus 49.

[56] Marinus, Leben des Proklos 8–10, hg. von J. F. Boissonade, Leipzig 1814, 64 ff.

paideia in hohen Positionen, die gelernt hatten, ihre Glaubens-
überzeugungen für sich zu behalten. Die Frommen unter ihnen
lebten in einer Vorstellungswelt, die in gleicher Weise der reinen Phantasie entsprungen war wie das Wunschbild eines durch
und durch christlichen Imperiums auf seiten ihrer Gegner. In
Athen etwa ließen der Philosoph Proklos und sein Biograph
Marinos kaum erkennen, daß sie in derselben Stadt lebten, die
durch ihre Baudenkmäler bekundete, daß sie bedeutende Elemente des Christentums in ihren Mauern beherbergte: So gab es
ein Palais für die fromme Kaiserin Eudokia, die Tochter eines
athenischen Professors, an der Agora, weiter eine große tetra-
gonale Kirche mit Kuppeldach im Hof der Hadriansbiblio-
thek und möglicherweise sogar eine Siedlung christlicher Mönche, die den Paß über das Aigaleos-Gebirge bei Daphni beherrschte.[57]

In Aphrodisias in Karien restaurierte Asklepiodotos im Jahre
480 die Kuppel des größten Bades, das sich an das Theater an-
schloß. Daneben stand das Denkmal, das man ihm zu Ehren errichtet hatte.[58] Obwohl »von den Kaisern mit Ehren überhäuft«
und »eine führende Persönlichkeit des Stadtrates«, war Asklepiodotos ein frommer Polytheist. Er verheiratete seine Tochter
mit einem Philosophen, einem Namensvetter, dem Arzt und
Naturwissenschaftler Asklepiodotos von Alexandria. Das junge
Paar nahm eine Vision der Isis als Unterpfand für die Geburt eines Kindes.[59]

Asklepiodotos aus Aphrodisias wußte, zu welchem Himmel
er gehörte. Ein Denkmal, das die Form einer eleganten Pyramide
hatte, machte dies deutlich: »Weder starb er, noch sah er den
Acheron, sondern auf dem Olymp leuchtet der Stern des Asklepiodotos – welcher herrliche Bauwerke für sein Vaterland errichten ließ.«[60] Und doch ereignete sich dies alles zu einer Zeit, in der
der Tempel der Aphrodite, dessen offene Kolonnaden nun mit
Ziegeln ausgemauert waren, um ihn zu einer christlichen Basilika
zu machen, sich als neue Kathedrale des Bischofs über der Stadt
erhob.[61]

---

[57] Fowden (Kap. 1 Anm. 28) 497–500.
[58] Roueché (Kap. 1 Anm. 28) 87f. nr. 53.
[59] Zacharias Scholasticus, Leben des Severus 17ff.; Roueché (Kap. 1 Anm. 28) 88–92.
[60] Roueché (Kap. 1 Anm. 28) 88 nr. 54.
[61] R. Cormack, The Temple as Cathedral, in: Ch. Roueché und K. T. Erim (Hgg.),
Aphrodisias Papers, (Journal of Roman Archaeology Suppl. 1) Ann Arbor 1990, 75–84.

Wir haben es mit einer Welt zu tun, in der religiöse Gruppen von der Ideologie des Schweigens profitierten, um im Schatten eines »herrschenden Glaubens« ihr Dasein zu fristen.[62] Sie taten das auf eine Weise, die mehr mit den stabilen, wenn auch nicht sehr herzlichen Beziehungen zu tun hatte, die später den Status der Juden und Christen unter moslemischer Herrschaft charakterisierten, als mit dem Idealbild einer vom Polytheismus befreiten Welt, das von christlichen Schriftstellern propagiert wurde und den kaiserlichen Gesetzen zugrunde lag. Wenn diese Leute offiziell auch nicht existierten, so konnten sie doch ihr Leben im großen und ganzen ungestört weiterführen: »Friedfertige Juden und Heiden, die nichts Aufrührerisches oder Gesetzwidriges im Schilde führten, waren durch das Gesetz vor christlicher Gewalttätigkeit geschützt.«[63] Viele »Hellenen« absolvierten auch weiterhin Laufbahnen als Philosophen und als Vertreter der *paideia* in hohen Positionen – in genau der gleichen Weise, wie sie im 4. Jahrhundert Libanios und Themistios vorexerziert hatten. Wenn uns zum Beispiel die umfangreiche Korrespondenz des Severianus von Damaskus erhalten wäre, wüßten wir wahrscheinlich über die griechische Welt des späten 5. Jahrhunderts genau so gut Bescheid wie über diejenige des Libanios im 4. Jahrhundert.[64]

Wir kennen wenigstens die Laufbahn eines solchen »Hellenen«.[65] Isokasios stammte aus Aegae in Kilikien. Er machte sich zunächst einen Namen als Sophist in Antiochia. Bischof Theodoretos sandte ihm Schüler und nahm vermutlich die Hilfe dieses angesehenen Bürgers in Anspruch, um die Wahl seines Freundes Domnus zum Patriarchen von Antiochia im Jahre 441 durchzusetzen.[66] Isokasios sorgte in althergebrachter Weise für seine Gesundheit. Als er einmal von seiner Arbeit erschöpft war, zog er sich in die wohltätige Stille eines Heiligtums an der Küste zurück, um von den Göttern einen heilenden Traum zu erlangen. Dieses Heiligtum, das lange dem wundertätigen Heros Sarpedon geweiht war, lag in einem Vorort von Seleukia in Kilikien – dem modernen Meryamlik mit seiner beeindruckenden mediterranen Küstenfront (die jetzt leider in ein Wohngebiet umgewandelt wird, aus dem die ehrwürdigen Steine des Heiligtums nach und

[62] Damaskios, Leben des Isidor frg. 316, in: Zintzen (Kap. 1 Anm. 83) 251.
[63] Codex Theodosianus 16, 10, 24 (423 n. Chr.), wieder in Codex Iustinianus 1, 11, 6.
[64] Damaskios, Leben des Isidor frg. 279, in: Zintzen (Kap. 1 Anm. 83) 225.
[65] Prosopography (Kap. 3 Anm. 244) 633f.
[66] Flemming (Kap. 3 Anm. 145) 126: 11 und 127: 16 (Übersetzung).

nach mit den Lastwagen der Bauunternehmer entfernt werden). Die Christen schrieben Isokasios' Heilung der heiligen Thekla zu, deren Kirche in dem Ort stand und als eines der Hauptwallfahrtszentren der christlichen Welt galt. Ihre Überzeugung irritierte Isokasios nicht im mindesten. Trotz einer scharfen Rüge von Thekla nahm er seine Heilung an, ohne seine Loyalität gegenüber den alten Göttern aufzugeben.[67]

Erst als seine Laufbahn ihn schließlich um das Jahr 465 nach Konstantinopel führte, wurden seine religiösen Überzeugungen zu einer Belastung.[68] Er bekleidete in der Hauptstadt das Amt eines *quaestor* des kaiserlichen Palastes – eine wichtige Position, die für einen Gelehrten, dem der Ruf »philosophischer« Redlichkeit vorausging, wie geschaffen war. Als er dann während eines Aufruhrs im Jahre 467 des Polytheismus angeklagt wurde, entging er wohl nur knapp der Lynchjustiz.[69] Selbst christliche Zeitgenossen erinnerten sich anläßlich dieses Ereignisses, daß Isokasios eine Haltung und einen Mut an den Tag legte, die einem Philosophen geziemte. Er wurde zum Gerichtshof des Prätorianerpräfekten, seines früheren Kollegen Pusaios geschleppt und stand nun vor dem Richter, »nackt... die Hände auf dem Rücken gefesselt. ›Siehst du nun, Isokasios, in was für eine Lage du dich gebracht hast‹ [sagte Pusaios]. Und Isokasios antwortete: ›Ich sehe es wohl, und es macht mir nichts aus. Als Sterblichem ist mir das Mißgeschick eines Sterblichen zugestoßen. Du aber richte mich nach den Regeln der Gerechtigkeit, wie du zu richten pflegtest, als du neben mir auf der Richterbank saßest.‹«[70] So war das vorbildliche Benehmen eines Philosophen im Angesicht eines Mächtigen.

Tatsächlich erwies sich Isokasios' Polytheismus als Rettungsanker. Indem er seine Zustimmung zur Taufe gab, besänftigte er den Zorn der Menge: »Er kehrte mit den besten Wünschen des Kaisers in seine Heimatprovinz zurück; [denn] er galt als Mann von großer Klugheit und als gerechter Richter... und er half dem Volk von Kilikien.«[71] An einem Hofe, dessen Angehörige in der Überzeugung lebten, ein intolerantes, offizielles Christentum

---

[67] Wunder der heiligen Thekla 39, vgl. 18 und 40, in: G. Dagron, Vie et Miracles de Sainte Thècle, (Subsidia Hagiographica 62) Brüssel 1978, 394, 338 und 396.

[68] J. Harries, The Roman Imperial Quaestor from Constantine to Theodosius II., Journal of Roman Studies 78, 1988, 170.

[69] Johannes von Nikiu, Chronik 88, 7, in: Charles (Kap. 3 Anm. 251) 109.

[70] Chronicon Paschale zum Jahr 467; übers. von M. und M. Whitby, Chronicon Paschale 284–628 A. D., Liverpool 1989, 88.

[71] Johannes von Nikiu, Chronik 88, 11, in: Charles (Kap. 3 Anm. 251) 110.

mit einem hohen Maß an griechischer *paideia* verbinden zu können,[72] war der Polytheismus des Isokasios für seine Standesgenossen ein offenes Geheimnis gewesen und hatte kaum Bedeutung gehabt, bis eine politische Krise zeigte, daß selbst sein Glaube an die Götter zum Handelsobjekt werden konnte.

Männer wie Isokasios und der zählebige, diskrete Polytheismus, für den er nur ein besonders prominentes Beispiel lieferte, hatten keinen Platz in der christlichen Darstellung des Oströmischen Reiches. Eine Ideologie des Schweigens schützte den offiziellen Triumph der Kirche. Sie verdeckte die beunruhigende Komplexität des Alltagslebens in einem Imperium von großer religiöser Vielgestaltigkeit, ebenso wie ein Jahrtausend später eine ähnliche Ideologie in derselben Stadt den aggressiven Islam des Ottomanischen Reiches schützte. Die Existenz so vieler Persönlichkeiten und Kulte, die nicht genannt werden durften – oder bestenfalls als Besiegte erwähnt werden konnten –, beschleunigte die Ausarbeitung eines konsequenten und entschiedenen Bildes von einem christlichen Imperium durch diejenigen, die dem neuen System angehörten oder anzugehören wünschten.

Wir müssen uns immer vor Augen halten, daß im 5. Jahrhundert das christliche Bild vom Kaiser und von der Gesellschaft, die er regierte, niemals der vollen Realität des oströmischen Lebens entsprach. Die Stärke des Ostreiches lag zu dieser Zeit gerade in dem weitverbreiteten Bewußtsein, daß – anders als im kriegsgeschädigten Westen – viele grundlegende Institutionen seit Konstantin und Theodosius I. unverändert geblieben waren. Das Steueraufkommen reichte nach wie vor aus,[73] die Städte lebten in relativem Wohlstand und fuhren fort in ihrer traditionellen Selbstdarstellung durch Inschriften, Ehrendenkmäler und öffentliche Bauwerke.[74] Bischöfe und städtische Honoratioren hatten, wie wir gesehen haben, einen *modus vivendi* gefunden, welcher den Konsens und die Beibehaltung der alten Werte betonte. So wie die ungebildeten Mönche im scharfen Gegensatz zu den Exponenten der *paideia* dargestellt wurden, enthielten auch die Schilderungen von Kaiser und Gesellschaft im 5. Jahrhundert

[72] Cameron 1982 (Kap. 2 Anm. 8) 270–285.

[73] Jones (Kap. 1 Anm. 14) I 202–208 und II 1064–1068.

[74] Roueché (Kap. 1 Anm. 28) 60–120; Balty (Kap. 1 Anm. 28) 79–89; R. Cormack, Byzantine Aphrodisias. Changing the Symbolic Map of a City, Proceedings of the Cambridge Philological Society 216, 1990, 26–41; H. Geremek, Sur la question des »boulai« dans les villes égyptiennes aux Ve–VIIe siècles, Journal of Juristic Papyrology 20, 1990, 47–54; M. Whittow, Ruling the Late Roman and Early Byzantine City. A Continuous History, Past and Present 129, 1990, 3–29.

Elemente, die man um des dramatischen Effektes willen betonte, obwohl sie im wirklichen Leben bereitwillig geopfert oder einge-schränkt worden waren.

Und dennoch gab es viel Neues. Es scheint der Mühe wert zu sein, die Aufmerksamkeit auf die neuen Aspekte der politischen Denkweise der Christen im 5. Jahrhundert zu lenken. Denn in-dem wir diesen Aspekten nachgehen, können wir die Vektoren der bedeutenden Veränderungen in der oströmischen Kultur und Gesellschaft aufzeigen, die vom Tode Theodosius' I. im Jahre 395 über das Konzil von Chalkedon (451) zu dem grundle-gend veränderten Imperium führten, das Justinian von 527 bis 565 regierte.

Eine offensichtliche Veränderung tritt in der christlichen Historiographie der ersten Hälfte des 5. Jahrhunderts zutage. Die christlichen Historiker feierten nicht nur den Sieg der Kir-che, sondern hoben gleichzeitig die Rolle des Kaisers in der oströmischen Gesellschaft hervor. In der Hagiographie und Kirchengeschichte der Zeit hing die Macht des Kaisers nicht länger nur am seidenen Faden einer *paideia* für die Ober-schichten. Die Macht des Kaisers kam vielmehr von oben, sie wurde durch Wunder offenbart. Die persönliche Frömmigkeit einzelner Herrscher, nicht ihre *paideia*, wurde als Quelle des Glücks und göttlichen Segens für das Imperium angesehen. Ein Übermaß an wunderbaren Geschehnissen und wundertäti-gen Persönlichkeiten, die mit der Herrschaft einzelner from-mer Kaiser in Verbindung gebracht wurden, galten als das si-cherste Indiz dieses Segens.[75]

Theodosius I. soll beispielsweise einen wunderbaren Sieg in der Schlacht am Frigidus errungen haben, welcher ihm aufgrund seiner eigenen Gebete und derjenigen des fernen ägyptischen Anachoreten Johannes von Lykopolis (Siut) zuteil wurde.[76] Vor allem hob man darauf ab, wie das Herz des Kaisers durch das wiederholte Eingreifen »wahrer« Philosophen, mutiger Bischöfe und frommer Mönche, zur Frömmigkeit und zu dem erstaunli-chen, öffentlichen Wunder der Barmherzigkeit bewegt wurde. Keine Kirchengeschichte dieser Zeit verzichtete auf die Darstel-lung einer lebhaften Auseinandersetzung, die den Erfolg der

[75] Chesnut (Anm. 34) 182–188; Mazza (Anm. 34) 291–302; L. Cracco Ruggini, Il mi-racolo nella cultura del tardo impero. Concetto e funzione, in: Hagiographie, Culture et Sociétés. IVᵉ–XIIᵉ siècles, Paris 1981, 161–204.
[76] Rufinus, Kirchengeschichte 2, 32f. (PL XXI 538C–540B); Augustinus, Gottes-staat 5, 26.

parrhesia von Mönchen und Bischöfen im Umgang mit dem Kaiser deutlich machte.[77]

Im Grunde war das nichts Neues. Viele Christen des 4. Jahrhunderts hatten die Politik des Imperiums in eben diesem Lichte sehen wollen. Die Schriften des Eusebios von Caesarea illustrierten eindeutig weitverbreitete Erwartungen. Die kaiserliche Macht hätte kaum auf eine noch stärker metaphysische Weise dargestellt werden können als in Eusebios' ›Oratio‹ und ›Vita Constantini‹. Aber gerade die große Ausführlichkeit in den Schriften der Historiker des 5. Jahrhunderts verrät eine veränderte Sichtweise. Bei Eusebios hat Konstantin die Augen beständig gen Himmel erhoben.[78] Als Individuen interessierten ihn seine Untertanen so gut wie gar nicht. Statt dessen predigte er in Reden und feierlichen Gesetzestexten ständig auf sie ein.[79] In der Tradition des Origenes stellte Eusebios den Kaiser als eine glühende Seele dar, welche zur Erde herabgestiegen ist, um der römischen Welt »mit lauter, für alle vernehmbarer Stimme«[80] die wahre Religion zu verkünden.

Eusebios schrieb allerdings in Casesarea in beträchtlicher räumlicher Entfernung von seinen Helden. Seine ›Vita Constantini‹ war ein experimentelles Buch, »ein Versuch in Hagiographie«.[81] Im 5. Jahrhundert galt es als selbstverständlich, daß der Kaiser ein Christ war, vor allem für Bewohner der Stadt Konstantinopel wie die Historiker Sokrates und Sozomenos. Nun kam es darauf an, wie ein christlicher Kaiser seine Pflichten gegenüber dem Imperium erfüllte. Geschichten über die gemeinsame Frömmigkeit, die die Kaiser Theodosius I. und Theodosius II. mit ihren Untertanen verband, insofern sie für die Vertreter der christlichen Gemeinden zugänglich und für die christlichen Tugenden der Barmherzigkeit und des Glaubenseifers empfänglich waren, halfen den Schriftstellern des 5. Jahrhunderts, der Darstellung der überragenden, aber fernen Kaisergestalt, wie Eusebios sie zum ersten Male skizziert hatte, lebensvolle Züge zu verleihen.

[77] Vgl. etwa die Behandlung von Basileios und Ambrosius in Theodoretos, Kirchengeschichte 4, 6 und 16f. sowie 5, 17.

[78] Eusebios, Leben Konstantins (Vita Constantini) 4, 15.

[79] Eusebios, Leben Konstantins 4, 24 und 29.

[80] Eusebios, Lob Konstantins 2, 4; vgl. Av. Cameron, Eusebius of Caesarea and the Rethinking of History, in: E. Gabba (Hg.), Tria Corda. Scritti in onore di Arnaldo Momigliano, Como 1983, 77–88 und Mazza (Anm. 34) 238–247.

[81] T. D. Barnes, Panegyric, History and Hagiography in Eusebius' ›Life of Constantine‹, in: R. Williams (Hg.), The Making of Orthodoxy. Essays in Honour of Henry Chadwick, Cambridge 1989, 110.

Die Frage des freien Zugangs zur kaiserlichen Macht erlangte im 5. Jahrhundert entscheidende Bedeutung. Ein allgemeines Vertrauen, daß Christen Zugang zu den Mächtigen hätten, signalisierte das Ende des Polytheismus weit wirkungsvoller als jedes kaiserliche Gesetz oder die Schließung irgendeines Tempels. Das Empfinden, daß die Vertreter der Kirche auf allen Ebenen des Regierungssystems die Hebel der Macht erreichen könnten, stellte sicher, daß die »schwerfällige Trägheit der antiken Mittelmeerstädte« sich langsam aber sicher in Richtung auf das Christentum zu bewegte.[82] Wir wollen uns hier kurz einige Beispiele ansehen, die uns die Wirksamkeit dieses Vertrauens exemplifizieren.

Viele Philosophen wurden Bischöfe. Weltliche Kirchenhistoriker wie Sokrates und Sozomenos schildern eine kirchliche Welt in und um Konstantinopel, in der es von exzentrischen Übergangsgestalten wimmelte. Sisinnius, der später Bischof der strengen Novatianersekte in Konstantinopel werden sollte, hatte bei niemand anderem Philosophie studiert als bei dem hochgeachteten Maximus von Ephesos, dem geistigen Mentor Kaiser Julians.[83] »Sisinnius frönte dem Luxus, weiße Gewänder zu tragen und zweimal täglich die öffentlichen Bäder aufzusuchen. Als ihn jemand fragte, warum er, ein Bischof, zweimal täglich badete, antwortete er: ›Weil ihr mir für ein drittes Bad keine Zeit laßt.‹«[84] Andere behielten ihr altes, ungepflegtes Aussehen bei. In Tomi, einer bedeutenden Garnisonsstadt am Schwarzen Meer, trug Bischof Theotimos weiterhin die lange, ungepflegte Haartracht der Berufsphilosophen. Bei den ortsansässigen Hunnen hieß er nur »der Gott der Römer«.[85]

Diese Entwicklung kommt nicht überraschend. Schließlich waren die Philosophen im allgemeinen schon immer lokale Honoratioren mit hochherzigen, ja zutiefst religiösen Veranlagungen gewesen. Sie verfügten bereits über die soziale Stellung und die Art von Bildung, die sie für die christlichen Gemeinden interessant erscheinen ließen. Synesios von Kyrene paßt gut in dieses Bild lokaler Honoratioren und Philosophen, die zu Bischöfen wurden.[86] Er hatte bei Hypatia Philosophie studiert, deren spä-

[82] Van Dam (Anm. 7) 3.
[83] Sokrates, Kirchengeschichte 5, 21.
[84] Sokrates, Kirchengeschichte 6, 22.
[85] Sozomenos, Kirchengeschichte 7, 26.
[86] Den Untersuchungen von J. Bregman, Synesius of Cyrene. Philosopher-Bishop, Berkeley 1982, und S. Vollenweider, Neuplatonische und christliche Theologie bei Sy-

tere brutale Ermordung er glücklicherweise nicht mehr miterleben sollte. Als er in der Zeit von 397 bis 400 als Gesandter seiner
Heimatstadt in Konstantinopel weilte, verstand er es, seine Beziehungen zu den Mächtigen im Sinne des alten, philosophischen
Ideals zu stilisieren. Indem er den »ungehobelten« Freimut eines
Philosophen[87] zur Schau trug, machte sich Synesios daran, hochgestellte Beamte zu beeinflussen, um für seine Heimatstadt Kyrene Steuererleichterungen zu erreichen. Es war ein mühseliges
Geschäft, aber in seinem Verlaufe verfaßte er zwei brillante
Pamphlete im Rahmen der heftigen Auseinandersetzung, die unablässig, wenn auch diskret, im Umkreis des Hofes im Gange
war: die Schriften ›De regno‹ und ›De providentia‹.[88] Er entledigte sich des Auftrags seiner Vaterstadt in der althergebrachten
Weise. Synesios blickte später zufrieden auf jene Jahre zurück.
Seine angeborene Intelligenz sowie die glückliche Begabung,
seine eigenen Träume deuten zu können, hatten ihn befähigt, wie
ein wahrer Philosoph zu handeln. Er war erfolgreich gewesen »in
der Verwaltung seines Amtes zum Wohle der Städte... und
furchtloser als je ein Grieche, der das unmittelbare Vertrauen des
Kaisers genoß«.[89] Nach seiner Rückkehr in die Cyrenaica wurden seine Talente, deren Erfolge in Konstantinopel doch mehr
dem Wunsch als der Wirklichkeit entsprochen hatten, von der
christlichen Kirche in Anspruch genommen. Im Jahre 410 ernannten der Klerus und die Honoratioren der Region Synesios
zum Bischof von Ptolemais.

Es ist gut möglich, daß Synesios als frommer Christ aufgewachsen ist.[90] Die einzige »Bekehrung«, die seine Wahl und Ernennung zum Bischof von Ptolemais ihm auferlegten, lag in einer
drastischen Änderung seiner Lebensweise und in dem Zwang,

nesios von Kyrene, (Forschungen zur Kirchen- und Dogmengeschichte 35) Göttingen
1985 fehlt die historische Dimension, die folgende Studien – wenn auch mit unterschiedlichen Schlußfolgerungen – in trefflicher Weise bieten: T. D. Barnes, Synesius and Constantinople, Greek, Roman and Byzantine Studies 27, 1986, 93–113; J. H. W. G. Liebeschuetz, Synesius and Municipal Politics of Cyrenaica, Byzantion 55, 1985, 146–164;
J. Long, The Wolf and the Lion. Synesius' Egyptian Source, Greek, Roman and Byzantine Studies 28, 1987, 103–115; Roques (Kap. 1 Anm. 27); Lizzi (Anm. 2) 33–111;
Liebeschuetz (Kap. 1 Anm. 27) 105–138 und 228–235; Cameron und Long (Kap. 3
Anm. 244) 13–69.
   [87] Synesios, De providentia 1, 18, in: N. Terzaghi, Synesius Cyrenensis, Opuscula,
Rom 1944, 105 (PG LXVI 1253 C).
   [88] Liebeschuetz (Kap. 1 Anm. 27) 106 f. und 253–272.
   [89] Synesios, De insomniis 9, C. XIV, in: Terzaghi (Anm. 87) 176 (PG LXVI 1309 A).
   [90] Bregman (Anm. 86) 60–163; Roques (Kap. 1 Anm. 27) 302 f.; Liebeschuetz (Kap. 1
Anm. 27) 141.

mehr Zurückhaltung bei seinen geistigen Aktivitäten zu üben. Obwohl er auf Vorschlag von Theophilos, des mächtigen Patriarchen von Alexandria, auf einen der wichtigsten Bischofsstühle in der äußersten Provinz des Patriarchats gelangt war, wußte Synesios, daß ihm Theophilos oder einer seiner Nachfolger jederzeit gefährlich werden konnte. Es lag erst zehn Jahre zurück, daß der Patriarch die Mönche des Nildeltas zur Ordnung gerufen und im fernen Konstantinopel Johannes Chrysostomos gestürzt hatte.[91]

Synesios mußte wissen, woran er mit diesem Mann war. Sein 105. Brief, ein öffentliches Schreiben an seinen Bruder, sollte auch von Theophilos und den *scholastikoi*, den gelehrten Kirchenrechtlern, zur Kenntnis genommen werden.[92] In diesem Schreiben kokettierte Synesios bewußt mit seiner Abneigung, sich von bestimmten philosophischen Anschauungen loszusagen. Auf diese Weise wollte er seine offizielle Position als Bischof von Ptolemais absichern. Theophilos wußte nun Bescheid. Wenn er Synesios als Kollegen haben wollte, mußte er ihn so akzeptieren, wie er war.

Besonders diejenigen Punkte, die Theopilos im Falle einer Auseinandersetzung gegen ihn hätte verwenden können, wurden zum Zweck der Klärung ausdrücklich angesprochen. Synesios machte dem Patriarchen klar, daß er weiterhin mit seiner Frau zusammenleben wolle.[93] Auch würde er »philosophische« Anschauungen zur Auferstehung des Leibes vertreten.[94] Die Auffassung des Synesios hatte große Ähnlichkeit mit den Lehren des Origenes, der geleugnet hatte, daß die Körper der Verstorbenen wiederhergestellt würden. Theophilos hatte Anschauungen

---

[91] Die beste Zusammenfassung der Kontroversen im Ägypten jener Zeit stammt von A. Guillaumont, Les ›Kephalaia Gnostica‹ d'Evagre le Pontique, (Patristica Sorbonensia 5) Paris 1962, 59–80; eine vollständige Untersuchung des Streites um Origenes' Lehre bietet nunmehr E. A. Clark, The Origenist Controversy. The Cultural Construction of an Early Christian Debate, Princeton 1993.

[92] Synesios, Briefe 105, in: Garzya (Kap. 1 Anm. 111) 190 (PG LXVI 1488D); zur juristischen Bedeutung von *scholastikos* s. Roueché (Kap. 1 Anm. 28) 76f.

[93] Synesios, Briefe 105, in: Garzya (Kap. 1 Anm. 111) 187 (PG LXVI 1485A). Johannes Chrysostomos hatte kurz zuvor den Bischof von Ephesos abgesetzt, da dieser u. a. seine Frau aus einem Konvent genommen hatte, um ein unvollendetes Familienunternehmen abzuschließen: Palladios, Dialogus de Vita Johannis Chrysostomi 13 (PG XLVII 48).

[94] Synesios, Briefe 105, in: Garzya (Kap. 1 Anm. 111) 188f. (PG LXVI 1485BC). Die klassische Aussage hierzu bleibt die von H. I. Marrou, Synesius of Cyrene and Alexandrian Neoplatonism, in: A. D. Momigliano (Hg.), The Conflict of Christianity and Paganism in the Fourth Century, Oxford 1963, 147f.

dieser Art als »Lumpen aus dem abgetragenen Gewand der Philosophen« verurteilt und eine wilde Hexenjagd gegen vermeintliche Anhänger des Origenes inszeniert, in deren Folge im Jahre 400 die Klöster von Nitria und Kellia zerstört worden waren.[95] Bei dieser Gelegenheit hatte Theophilos das Schimpfwort »Origenismus« in ungewöhnlich zynischer Weise als Kampflosung gebraucht.[96] Daher lag die Befürchtung nahe, daß er es auch gegen Synesios verwenden würde.

Nachdem er das höfliche, aber unnachgiebige Manifest des Synesios gelesen hatte, konnte der Patriarch nicht mehr behaupten, er sei nicht gewarnt worden. »Der gottgefällige, hochehrwürdige Theophilos, der die Sachlage kennt und mir gegenüber zum Ausdruck gebracht hat, daß er sie versteht, möge in dieser Angelegenheit entscheiden... er wird dann keinen Punkt offen lassen, den er später gegen mich verwenden könnte, um mich des Priesteramtes für verlustig zu erklären.«[97]

Nachdem er auf diese Weise seine Position gesichert hatte, begann Synesios, von seiner *parrhesia* als christlicher Bischof Gebrauch zu machen. Er versuchte, seine Kollegen dafür zu gewinnen, dem Statthalter der Pentapolis entgegenzutreten.[98] Nachdem er schon früher als weltlicher Würdenträger lange Zeit die Untätigkeit der Militärs beklagt hatte, welche die Cyrenaica vor den Nomaden schützen sollten, fand er sich jetzt als Bischof in der Rolle eines Verteidigers von Ptolemais.[99] Als weltlicher Würdenträger hätte er nicht erfolgreicher sein können. Er verwendete weiterhin die gleichen Methoden: Briefe an Freunde bei Hofe, die Beschwörung des alten Ruhms der Stadt sowie geschickte Invektiven gereichten ihm zu größerem Nutzen als die neugewonnene Befugnis zur Exkommunizierung.[100] Trotz seiner hektischen Aktivitäten scheint Synesios als ein desillusionierter Mensch gestorben zu sein, voller Verzweiflung über den

[95] Theophilos, Osterbrief (von 401 n. Chr.) in: Hieronymus, Contra Johannem Hierosolymitanum 7 (PL XXIII 360 C) und ders., Osterbrief 9f. (von 402 n. Chr.), übersetzt in Hieronymus, Briefe 98, 11 (PL XXIII 800). Brown (Kap. 2 Anm. 73) 388f.; s. auch T. Orlandi, Shenute. Contra Origenistas, Rom 1985, 32f. (356) und 38–41 (392–397).

[96] Sokrates, Kirchengeschichte 6, 17.

[97] Synesios, Briefe 105, in: Garzya (Kap. 1 Anm. 111) 190 (PG LXVI 1488 BC).

[98] Synesios, Briefe 57f., in: Garzya (Kap. 1 Anm. 111) 57–70 [41] und 127 ff. [72] (PG LXVI 1384 A–1404 A); Roques (Kap. 1 Anm. 27) 191–202.

[99] Synesios, Constitutio und Catastasis, in: Terzaghi (Anm. 87) 283–293 (PG LXVI 1565 A–1577 A).

[100] J. H. W. G. Liebeschuetz, Why Did Synesius Become Bishop of Ptolemais?, Byzantion 56, 1986, 188–191; ders. (Kap. 1 Anm. 27) 228–235; Lizzi (Anm. 2) 85–116.

Tod seiner Söhne und bedrückt von einem wachsenden Gefühl politischer Isolation.

Auf der anderen Seite des Nildeltas, in Pelusion, trat Synesios' jüngerer Zeitgenosse Isidor, ein Priester mit asketischen Neigungen, in ähnlicher Weise aktiv hervor. Pelusion, der zentrale Hafen, über den der Handel zwischen Rotem Meer und Mittelmeerraum abgewickelt wurde, lag näher am Puls des Geschehens als die abgelegene Cyrenaica des Synesios. Isidors Briefe sind dementsprechend gehaltvoller. Sie füllen achthundert Spalten der *Patrologia Graeca*. Er schrieb an die Statthalter, um sie willkommen zu heißen oder sie zu erbauen[101] und belehrte die ortsansässige Intelligenz über jedes nur denkbare Thema, angefangen vom Wert der Armut und dem richtigen Benehmen der Frauen über die Wundertaten des Apollonios von Tyana (dessen Leben er sorgfältig studiert zu haben behauptete), bis hin zu den Ursprüngen des Hippodroms und der Tatsache, daß Noah in der Arche Salat gegessen habe.[102] Mit Hilfe von Schreiben an hohe Beamte und einflußreiche Freunde jagte er einen unbeliebten Statthalter nach Konstantinopel zurück.[103]

Bei alledem mehrte Isidor den Ruhm seiner *parrhesia*. Beispielsweise verwies er den *dux* Gelasius in seine Schranken, indem er ihm erklärte, daß Hochmut zwar eine Sünde sei, daß er, der arme *dux*, aber keine Veranlassung habe, ihr anheimzufallen, da er »von geringer Abkunft und ohne Vermögen, unintelligent, ungebildet und unansehnlich sei«.[104] Isidor war war halb Wüsteneremit, halb Großstadtmensch. Bei einem Mann mit solch spitzer Feder, der einen jeden über alles belehren konnte, bestand keine Notwendigkeit, sich um der Belehrung oder freimütigen Rede willen an einen nichtchristlichen Philosophen zu wenden.

Weiter nilaufwärts, im Landesinneren Ägyptens, lagen die Verhältnisse ähnlich. Im allgemeinen hat man die Vorstellung,

---

[101] Isidor von Pelusion, Briefe 1, 47 und 208 und 290; 2, 15 und 25 und 120, 5, 40 (PG LXXVIII 211 B, 313 B, 352 D–353 A, 468 A, 473 BC, 560 C–561 A, 1352 B), vgl. ders., Briefe 1, 35 (PG LXXVIII 204 C) an Theodosius und 1, 178 (PG LXXVIII 297 B) an den Prätorianerpräfekten Rufinus. Vgl. R. Delmaire, Notes prosopographiques sur quelques lettres d'Isidore de Péluse, Revue des études augustiennes 34, 1988, 230–236.

[102] Vgl. folgende Briefe des Isidor von Pelusion: Zur Armut 2, 146 und 168 (PG LXXVIII 592 A–601 B und 620 CD), zu den Frauen 2, 53 (PG LXXVIII 496 C–497 A), zu Apollonios von Tyana 1, 398 (PG LXXVIII 405 B), zum Hippodrom 5, 185 (PG LXXVIII 1436 C), zu Noah 1, 69 (PG LXXVIII 229 B).

[103] Isidor von Pelusion, Briefe 1, 158, 462, 483 und 485f. (PG LXXVIII 288 D–289 A, 436 D, 445 B, 445 D–448 A).

[104] Isidor von Pelusion, Briefe 1, 99 (PG LXXVIII 249 C).

daß der bedeutende Führer des Mönchtums, Schenute von Atripe, in einer anderen Welt gelebt habe als seine älteren Zeitgenossen Synesios und Isidor.[105] Schenute hätte ein Weggefährte des Propheten Jeremia gewesen sein können. Aber wenn er das Weiße Kloster von Sohag, nahe bei Panopolis (dem modernen Akhmim), verließ, zeigten seine Briefe und Reden, daß es sich um einen Mann mit ähnlichen, durchaus praktischen Anliegen handelte. Auch er verzweifelte über die inkompetenten Ortsfremden, die von Konstantinopel geschickt wurden, um Oberägypten gegen die schrecklichen Stämme aus dem Süden zu verteidigen.[106] Ebenso wie Synesios segnete er diejenigen, die sich durch die Tötung von Barbaren auszeichneten.[107] Wenn er vor Statthaltern und ihrem Gefolge predigte, drang das klassische griechische Lob der Gerechtigkeit, der Selbstbeherrschung und der Humanität – diese bewährte Formel der lokalen Honoratioren, welche wider alle Vernunft auf eine milde Regierung hofften – unter der scheinbar exotischen, koptischen Oberfläche deutlich hervor.[108]

Schenute erwies sich als Schutzherr und Fürsprecher von großem Format. Seine Verbindungen reichten von Oberägypten bis nach Alexandria und von dort bis Konstantinopel. Es ist glaubwürdig, daß ihm der kaiserliche Hof den Ehrentitel *Tekparresia* (Deine *parrhesia*) verliehen hat.[109] Es wurde berichtet, daß ein Weizenkorn, welches er vom Pflaster des kaiserlichen Palastes aufgelesen hatte, die Mühlen des Klosters während einer Hungersnot tagelang in Gang hielt.[110] Tatsächlich hatten sich zwanzig-

[105] J. Timbie, The State of Research on the Career of Shenoute of Atripe, in: B. A. Pearson und J. E. Goehring (Hgg.), The Roots of Egyptian Christianity, Philadelphia 1986, 258–270.

[106] Schenute, Briefe 21, in: Leipoldt und Crum (Kap. 3 Anm. 197) 68; übersetzt in H. Wiessmann, Corpus Scriptorum Christianorum Orientalium 96 = Scriptores Coptici 8, Löwen 1953, 37f.

[107] Besa, Leben des Schenute 105–108, in: J. Leipoldt und W. E. Crum, Corpus Scriptorum Christianorum Orientalium 41 = Scriptores Coptici 8) Leipzig 1906, 51f.; übersetzt in D. N. Bell, Besa. The Life of Schenoute, (Cistercian Studies 73) Kalamazoo MI 1983, 74f.; P. du Bourguet, Entretien de Chénoute sur les problèmes de discipline ecclésiastique, Bulletin de l'institut français d'archéologie oriental du Caire 57, 1958, 114 und 121.

[108] P. du Bourguet, Entretien de Chénoute sur les devoirs du juges, Bulletin de l'institut français d'archéologie oriental du Caire 55, 1956, 87 und 91.

[109] Besa, Leben des Schenute 54, in: Leipoldt und Crum (Anm. 107) 30 (Lesartenvariante) bzw. Bell (Anm. 107) 58.

[110] Besa, Leben des Schenute 17, in: Leipoldt und Crum (Anm. 107) 16 bzw. Bell (Anm. 107) 47; vgl. 139 in Leipoldt und Crum (Kap. 2 Anm. 107) 61f. bzw. Bell (Anm. 107) 81.

tausend Menschen, die vor einer nubischen Invasion geflohen waren, außerhalb des Weißen Klosters gelagert. Schenute gibt einen überraschend detaillierten Bericht von diesen Ereignissen. Die vier Bäckereien des Klosters arbeiteten ununterbrochen und stellten »erst achtzehn, dann neunzehn, dann zwanzig Körbe Brot am Tag her: An die fünfhunderttausend Liter Getreide wurden dabei verbraucht.« Im Namen der christlichen Sorge für die Armen hatte Schenute eine Menschenmenge, die der Einwohnerschaft einer ganzen Stadt entsprach, drei Monate lang ernährt. Das entsprach genau dem, was man früher von einem *tropheus*, einem »Ernährer« der Stadt erwartet hatte.[111] Das handfestere Wunder einer kaiserlichen Steuerbefreiung für die Ländereien des Weißen Klosters erfolgte bald darauf. Es war eine völlig angemessene und traditionelle Geste des Dankes für einen Dienst an die Öffentlichkeit von seiten einer Privatperson, wobei der Umfang und die sorgfältige Bekanntmachung dieses Dienstes an die großen städtischen Wohltäter früherer Zeiten erinnerten.

In Ägypten gedachte man Schenutes als einer Persönlichkeit, die zwischen ihrem Land und einem unvorstellbar weit entfernten Hofe vermittelt hatte. Wenn es ein Verdienst des Kaiserkultes gewesen war, daß er, wie Glen Bowersock formuliert, »den Bürgern weit entfernter Regionen ein Gefühl der Nähe zu ihrer Regierung gab«, so spielten die Legenden des 5. Jahrhunderts, wie sie die Aktivitäten eines Schenute hervorbrachten, eine ähnliche Rolle unter den christlichen Herrschern.[112]

Noch weiter südlich, im Grenzbezirk von Syene, ersuchte Bischof Appion den Kaiser unmittelbar, mehr Truppen in der Region dem Befehl des Bischofs zu unterstellen, um die Kirchen und die Einwohner, die in ihrem Schatten Zuflucht suchten, zu schützen: »Eure Menschenliebe ist gewöhnt, allen die Hand zu reichen, die Euch darum bitten ... und darum werfe ich mich Euch zu Füßen ... Und falls mir Gewährung meiner Bitten zuteil wird, werde ich zu Gott um den beständigen Erhalt Eurer Macht beten.«[113] Appion bekam seinen Willen. Der *dux* der Thebais, der Militärbefehlshaber der Region, erhielt eine Kopie der Peti-

---

[111] Schenute, Briefe 22, in: Leipoldt und Crum (Kap. 3 Anm. 197) 68 bzw. Wiessmann (Anm. 106) 38f.

[112] G. W. Bowersock, The Imperial Cult. Perceptions and Persistence, in: R. F. Meyer und E. P. Sanders (Hgg.), Jewish and Christian Self-Definition, Bd. 3, London 1982, 182.

[113] D. Feissel und K. A. Worp, La requête d'Appion, évêque de Syène à Théodose II, Oudheidkundige Mededelingen uit het Rijksmuseum van Oudheiden te Leiden 68, 1988, 99.

tion, die Theodosius II. eigenhändig befürwortet hatte.[114] Wir wissen von Appions Petition nur durch den Zufallsfund eines Papyrus. Es muß im gesamten Imperium viele derartige Ersuchen gegeben haben.

Im frühen Kaiserreich hatten die Eliten der griechischen Städte Kleinasiens den Kaiserkult in ihre herkömmlichen religiösen Gebräuche integriert, um ihre Entschlossenheit zu bekunden, »ein positives Verhältnis zum Zentrum der Macht herzustellen«.[115] Unter den veränderten Bedingungen der Herrschaftsepoche Theodosius' II. erkannte man, daß der Weg zu einem »positiven Verhältnis zum Zentrum der Macht« immer häufiger über die christliche Kirche führte. Die Ergebenheitsadressen und die beharrliche Bittstellerei christlicher Bischöfe, wie etwa des weit entfernten Appion von Syene, sorgten dafür, daß die gottgleiche Macht des Kaisers sich in ihren Städten segensreich auswirkte. Dieser Prozeß verwandelte das Reich, dessen Kaiser früher mehr zufällig Christ gewesen war, wie das für große Teile der Menschen des 4. Jahrhunderts galt, in das genuin christliche Reich, das wir mit dem Begriff Byzanz verbinden.

Das wachsende Vertrauen der Christen, daß sie Zugang zur kaiserlichen Regierung hätten und deren Tätigkeit zu ihren Gunsten interpretieren könnten, wurde durch die Demoralisierung ihrer sprachgewaltigen Gegner noch unterstrichen. Die wahre Tragödie der Welt, wie sie uns in den Darstellungen der Anhänger der alten Religion wie Eunapios von Sardes entgegentritt (der seine ›Historien‹ und ›Leben der Philosophen‹ am Ende des 4. Jahrhunderts verfaßte), lag darin begründet, daß er Männer und Frauen schilderte, die dem politischen Geschehen keinen Sinn mehr abzugewinnen vermochten. Die scharfsinnige Studie von Kenneth Sacks über die Bedeutung der ›Historien‹ des Eunapios hat diesen Aspekt des Untergangs des Polytheismus im griechischen Osten deutlich gemacht.[116] Zu einer Zeit, als man öffentlich vollbrachten und verkündeten Wundertaten christlicher Bischöfe und Mönche den entscheidenden Einfluß auf die kaiserliche Regierung beimaß, konnten Eunapios und seine Kreise nur eine unkontrollierte Machtausübung registrieren. Die alten Bindungen der *logoi* hatten für einen zunehmend tyrannischen Hof

[114] Feissel und Worp (Anm. 113) 99 f.
[115] S. R. F. Price, Rituals and Power. The Roman Imperial Cult in Asia Minor, Cambridge 1984, 206.
[116] K. S. Sacks, The Meaning of Eunapius' History, History and Theory 25, 1986, 52–67.

keine Bedeutung mehr. Eunapios' ›Historien‹ waren nach den Worten von Sacks von »durchgängigem Mißtrauen gegenüber der Autokratie« geprägt.[117]

Die Unfähigkeit des Landadels von Sardes und der umliegenden Region, »ein positives Verhältnis zum Zentrum der Macht herzustellen«, bekümmerte Eunapios noch tiefer als der Aufstieg des Christentums und die Zerstörung der Tempel. Sie bildete das zentrale Thema seiner ›Historien‹. Eine Galerie von Porträts lokaler, von Konstantinopel entsandter Statthalter, die in den Fragmenten seiner ›Historien‹ enthalten sind, weisen ihn als einen Mann des 4. Jahrhunderts aus, der immer noch ängstlich bemüht ist, die Absichten der Mächtigen mit Hilfe der ungeschriebenen Gesetze der *paideia* zu ermessen. Er kommt zu dem Ergebnis, daß die *logoi* bei der Domestizierung der »grobschlächtigen Natur« der Herrschenden im allgemeinen wenig erreicht haben.[118] Er schließt seine ›Historien‹ mit Berichten über den schamlosen Verkauf von Provinzämtern durch den kaiserlichen Hof und mit einer denkwürdigen Szene, in der eine Delegation aus Sardes am Hof des Prätorianerpräfekten in Konstantinopel schikaniert wird.[119]

Eunapios schrieb zu einer Zeit, als die Gesetze Theodosius' I. die Zerstörung des Serapeums und die Verwüstungen der Westgoten in Griechenland böse Vorahnungen aufkommen ließen. Allerdings teilten nicht alle Anhänger des alten Glaubens die konsequente Entfremdung von der Macht, welche Eunapios und seine Kreise als das Kennzeichen des wahren Philosophen ansahen. Einige betrachteten den Staatsdienst immer noch als ein angeborenes Recht und eine Verpflichtung. In der letzten Hälfte des 5. Jahrhunderts bereitete sich Severianus von Damaskus auf ein Leben als Philosoph vor. Aber dann träumte ihm, er säße auf einem sich bewegenden Berg, den er mit Hilfe von Zügeln lenkte. Dies galt ihm als sicheres Zeichen, daß er nach der hohen Staatskarosse eines Provinzstatthalters strebte.[120] Er verließ die Philosophenschule, um die Beamtenlaufbahn einzuschlagen.

Aber Eunapios' melancholische Stimmung blieb an der Tagesordnung. Die Philosophen machten sich keine Hoffnung mehr, auf die Politik einwirken zu können. Die nichtchristliche Hagiographie vom Ende des 5. Jahrhunderts zeigte *il gran*

117 Sacks (Anm. 116) 67.
118 Eunapios, Frg. 35 in Blockley (Kap. 1 Anm. 19) 52.
119 Eunapios, Frg. 72 in Blockley (Kap. 1 Anm. 19) 116 ff.
120 Damaskios, Leben des Isidor frg. 278, in: Zintzen (Kap. 1 Anm. 83) 223.

rifiuto. Das Übernatürliche war nicht länger, wie in der christlichen Hagiographie des 5. Jahrhunderts, ein Mittel zur Machtausübung, sondern nur noch ein Trostpflaster für die fehlende Wirkungsmöglichkeit.

Die Anekdoten, die in Marinos' ›Leben des Proklos‹ (verfaßt nach dem Tode des Philosophen im Jahre 485) und Damaskios' ›Leben des Isidor‹ (verfaßt um 520) berichtet werden, zeigen die Hoffnungen von Männern und Frauen, die sich von einer gesellschaftlichen Realität abgewandt haben, in der christliche Mönche wie Schenute von Atripe ihre übernatürlichen Gaben in dramatischen öffentlichen Auseinandersetzungen mit der unsichtbaren Macht von Dämonen und mit dem sichtbaren Zorn kaiserlicher Beamter unter Beweis stellten.[121] Die Wundertaten, die in den genannten Werken geschildert werden, betreffen selten den Dialog mit den Mächtigen. Sie zeigen keine Statthalter und Kaiser, die vor einer inspirierten *parrhesia* zurückweichen. Nicht erfolgreiche Intervention, nein, fester Mut gegenüber einer feindlich eingestellten Regierung war alles, was man von einem Gebildeten erwarten konnte. Der Philosoph Hierokles, der als Polytheist angezeigt worden war, erhob sich nach der Auspeitschung, zu der ihn der Präfekt von Konstantinopel verurteilt hatte, und wischte sich das Blut ab, wobei er ein Homerzitat von sich gab.[122]

Die Anhänger des alten Glaubens richteten ihren Blick lieber auf die ungeheure Weite des Universums. Dort oben, jenseits der menschlichen Gesellschaft, strahlten die Götter, deren Statuen hier auf der Erde zerstört und entweiht worden waren, in ungetrübtem Glanz in der leuchtenden Tempelgalerie der Gestirne – hoch über den Häuptern der schwarzgewandeten Mönche und Bischöfe, deren Geierprofile immer längere Schatten auf eine gottlose Welt warfen.[123] Der *kosmos*, der *mundus*, das leuchtende Universum mit seinen Fixsternen würde weiterleben, »strahlend im Glanze der Ewigkeit«; nur Christen konnten es wagen, dieses göttliche Reich »zeitlich und von kurzer Dauer«

[121] Schenute, Briefe 16, 19 und 23f. in Leipoldt und Crum (Kap. 3 Anm. 197) 38f., 63 und 84 bzw. Wiessmann (Anm. 106) 18f., 35 und 43–47.
[122] Damaskios, Leben des Isidor frg. 106, in: Zintzen (Kap. 1 Anm. 83) 81; s. Prosopography (Kap. 3 Anm. 244) 599f.
[123] Plotin, Enneaden 1, 8, 51; vgl. H. D. Saffrey, Allusions antichrétiens chez Proclus, Revue des sciences philosophiques et théologiques 59, 1975, 553–563 und P. Hoffmann, Simplicius' Polemics, in: R. Sorabji (Hg.), Philoponus and the Rejection of Aristotelian Science, London 1987, 72–76.

zu nennen.[124] Für Männer wie Eunapios kamen Wunder als Botschaften aus einer ungestörten und beständigen Sphäre. Sie fielen zur Erde so fein und körperlos wie die Strahlen des Morgensterns.

Die todernste, antagonistische Färbung, welche die christliche Hagiographie mit der Zeit angenommen hatte, fehlt in diesen Berichten vollständig.[125] Wenn ein Mann wie Proklos Amulette anfertigte, um Krankheiten zu heilen, und geheime Rituale ausführte, um Dürre und Erdbeben von seinem geliebten Attika fernzuhalten, war er nicht daran interessiert, durch lauten und theatralischen Exorzismus[126] oder göttlich inspirierte Akte der *parrhesia* mit den dunklen Mächten zu ringen, die die oströmische Gesellschaft in Griff hielten. Vielmehr hatte er durch seine theurgischen Riten teil an der beständigen Fürsorge der Götter, die mit diskreter und heiterer Leichtigkeit in den unteren Sphären des Universums ihr Spiel trieben. Solche Wunder wurden mit der gebührenden Zurückhaltung berichtet. Sie umspülten als letzte Ausläufer der Wellen eines zur Ruhe gekommen Meeres reiner Geistigkeit den schmalen Uferstreifen der sinnlichen Welt.[127]

Nur im intimen, freundschaftlichen Kreise ihrer Kollegen, Studenten und Ehefrauen und in ihren Träumen – in denen sich ihnen die Götter in liebenswürdiger Vertrautheit zeigten – fühlten sich die letzten Philosophen wirklich wohl. Sie schufen sich selbst eine altmodische, bewußt konfliktfreie Welt, die durch *homonoëtike philia*, durch die ewige Verwandtschaft gleichgearteter Geister, zusammengehalten wurde.[128] Von einer anderen

[124] Consultationes Zacchaei et Apollonii 1, 1, in: G. Morin, Florilegium Patristicum 39, Bonn 1935, 39.
[125] P. Brown, Aufstieg und Funktion des Heiligen in der Spätantike, in: Ders., Die Gesellschaft und das Übernatürliche, Berlin 1993, 21–47.
[126] Plotin, Enneaden 2, 9, 14; Damaskios, Leben des Isidor, epit. Phot. 56, in: Zintzen (Kap. 1 Anm. 83) 82; vgl. die hervorragende Untersuchung zum Fall des heiligen Martin von Tours durch Rousselle (Kap. 1 Anm. 41) 122–129.
[127] Marinus, Leben des Proklos 28, in: Boissonade (Anm. 56) 24. Christen meinten, daß Philosophen in der »Unterwelt« intervenieren könnten; s. Anastasios Sinaita, Quaestiones 20 (PG LXXXIX 524 f.); zu Wundern als »Spiel« in einem christlichen Text s. Severus von Antiochia, Homiliae Cathedrales 27 (Patrologia Orientalis XXXVI 556 f.); zu theurgischen Riten s. A. Sheppard, Proclus' Attitude to Theurgy, Classical Quarterly 32, 1982, 212–224 und G. Shaw, Theurgy. Rituals of Unification in the Neoplatonism of Iamblichus, Traditio 41, 1985, 1–28.
[128] Fowden (Kap. 2 Anm. 139) 55–58; s. Damaskios, Leben des Isidor, frg. 22 und 49, in: Zintzen (Kap. 1 Anm. 83) 26 und 41; vgl. A. Smith, Porphyry's Place in the Neoplatonic Tradition, Den Haag 1974, 94.

Welt wollten sie nichts wissen. Zu einer Zeit, da die Kunst und Literatur der Christen die Vorstellungswelt der Frühbyzantiner schon mit unsichtbaren Beschützern, mit Heiligen und mit mächtigen Engeln im vollen Ornat des byzantinischen Hofzeremoniells angefüllt hatten,[129] glichen die Träume des Philosophen Proklos noch denjenigen eines Bewohners der alten Stadt. Eines Nachts war ihm Asklepios erschienen: »So wie im Theater die Rhetoren Panegyriken auf große Männer halten, stand der Gott da und sprach mit erhobener Hand und dramatischer Stimme die Worte: ›Proklos, du Ruhm deiner Vaterstadt.‹«[130] Das entsprach einer althergebrachten Geste, mit der man viele führende Persönlichkeiten noch im 5. Jahrhundert bei feierlichen Gelegenheiten in ihren Städten geehrt hatte. Die Erinnerung daran genügte, um den Philosophen in Tränen ausbrechen zu lassen. Als »Stimmen aus dem Reich des Geistes« kamen Proklos' Träume aus vergangenen Welten: »Ein Widerschein der Morgendämmerung der Schöpfung.«[131]

Alles, was Eunapios von Sardes in seinem Werk ›Leben der Philosophen‹ zu geben hoffte, war eine »moralische Überlebensausrüstung für Heiden«.[132] Die Helden des späten Polytheismus sollten so rein vom Makel der Macht sein, wie ihre nur oberflächlich mit dem Körper verbundenen Seelen rein vom Makel der Materie waren.[133] Nur ein Heiliger konnte in der Vorstellung des Eunapios ein guter Kaiser sein.[134] Seit dem Tode des Kaisers Julian würde es aber wohl kaum noch einen Heiligen geben. Eunapios' christliche Zeitgenossen hatten dagegen das Problem der

[129] P. Brown, Die Heiligenverehrung, Leipzig 1991, 66. Zum zeitgenössischen christlichen Bewußtsein dieser Tendenz und ihrer Risiken s. Severus von Antiochia, Homiliae Cathedrales 72 (Patrologia Orientalis XII 83); A. Van Lantschoot, Fragments coptes d'une homélie de Jean de Parallos contre les livres hérétiques, in: Miscellanea Mercati, (Studi e Testi 121) Rom 1946, 320 und 325; C. Mango, St. Michael and Attis, Deltion tes Christianikes Archaiologikes Hertaireias, 4. S. 22, 1984, 39–43. Eine christliche Vision kann durch die Berücksichtigung des höfischen Protokolls auf eine Generation genau datiert werden: J. Bremmer, An Imperial Palace Guard in Heaven. The Date of the Vision of Dorotheos, Zeitschrift für Papyrologie und Epigraphik 75, 1988, 82–88. Umgekehrt konnte der Gebrauch der Begrifflichkeit hierarchischer Beziehungen unter kultivierten Nicht-Christen Thema von Späßen sein, s. Philogelos 76: Von einem Sarapis-Priester mit den Worten »Gnädig sei dir der Herr« begrüßt antwortet der *scholastikos*: »Gnädig sei *dir* der Herr… denn *ich* bin ein freier Mann.«
[130] Marinus, Leben des Proklos 32 in Boissonade (Anm. 56) 26; s. Roueché (Kap. 1 Anm. 28) 125–136.
[131] K. P. Kavafy, Poiémata, Athen 1958, 8.
[132] Sacks (Anm. 116) 66.
[133] Sacks (Anm. 116) 65.
[134] Eunapios, Frg. 28, 1 in Blockley (Kap. 1 Anm. 19) 42.

Autokratie erfaßt. Ein christlicher Kaiser brauchte kein Heiliger zu sein. (Ambrosius machte sich ebensowenig wie Eunapios Illusionen über die Sinnlichkeit und Unbeherrschtheit Theodosius' I.) Ein Kaiser mußte nur wissen, wann er auf Heilige zu hören hatte – auf die Bischöfe und Mönche, die Eunapios von Herzen fürchtete und verachtete. Nach den deutlichen Worten Lellia Cracco Rugginis war die christliche Hagiographie des 5. Jahrhunderts »die Stimme der Hoffnung«, und die Lebensauffassung von Eunapios mit ihrer festen Überzeugung, daß Macht korrumpiere und absolute Macht absolut korrumpiere, »die Stimme der Furcht«.[135] Christliche Schriftsteller und christliche Amtsinhaber teilten nicht Eunapios' Zweifel an der Autokratie. Sie betätigten sich als begeisterte Theoretiker des Gottesgnadentums. Aber sie gingen darüber hinaus: Mit hingebungsvoller Loyalität gegenüber der kaiserlichen Regierung im allgemeinen verbanden sie wirkungsvolle Strategien, um deren Machtauswüchse auf lokaler Ebene abzumildern. Mit diesem Phänomen müssen wir uns nun befassen.

Der Bischof und die Stadt

Wenn wir die Rolle des Bischofs in den Städten des Oströmischen Reiches untersuchen wollen, müssen wir sorgfältig diejenigen Bereiche des gesellschaftlichen Lebens im 5. Jahrhundert definieren, die vom sozialen Aufstieg der Bischöfe beeinflußt wurden. Für viele Bereiche war die Stellung des Bischofs nicht von Belang. Solange die Steuererhebung von der Zusammenarbeit mit den bestehenden lokalen Eliten abhing, spielte der Bischof auf einem wesentlichen Gebiet des Regierungssystems lediglich eine periphere Rolle. In den wichtigen Bereichen des Steuerwesens und der Justiz behielt das Imperium unverändert seinen weltlichen Charakter. Das Recht auf Asyl beispielsweise blieb streng beschränkt. Mit der »Flucht in die Kirche« wurde den Menschen des späten 4. Jahrhunderts nicht schon ihre Unversehrtheit dadurch garantiert, daß sie sich an einem geweihten Ort befanden. Sie mußten den Bischof oder einen seiner Priester

[135] L. Cracco Ruggini, The Ecclesiastical Histories and the Pagan Historiography. Providence and Miracles, Athenaeum N.S. 55, 1977, 118.

kommen lassen, und dieser mußte dann zu ihren Gunsten beim Statthalter vorstellig werden. Es ging hier um eine Angelegenheit der persönlichen Autorität und des diplomatischen Geschicks, so wie sie jeder andere Würdenträger – etwa der heidnische Rhetor Libanios – für seine Schutzbefohlenen hätte durchfechten müssen.[136] Die Intervention des Bischofs garantierte nicht von vornherein den Erfolg. Zur gleichen Zeit, als Theodosius I. seine Frömmigkeit durch eine Reihe von Gesetzen gegen den Polytheismus unter Beweis stellte, waren die Rechte der christlichen Kirchen, Steuersündern Zuflucht zu gewähren, noch immer stark eingeschränkt.[137] Wenige Jahre später drangen bewaffnete Legionäre in Ambrosius' Basilika ein und führten einen Gesetzesbrecher vor den Augen des Bischofs und seines Klerus' ab, bei denen dieser Zuflucht gesucht hatte.[138] Erst zwei Jahrzehnte später reichte der sakrale Charakter des Kirchengebäudes selbst aus, um einem Flüchtling Schutz zu gewähren.

Die unlängst entdeckten Briefe des Augustinus zeigen, daß die Bischöfe Afrikas trotz des großen Einflusses, den sie in theologischen Fragen auf die westlichen Kaiser hatten, in Steuerfragen nur wenig unternehmen konnten. Die Bischöfe warteten gespannt auf die Nachricht vom Eintreffen eines kaiserlichen Gesandten, der eine Amnestie für diejenigen verkünden sollte, die nach einem Steueraufstand in Karthago im Jahre 426 in den Kirchen Zuflucht gesucht hatten.[139] Aber gelegentliche Amnestie war eine Geste, die ein christlicher Herrscher sich nur hinsichtlich einer bedeutenden christlichen Stadt wie Karthago erlauben konnte. In den Provinzen hingegen arbeitete der Verwaltungsapparat unerbittlich. Augustinus beklagte sich, daß Bischöfe, die bei den Steuereinnehmern intervenierten, selbst wegen Behinderung staatlicher Organe verfolgt wurden. Nur wenige Steuerpflichtige konnten in Sicherheit gebracht werden: »Alle anderen, und das heißt bei weitem die meisten, die sich außerhalb der Kirchen befinden, werden bis aufs Hemd ausgeplündert, während wir nur klagen können, ohne ihnen helfen zu dürfen.«[140]

Im Mittelalter wurde Ambrosius' Beziehung zu Theodosius I.

---

[136] H. Langenfeld, Christianisierungspolitik und Sklavengesetzgebung der römischen Kaiser von Konstantin bis Theodosius II., (Antiquitas I 26) Bonn 1977, 107–200.

[137] Codex Theodosianus 9, 45, 1 (392 n. Chr.) und 2 f. (397 und 398 n. Chr.); s. Liebeschuetz (Kap. 1 Anm. 27) 151 f.

[138] Paulinus von Mailand, Leben des Ambrosius 34.

[139] Augustinus, Briefe 15*, 2; 16*, 2; 23 A*, 1 (S. 84, 86 f. und 121 Divjak = S. 264 ff., 270 ff. und 370 ff. Paris).

[140] Augustinus, Briefe 22*, 3 (S. 115 Divjak = S. 350 Paris).

als herausragendes Beispiel für die philosophische Beherrschung des Zorns auf seiten der Mächtigen gewürdigt. In mittelalterlichen moralischen Traktaten übertrug man klassische Beispiele aus der Zeit des Augustus auf das Verhältnis zwischen Ambrosius und Theodosius. »Andere haben geraten, daß ein Herrscher die vierundzwanzig Buchstaben des Alphabets aufsagen solle, bevor er reagiert, so wie es der Kaiser Theodosius hätte tun sollen [bevor er das Massaker von Thessalonike befahl], als er vom heiligen Ambrosius exkommuniziert wurde, weil er im Zorn so viel Blut hatte vergießen lassen.«[141] Aber die Gelegenheiten, bei denen Ambrosius in vollendeter Weise die Rolle des Philosophen gegenüber dem zornigen Kaiser Theodosius spielte, waren wenige und lagen weit auseinander. Das System als Ganzes wurde durch solche Begegnungen nicht verändert. Ambrosius starb mit einem Gefühl der Verzweiflung über seine Unfähigkeit, die ungezügelte *avaritia* zu kontrollieren, jene für die hohen Steuerbeamten in Norditalien charakteristische Anhäufung von Landbesitz und privatem Vermögen.[142] Bischof Maximus, der im 5. Jahrhundert in Turin predigte, zeigte sich auch nicht zuversichtlicher. Die »Sorge um das Volk« veranlaßte den Bischof, »seine Stimme laut und deutlich vernehmen zu lassen«.[143] Verwaltungsbeamte und Steuereinnehmer zeigten sich unbeeindruckt. Jeden Sonntag erschienen sie in ihrem besten Gewand in der Kirche. Sie behaupteten, man könne bei einem Steuerbeamten nicht die gleichen moralischen Maßstäbe anlegen wie bei einem Mönch oder einem Priester.[144]

Die Konsolidierung des Aufstiegs, den die Bischöfe am Ende des 4. Jahrhunderts genommen hatten, gelang ihnen in erster Linie im lokalen Rahmen als »Aufseher über die Massen«, die in den Städten für Ruhe und Ordnung verantwortlich zeichneten. Als der Patriarch Johannes von Antiochien sich dafür entschuldigen mußte, daß er zu spät zum Konzil von Ephesos gekommen sei, genügte ein Hinweis darauf, daß er in Antiochia verspätet aufgebrochen sei, weil er vorher noch Hungerrevolten habe unterdrücken müssen.[145] Im frühen 6. Jahrhundert schrieb ein an-

---

[141] J. Pauli, Schimpf und Ernst (1520), zitiert bei J. C. Schmitt, The Holy Greyhound, Cambridge 1979, 67; Pauli bezieht sich auf Augustus und die Philosophen: Epitome de Caesaribus 48, 14f.

[142] Paulinus von Mailand, Leben des Ambrosius 41.

[143] Lizzi 1989 (Kap. 3 Anm. 27) 202f.

[144] Maximus, Sermones 26, 1f. hg. von A. Mützenbecher, Corpus Christianorum, Turnhout 1963, 101.

[145] Nestorius, Liber Heraclidis 2, 1 [372], in: Nau (Kap. 1 Anm. 109) 239.

derer Patriarch von Antiochia, der umstrittene Severus, offen an einen Kollegen: »Es ist die Pflicht eines Bischofs in Eurer Position, unkontrollierte Ausbrüche des Pöbels zu verhindern und zu unterdrücken... und für die Ordnung in den Städten zu sorgen und die Sitten und Gewohnheiten all jener zu überwachen, die von Euch Nahrungsmittel erhalten.«[146]

Die unmittelbare Bedrohung durch städtische Unruhen bildete den Hintergrund für die kirchlichen Auseinandersetzungen der Epoche vom Konzil von Ephesos im Jahre 431 bis zu demjenigen von Chalkedon im Jahre 451. In ihren gegenseitigen Beschuldigungen wegen Gewaltanwendung hoben beide Seiten die neue Klientel im Volke hervor, die ein Bischof zu seiner Unterstützung heranziehen konnte: Badewärter, Bahrenträger, Krankenwärter, Schauerleute, Landarbeiter von den Kirchengütern und Mönchsbanden. Die syrischen Äbte wurden beschuldigt, junge Athleten und angehende Gladiatoren für ihre Klöster anzuwerben, und gelegentlich konnte man die kirchlichen Betreuer der Armen dabei beobachten, wie sie Knüppel an ihre Schutzbefohlenen verteilten.[147] Für die kaiserlichen Beamten gehörte die Wendung *kindynos kai stasis*, »Gefahr und Aufruhr« so sehr zur Verwaltungssprache der Zeit, daß sie in transkribierter Form in den syrischen Wortschatz einging.[148] Ihr Auftauchen in einem offiziellen Bericht signalisierte gewöhnlich einen politischen Rückzug der Behörden (gewöhnlich in theologischen Angelegenheiten) im Angesicht eines drohenden Aufruhrs in den entfernten und unruhigen christlichen Städten.

Das Schwanken der Regierung bei der Behandlung der kirchlichen Auseinandersetzungen dieser Jahre zeigt, daß die traditionelle »Freiheit der *plebs*« eine neue Bedeutung gewonnen hatte. Es war nicht länger eine Freiheit, die auf die lokale Ebene beschränkt werden konnte, indem man sie als Teil des Dialogs zwischen der *plebs* und ihren traditionellen »Ernährern«, den Ratsherren, behandelte. Nun, da sie von den Bischöfen gesteuert wurde, erstreckte sich die Freiheit der *plebs* über den Bereich der Stadt hinaus. Die christliche Bevölkerung einer Stadt konnte

[146] E. W. Brooks, The Sixth Book of the Select Letters of Severus Patriarch of Antioch, London 1903, 46: 1, 3.
[147] T. E. Gregory, Vox populi. Popular Opinion and Violence in the Religious Controversies of the Fifth Century A. D., Columbus 1979; A. Vööbus, History of Asceticism in the Syrian Orient, Bd. 3, (Corpus Scriptorum Christianorum Orientalium 500 = Subsidia 81) Löwen 1988, 204.
[148] Nestorius, Liber Heraclidis 2, 1 [373], in: Nau (Kap. 1 Anm. 109) 239; Flemming (Kap. 3 Anm. 145) 20: 14.

vielmehr das Gefühl gewinnen, über einen Bischof wie beispielsweise Kyrillos von Alexandria direkt zum Hofe zu sprechen. Ihre *phonai*, ihre Stimmen, die sich in rhythmischen Sprechchören äußerten und deren Forderungen aufgezeichnet wurden, drangen weiter als nur bis zum Stadtrat. Sie wurden unmittelbar nach Konstantinopel weitergeleitet, wo Theodosius II. persönlich von ihnen Kenntnis nahm.[149]

In einer Untersuchung zu unlängst entdeckten Inschriften, die die Slogans öffentlicher Sprechchöre in Aphrodisias in Karia wiedergeben, hat Charlotte Roueché unsere Aufmerksamkeit auf die im 5. Jahrhundert zunehmende Tendenz gelenkt, Sprechchöre als Form des politischen und theologischen Entscheidungsprozesses einzusetzen.[150] Solche Sprechchöre waren mit einer Aura göttlich inspirierter Einmütigkeit behaftet. In ihnen tat die Menge eine gruppengebundene *parrhesia* kund, die den Charakter übernatürlicher Gewißheit trug. Sie konnte sich direkt an den Statthalter wenden, indem sie im Theater oder anläßlich seiner Amtseinführung ihre Rufe im Chor ertönen ließ, wobei sie die Gewißheit hatte, daß ihre Zurufe mitgeschrieben und an den Kaiser weitergeleitet wurden.[151] Es handelte sich um ein bewußt melodramatisches Mittel, das auf eine lange Wirkungsgeschichte in Arenen, Rennbahnen und auf öffentlichen Plätzen zurückblicken konnte. Seine gewachsene Bedeutung im 5. Jahrhundert ließ wenig Raum für die traditionelle Funktion der städtischen Honoratioren, die darin bestanden hatte, lokale Unzufriedenheiten auf die engen Grenzen der Stadt zu beschränken.

Die christliche Kirche machte sich diese neue Form der politischen Einflußnahme ganz zu eigen. Ihre großen Basiliken mit den weiträumigen Vorhöfen bildeten wöchentliche Übungsfelder für den Gebrauch von Sprechchören. Die Liturgie selbst hatte der weltlichen Tradition der Sprechchöre viel zu verdanken.[152] Die Predigten der Bischöfe waren mit Lobgesängen der Gemeinde durchsetzt. Anführer der Sprechchöre in der Kirche erwiesen sich oft als geschickte Agitatoren im Theater, wie etwa

[149] Nestorius, Liber Heraclidis 2, 1 [373], in: Nau (Kap. 1 Anm. 109) 239.
[150] Ch. Roueché, Acclamations in the Later Roman Empire. New Evidence from Aphrodisias, Journal of Roman Studies 74, 1984, 181–199.
[151] Roueché (Anm. 150) 188 und 196 ff.
[152] E. Peterson, Eis theos. Epigraphische, formgeschichtliche und religionsgeschichtliche Untersuchungen, Göttingen 1926, 166–179.

Hierax, der Vorsänger aus der Kirche des Kyrillos von Alexandria.[153]

Die christliche *plebs* erkannte schnell die Macht der Chorsänger im Bereich der Lokalpolitik. In Karthago zum Beispiel wurden Steuerbeamte mit einer Art öffentlichem Sprechchor angegangen.[154] Im frühen 5. Jahrhundert hatte die katholische *plebs* schon einen gewissen Einfluß auf das Verfahren der Steuererhebung. Augustinus verteidigte einen damit befaßten Beamten vor der christlichen Gemeinde von Karthago. Man glaubte allgemein, daß dieser nur deshalb Mitglied der christlichen Gemeinde geworden war, um deren Unterstützung zu bekommen.[155] Horapollon, ein heidnischer Lehrer in Alexandria, sah sich durch Berichte, wonach die Christen bei der Sonntagsliturgie Sprechgesänge gegen ihn hatten ertönen lassen, in welchen sie ihn Psychapollon, »Verderber christlicher Seelen«,[156] nannten, in große Unruhe versetzt. Entsprechend der zunehmenden Bedeutung, die der Gebrauch von Sprechchören für das öffentliche Leben gewonnen hatte, konnten derartige Gesänge leicht über den Bereich der Basilika hinaus Wirkung zeigen und mit ihrer Botschaft direkt den Kaiser und seine Beamten beeinflussen.

Um ein Beispiel zu nennen: Der Versuch der Juden im Jahre 438, sich in Jerusalem zu versammeln, um das Laubhüttenfest zu feiern, führte zu einer Massendemonstration vor dem Palast der Kaiserin Eudokia, die damals gerade in der heiligen Stadt residierte. Zunächst machte sich eine offizielle Delegation aus Jerusalem – Priester, Beamte und Führer der Juden – auf den Weg, um die Kaiserin in Bethlehem aufzusuchen. Sie trugen Olivenzweige und baten um Toleranz. Aber sie wurden in Jerusalem bald von Sprechchören verschreckt, die der syrische Mönch Barsauma organisiert hatte. Die Vorsänger intonierten den Gesang »›Das Kreuz war siegreich‹; und die Stimme des Volkes breitete sich aus und tönte lange wie das Tosen der stürmischen See, so daß die Einwohner erzitterten... und diese Vorkommnisse wurden Kaiser Theodosius berichtet.«[157] Solche Ereignisse führen uns weit weg vom zeremoniellen und indirek-

[153] Sokrates, Kirchengeschichte 7, 13.
[154] Codex Theodosianus 11, 7, 20; s. F. Jacques, Le privilège de la liberté, (Collection de l'école française de Rome 76) Rom 1984, 424.
[155] Augustinus, Sermo ›Morin‹ 1 (PL Suppl. 2, 657–660).
[156] Zacharias Scholasticus, Leben des Severus 32.
[157] F. Nau, Résumé de monographies syriaques, Revue de l'Orient chrétien 19, 1914, 124f.

ten Stil der klassischen Rhetorik, mit welchem die Männer der *paideia* den alten Zauber der Worte auf empfängliche Statthalter wirken ließen.

Diese spektakulären Formen von Massendemonstrationen charakterisierten das Leben in den großen Städten. Aber das Oströmische Reich war auch vom Weiterleben seiner Kleinstädte abhängig. Deren Schicksal im 5. Jahrhundert gestaltete sich von Region zu Region sehr unterschiedlich. Eine Entwicklung jedoch scheint allgemein verbreitet gewesen zu sein: In den kleineren Städten der Provinzen verloren die Stadtträte, deren Position immer heikel gewesen war, weiter an Zusammenhalt und gesellschaftlicher Bedeutung. Die sozialen Unterschiede, welche die städtischen Honoratioren schon im späten 4. Jahrhundert gespalten hatten, wurden im Verlaufe des 5. Jahrhunderts unüberbrückbar. Der innere Kreis der Honoratioren, die *proteuontes*, die am engsten mit der kaiserlichen Regierung zusammenarbeiteten, bildete nun eine eigene gesellschaftliche Schicht, einen neuen Provinzadel. Sie hielten die urbane Fassade ihrer Provinzhauptstädte aufrecht. In der Provinzhauptstadt, der *metropolis*, kam die Aristokratie zusammen. In Aphrodisias in Karien demonstrierten sie ihre neue Bedeutung und ihre fortdauernde enge Beziehung zu den kaiserlichen Beamten durch eine eindrucksvolle Serie neuer Inschriften und öffentlicher Bauwerke.[158] Aber diese Männer empfanden wenig oder gar keine Loyalität gegenüber den kleineren Städten ihrer Region. In diesen fiel die Verantwortung für Schutz, Recht und Ordnung und die Aufrechterhaltung eines Restes von Bürgerstolz zunehmend dem Bischof und seinem Klerus anheim.

Kyrrhos, der Bischofssitz des Theodoretos, war, verglichen mit der *metropolis* Antiochia, eine winzige Stadt. Als ihr Bischof wurde Theodoretos zum »Ernährer« von Kyrrhos. Er veranlaßte den angesehensten Mönch der Stadt, bei der Regierung um den Erlaß von Steuerrückständen nachzusuchen.[159] Er lud den Provinzadel zur feierlichen Einweihung neuer Kirchen ein, und zwar Heiden und Christen in gleicher Weise.[160] Er ließ die Aquädukte und Brücken der Stadt in Ordnung bringen und die Stadt-

---

[158] Roueché (Kap. 1 Anm. 28) 34; Liebeschuetz (Anm. 86) 157 f.; J. F. Haldon, Some Considerations on Byzantine Society and Economy in the Seventh Century, Byzantinische Forschungen 10, 1985, 75–112.

[159] Theodoretos, Briefe 42, in: Azéma (Kap. 1 Anm. 88) 112.

[160] Theodoretos, Briefe 68, in: Azéma (Kap. 1 Anm. 88) 148.

tore restaurieren.[161] Kyrrhos war eine »Kleinstadt«, deren Häßlichkeit Theodoretos nach eigenen Äußerungen durch großzügige Ausgaben »überdeckt« hatte. Ohne ihren Bischof wäre aus der Stadt vermutlich nicht viel mehr als ein großes Dorf geworden. Aber selbst Theodoretos wurde von seinen Feinden bezichtigt, zu viel Zeit in der *metropolis* zu verbringen, denn er machte regelmäßige Besuche in Antiochia, wo er neben der Kathedrale des Patriarchen Quartier nahm.[162] Diese Anschuldigung traf ihn hart. Deshalb zählte er in langen Briefen zu seiner Selbstverteidigung die Wohltaten auf, mit denen er die Stadt seines Amtssitzes überhäuft hatte. Auch schrieb er mit offensichtlicher Begeisterung in seinen ›Historien‹ von Bischöfen, die wie er als militärische Verteidiger ihrer Städte aufgetreten waren. Der Bischof von Erzerum (Theodosiopolis) zum Beispiel konstruierte ein eigenes Katapult, das die Einwohner den »Heiligen Thomas« nannten, und leitete dessen Einsatz auf den Mauern.[163] Überall in den östlichen Provinzen wurden die christlichen Bischöfe für die Aufrechterhaltung von Recht und Ordnung verantwortlich gemacht. Unter der Herrschaft Justinians nahm der Bischof von Hadrianopolis (nahe dem heutigen Eskipazar, etwas abseits von der Hauptstraße von Istanbul zum Schwarzmeerhafen Samsun) die kaiserlichen Erlasse gegen das Banditenwesen in Empfang und gab sie in dem Audienzraum neben seiner Basilika an die örtlichen Großgrundbesitzer weiter.[164]

In Jerash im heutigen Jordanien (Gerasa) baute Bischof Paulos ein besonderes Gefängnis für diejenigen, die einem Prozeß entgegensahen. Er erleichterte damit bestehende Formen des Straf-

[161] Theodoretos, Briefe 81, in: Azéma (Kap. 1 Anm. 88) 196; vgl. Briefe 79, in: Azéma (Kap. 1 Anm. 88) 186. Zur gleichen Zeit ließ Bischof Plankos von Gerasa eine Badeanlage wiedererrichten: C. H. Kraeling, Gerasa. City of the Decapolis, New Haven CT 1938, 471 nr. 296. Im sechsten Jahrhundert ließ Bischof Markianos von Gaza Bad und Säulengänge reparieren: Chorikios von Gaza, Reden 7, 52, hg. von Förster und Richtsteig (Kap. 2 Anm. 44) 127f.; s. auch A. Avramea, Les constructions profanes de l'évêque d'après l'épigraphie et les textes d'Orient, in: Actes du XIe Congrès international d'archéologie chrétienne, (Collection de l'école française de Rome 123) Rom 1989, I 829–835.

[162] Theodoretos, Briefe 139, in: Y. Azéma, Théodoret de Cyr. Correspondence 3, (Sources chrétiennes 111) Paris 1965, 146; Flemming (Kap. 3 Anm. 145) 114: 31, vgl. 86: 20.

[163] Theodoretos, Kirchengeschichte 5, 36.

[164] D. Feissel und I. Kaygusuz, Un Mandement impérial du VIème siècle dans une inscription d'Hadrianoupolis d'Honoiade, Travaux et Mémoires 9, 1985, 409f.; s. W. Müller-Wiener, Bischofsresidenzen des 4.–7. Jahrhunderts im östlichen Mittelmeerraum, in: Actes (Anm. 161) II 651–709.

verfahrens. Längere Inhaftierung vor dem Prozeß galt nach dem Römischen Recht als nicht zulässig. Libanios hatte im Jahre 386 derartige Inhaftierungen als einen Machtmißbrauch der Gewalthaber gegenüber den Unterschichten verurteilt.[165] Als der Bischof von Jerash irgendwann in der ersten Hälfte des 6. Jahrhunderts ein Gefängnis errichten ließ, handelte er »im Interesse der Stadt«. Unter Vorgabe der Humanisierung institutionalisierte er eine Praxis, die Jahrhunderte vorher als eine illegale Form der Machtausübung gegenüber den Armen begonnen hatte und inzwischen allgemein akzeptiert wurde.[166]

Synkatabasis: Göttliche Huld und kaiserliche Macht

Doch der Aufstieg des Bischofs zu lokaler Bedeutung beruhte nicht einfach auf der erfolgreichen Zusammenarbeit mit den städtischen Honoratioren. Wie immer er sich auch in der Praxis auswirken mochte, der Anspruch des Bischofs, als »Freund der Armen« zu handeln, hatte ein neues geistiges Gesellschaftsmodell in die Öffentlichkeit getragen – ein Modell, welches die alten Unterscheidungen zwischen Bürger und Nichtbürger sowie zwischen Stadt und Land nicht mehr kannte.[167] Es setzte bewußt den zeremoniösen Dialog der Honoratioren mit der Stadtbevölkerung, die sich in Form des traditionellen *demos* in Theatern und auf Rennplätzen versammelt hatte, außer Kraft. Die Sorge für die Armen betonte statt dessen ein ganz anders geartetes, tiefer greifendes Band der Solidarität. Die Armen wurden unterstützt, nicht weil sie Mitbürger innerhalb einer bestimmten Stadtbevölkerung waren, sondern weil sie mit den Großen das gemeinsame Band menschlichen Lebens vereinte. Der Reiche sollte den Bettler, der »wie ein zerbrochenes Tongefäß« vor seiner Tür lag, als einen gleichgestellten »Erdensohn« behandeln. Der Arme war nicht ein Mitbürger des Reichen; ihre Sterblichkeit machte sie zu Brüdern.[168] »Derjenige, auf den wir herabblik-

---

[165] Libanios, Reden 45, 4 (III 361); Pack (Kap. 1 Anm. 110) 70–96.
[166] P.-L. Gatier, Nouvelles inscriptions de Gérasa. Le prison de l'évêque Paul, Syria 62, 1982, 297–305.
[167] Patlagean (Kap. 3 Anm. 54) 17–35.
[168] Romanos Melodes, Hymnen 30, 11, 4, in: J. Grosdidier de Matons, Romanos le Mélode, Hymnes 3, (Sources chrétiennes 114) Paris 1965, 290.

ken, den wir nicht ertragen können, dessen bloßer Anblick uns Übelkeit verursacht, ist derselbe wie wir, ist aus der gleichen Erde gemacht wie wir, ist vom selben Fleisch und Blut. Seine Leiden können jederzeit auch uns treffen.«[169]

So ergreifend solche Beschwörungen einer gemeinsamen *conditio humana* sein mochten, in Wahrheit blickte man sehr von oben auf die Armen herab. Christliche Mitleidsbekundungen für die Armen hatten gleichzeitig die Funktion, die fortbestehende und schwindelerregende Tiefe des Abgrundes zu betonen, der die oberen Klassen von den untersten Schichten der Gesellschaft trennte. Alle Menschen standen in diesem Weltbild vor Gott wie die Armen vor den Mächtigen dieser Erde – als hilflose Wesen, die auf Gnade hoffen mußten. Für die Armen zu sorgen bedeutete, sich aus erhabener Distanz »herabzuneigen«. Sinnfälligerweise wies ein Bodenmosaik in einer Kirche von Jerash ein Zitat aus den Psalmen auf: »Neige dein Ohr zu mir, o Herr… denn ich bin arm und bedürftig.«[170] Hierin drückte sich ein Empfinden aus, das jedem Gläubigen anstand. Die gesamte Bevölkerung Ägyptens sandte jedes Jahr die »Seufzer der Armen« gen Himmel, um für das Hochwasser des Nils zu beten.[171] Als die »Armen« hofften sie, bei einem fernen Gott Gehör zu finden.

Einer Gesellschaft, die als so stark gespalten empfunden wurde, konnte man am besten mit der Sprache der archaischen, noch nicht verstädterten Welt des Alten Testaments gerecht werden. Die Assimilation der Bibel durch die Christen transportierte die soziale Vorstellungswelt des alten Nahen Ostens, der die Stadt der Klassischen Zeit noch nicht gekannt hatte, in die Gegenwart des 5. nachchristlichen Jahrhunderts. Wenn die Mönche aus Schenutes Weißem Kloster die Psalmen sangen, soll König David selbst in ihrer Mitte erschienen sein – eine königliche Gestalt in den Gewändern eines Imperators.[172] Der Schrei der Armen zu den Mächtigen, der aus Davids Psalmen ertönte, paßte gut in das spätrömische Ägypten. Das städ-

---

[169] Hieronymus, Briefe 77, 6 (PL XXIII 694).

[170] H. I. Marrou, Patristique et humanisme, Paris 1976, 95; weniger sicher, daß der fragliche Raum ein Zentrum für Verteilungen an die Armen war, ist Th. Sternberg, Der vermeintliche Ursprung der westlichen Diakonien in Ägypten und die Conlationes des Johannes Cassianus, Jahrbuch für Antike und Christentum 31, 1988, 203.

[171] L. S. B. McCoull, SPPXV.250ab: A Monophysite Trishagion for the Nile Flood, Journal of Theological Studies N. S. 40, 1989, 130.

[172] Besa, Leben des Schenute, in: Leipoldt und Crum (Anm. 107) 91f. bzw. Bell (Anm. 107) 68f.

tische Leben war eine relativ junge Erscheinung in dem uralten Land. Gewaltige Unterschiede hinsichtlich Macht und Reichtum, die an die früheren Gesellschaftsformen des Nahen Ostens erinnerten, wie sie sich im Alten Testament widerspiegeln, wurden als selbstverständlich hingenommen. Indem er die Bibel zitierte, bediente sich Schenute einer sozialen Sprache, die seine Zeitgenossen verstehen konnten. Seine Protestbriefe an die Statthalter kamen (anders als seine Begrüßungspredigten) einer Zitatensammlung aus dem Alten Testament gleich. Ihre Mißachtung wäre ebenso ein Sakrileg gewesen wie die Mißachtung der Propheten, die aus ihnen sprachen. Als man ihm vorhielt, daß er einen Statthalter durch seine *parrhesia* verärgert habe, verteidigte sich Schenute mit den Worten: »Ich habe nur die Heilige Schrift, genauer gesagt die Psalmen, zitiert.«[173]

Der zunehmende Rückgriff auf die Sprache des Alten Testaments zeigt, daß der Mythos der Stadtgemeinde die erdrückenden Ungleichgewichte der Macht nicht länger verschleiern konnte. Die spröden Privilegien und die Selbstachtung, welche einst mit dem Begriff des Bürgerrechts verbunden gewesen waren, existierten nicht mehr. Städter und Landbewohner lernten in gleicher Weise, vor den Großen auf die Knie zu fallen. Beide gesellschaftlichen Gruppen gehörten nun zu den »Armen«, verglichen mit der Macht ihrer Herren. Selbst die Gerechtigkeit war zu einer Art Almosen geworden. Wenn ein guter Statthalter in der Sprache des Christentums als *philentolos* und als *philoptochos*, als Freund der göttlichen Gebote und der Armen, gepriesen wurde, so erhielt seine Stellung dadurch unmerklich einen stärkeren *de haut en bas* Charakter als bisher. Er sah sich nicht mehr verpflichtet, *praotes*, milde Höflichkeit, gegenüber einer auserwählten Gruppe von Gebildeten zu zeigen, die sich ihrerseits als natürliche Führer der Gemeinschaft verstanden. Unter ihm teilten sich alle Klassen in gleicher Weise in die Rolle von Empfängern eines Erbarmens, das sich an der übermächtigen Stellung des Reichen gegenüber dem jämmerlichen Armen orientierte.[174] Und vor dem Kaiser waren alle Untertanen, ebenso wie vor Gott, nichts als Arme. Wenn er nach Konstantinopel kam, fühlte sich sogar der selbstbewußteste provinziale Würdenträger als

[173] du Bourguet (Anm. 108) 90 und 94; Schenute, Briefe 24, in: Leipoldt und Crum (Kap. 1 Anm. 197) 88 bzw. Wiessmann (Anm. 106) 44.
[174] MacCoull (Kap. 2 Anm. 17) 100.

ptochos, als Bettler, der auf die Gnade der kaiserlichen Majestät angewiesen blieb.[175]

Deshalb verstärkte sich um diese Zeit gegenüber der kaiserlichen Macht der Gebrauch einer Sprache, die das Pathos der christlichen Forderungen nach Erbarmen mit den Bedürftigen anklingen ließ. Eine mystische Solidarität verband den Kaiser nach damaliger Auffassung trotz seiner gottgleichen Majestät mit allen seinen Untertanen. Er hatte mit ihnen die Schwäche menschlichen Fleisches gemein. In einer Ermahnung an Kaiser Justinian drückte der Diakon Agapetos dies folgendermaßen aus: »Die Majestät des Kaisers beruht darauf, daß er das Bild Gottes verkörpert, aber das sterbliche Bild aus Lehm ist darin eingearbeitet, damit er niemals vergesse, daß er von gleicher Natur ist wie alle anderen Menschen.«[176]

Die Beschwörung der gemeinsamen Menschennatur des Kaisers und seiner Untertanen war im politischen Denken der römischen Antike tiefverwurzelt.[177] Allerdings wurde dieser Gemeinplatz im 5. Jahrhundert mit einer neuen Bedeutung aufgeladen. Die pathetische Rhetorik des Erbarmens mit der gemeinsamen Menschennatur der Armen verlieh dem Thema der kaiserlichen Machtausübung dramatische Akzente. Der Kaiser sollte *synkatabasis* zeigen, Leutseligkeit gegenüber seinen Untertanen, so wie sich die Reichen herabneigten, um den Schrei der Armen zu hören, und wie Gott sich einst selbst herabgeneigt hatte, um sich durch seine Fleischwerdung mit der bedürftigen Menschheit zu vereinigen. Es ist vielleicht kein Zufall, daß die ersten Jahrzehnte, in denen es die Bewohner der Reichshauptstadt mit einem gottähnlichen, autokratischen Kaisertum zu tun hatten, durch heftige christologische Debatten geprägt waren (die mit den Konzilen von Ephesos und Chalkedon in den Jahre 431 und 451 zusammenhingen), in denen es darum ging, auf welche Art und vor allem in welchem genauen Ausmaß Gott sich herabgelassen hatte, sich in der Person Christi mit der Menschennatur zu verbinden.

Das zentrale Problem der Christologie jener Zeit stellte sich in der Frage, wie das menschliche Mitgefühl mit der Ausübung ab-

[175] Dorotheus von Gaza, Instructiones 2, 34, in: L. Regnault und J. de Préville, Dorothée de Gaza: Œuvres spirituelles, (Sources chrétiennes 92) Paris 1963, 196.

[176] Agapetos, Expositio Capitum Admonitionum 21 (PG LXXXVI 1172 A).

[177] Wichtiges zum Bild des Kaisers, das eine solche Tradition vermittelte, bietet I. Ševčenko, A Neglected Byzantine Source of Muscovite Political Ideology, Harvard Slavic Studies 2, 1954, 173.

soluter Macht verbunden werden könne. Nach den Worten Papst Leos hatten sich die Christen die Verbindung des Göttlichen mit dem Menschlichen in der Person Christi so vorzustellen, daß das »mitleidvolle Herabneigen« keine »Schwächung der Macht« bedeutete.[178] Ein Gott, der das Leiden nicht kannte und der in unerreichbarer Majestät über seinen Geschöpfen thronte, hatte sich zur Erde herabgeneigt. In der Person Christi hatte er sich aus freien Stücken mit der Menschennatur identifiziert. Er war ebenfalls zu einem »Erdensohn«, einem Verwandten des Menschengeschlechts geworden. Im Schoß der Jungfrau Maria war er Fleisch geworden. Marias Fleisch, welches Christus in ihrem Schoß und an ihrer Mutterbrust aufgenommen hatte, verband Gott mit der Menschheit.[179] »Was hätte der Herrscher der Welt Demütigeres tun können, als aus freien Stücken an der Erbärmlichkeit unseres Fleisches teilzuhaben?«[180] Diese Teilhabe am menschlichen Fleisch blieb die einzige, schwache Hoffnung aller Christen. »Seht nur den Ursprung Seines Erbarmens, den Körper, den Er von uns entlehnte. Lernt den Ursprung Seiner Gnade kennen, Seinen Hunger und Durst, der wie unserer peinigt.«[181]

Die frühbyzantinischen Ikonen, die Maria als Muttergottes zeigen, wie sie das Christuskind stillt oder aber das majestätisch auf ihrem Schoß sitzende Kind sanft am Knie berührt, weckten starke Gefühle der Zusammengehörigkeit.[182] Wenn Gott und die Menschheit in so enger Verbindung gesehen werden konnten, wie sie durch das fleischliche Band zwischen der Jungfrau und ihrem Kind verkörpert wurde, dann konnte sich möglicherweise

---

[178] Leo, Tomus 3, in: H. R. Percival, The Seven Ecumenical Councils, (Library of the Nicene and Post-Nicene Fathers 14) Grand Rapids MI 1974, 255.

[179] Av. Cameron, Virginity as Metaphor. Women and the Rheroric of Early Christianity, in: Dies. (Hg.), History as Text. The Writing for Ancient History, London 1989, 190f. Zum Band zwischen Mutter und Sohn, das auf dem Leben im Mutterleib und drei Jahren Stillen beruhe, s. J. Horn, Untersuchungen zur Frömmigkeit und Literatur des christlichen Ägyptens. Das Martyrium des Viktor, Sohnes des Romanos, Diss. Göttingen 1988, 214, 217 und 232.

[180] Gregor von Nyssa, Oratio de Beatitudinibus (PG XLIV 1201 B), zitiert beim Konzil von Ephesos: Collectio Casinensis 59 [XVI] in Schwartz (Kap. 1 Anm. 35) 44; A. J. Festugière, Ephèse et Chalcédoine. Actes des Conciles, Paris 1982, 239.

[181] Isaak von Antiochia, Gedicht über die Menschwerdung des Herrn, Z. 272f., in: G. Bickel, S. Isaaci Antiocheni opera omnia, Gießen 1873, 44; übersetzt in Landersdorfer (Kap. 3 Anm. 88) 136.

[182] Dies ist deutlich sichtbar im Falle der Marien-Ikone des Pantheon, s. H. Belting, Bild und Kunst. Eine Geschichte des Bildes vor dem Zeitalter der Kunst, München 1990, 141. Auf dieser Ikone ist die – physischen Kontakt mit Christus habende – Hand der Jungfrau, die ja menschliche Gebete vermittelt, vergoldet.

der unsichtbare Faden kreatürlicher Verbundenheit zwischen dem Kaiser und seinen Untertanen und zwischen den Reichen und den Armen als ebenso stark erweisen. Auf diese Art konzentrierten sich die christologischen Auseinandersetzungen des 5. Jahrhunderts immer wieder auf die Natur der *synkatabasis*, die Ehrfurcht gebietende Erniedrigung Gottes, der sich dazu herabgelassen hatte, sich mit der erbärmlichen Armut der menschlichen Natur zu identifizieren.

Wir spüren in der starken Betonung von Gottes Erniedrigung durch den fleischgewordenen Christus das schwer faßbare Gewicht der tiefsten Hoffnungen und schwersten Befürchtungen einer ganzen Gesellschaft hinsichtlich ihres eigenen Zusammenhalts. In einer Welt, die tiefer gespalten war als je zuvor – in Reiche und Arme, Schwache und Mächtige –, bot das Bewußtsein der gemeinsamen menschlichen Schwäche den kleinsten gemeinsamen Nenner für ein Zusammengehörigkeitsempfinden. Der Kaiser und die Mächtigen mußten diese minimale Einschränkung ihrer Handlungsfähigkeit respektieren. Als Folge davon wurde das Herrschaftsidiom im frühen Byzanz von den melodramatischen Tönen einer gleichzeitigen christologischen Debatte überflutet, als deren entscheidendes Anliegen es galt, den exakten Modus der Identifikation Gottes mit der menschlichen Natur zu formulieren, und das heißt, den Grad seiner Offenheit für seine weit entfernten menschlichen Untertanen.[183] Schenute zum Beispiel pflegte die Passionsgeschichte mit tränenüberströmtem Gesicht vorzutragen. In seinen großen Predigten und Mahnschreiben forderte er von den Mächtigen, daß sie lernen sollten, sich herabzulassen, so wie Christus sich herabgelassen hatte: Auch sie müßten den Ungehorsam ihrer Untertanen vergeben und gegenüber den Armen, den Bittstellern und ihren eigenen Dienern Barmherzigkeit üben.[184]

Dabei benutzte Schenute wie viele andere auch die gehobene Sprache der oberen Gesellschaftsschicht. Gott blieb der Herrscher des Himmels und der Kaiser so etwas wie ein Gott auf Erden. Seine Herablassung war um so erstaunlicher, als er sie äußerst selten praktizierte. Seine Macht wurde nun mit *synkatabasis*, mit Huld, ausgeübt. *Synkatabasis* durchdrang ein Kaisertum,

[183] *Synkatabasis* wird gut charakterisiert von J. Grosdidier de Matons, Romanos le Mélode, Paris 1977, 269f. und 283.

[184] Schenute,Briefe 31, 34, in: Leipoldt und Crum (Kap. 3 Anm. 197) 95 und 104 bzw. Wiessmann (Anm. 106) 54 und 59; D. N. Bell, Shenoute the Great and the Passion of Christ, Cistercian Studies 22, 1987, 291–303.

das die schroffen Züge der Majestät trug. Es bediente sich nicht mehr des diskreten und zurückhaltenden Appells an einen gemeinsamen Verhaltenskodex, der auf einer gemeinsamen Oberschichtenkultur beruhte. Der Kaiser gab gegenüber dem Philosophen nicht mehr nach, weil er mit ihm die gleichen Verpflichtungen teilte, die von einer eleganten und vornehmen *paideia* gefordert wurden. Er gab gegenüber den Bischöfen und Mönchen nach, um seinen Untergebenen gleich zu werden, weil Christus selbst nachgegeben hatte. Gehüllt in seine Majestät, ließ der Kaiser erkennen, daß er wider allen Anschein eine gemeinsame Menschennatur mit allen Christen teilte, nicht aber, daß er mit seinen aristokratischen Untertanen die gleiche Bildung gemein hatte.

Mit diesem Bild einer christlichen kaiserlichen Macht, das noch bis weit ins christliche Mittelalter Gültigkeit haben sollte, wollen wir unser Buch beschließen. Wir befinden uns nun in einer anderen Welt als derjenigen, mit welcher wir unsere Darlegungen begannen, nämlich mit der Welt der Gebildeten des 4. nachchristlichen Jahrhunderts. Die Veränderungen, die wir beschrieben haben, werden lebhaft in den koptischen Legenden aus der zweiten Hälfte des 5. Jahrhunderts dargestellt. In diesen Dichtungen sehen wir den Kaiser und seine Machtausübung in seltsam gebrochenen, nachklassischen Figurationen.

In einer Kompilation der Geschichte von der Zerstörung der Statuen in Antiochia und derjenigen vom Massaker in Thessalonike erfahren wir, daß Theodosius I. einst beabsichtigt hatte, die Stadt Siut (Lykopolis) wegen eines Aufstandes im Zirkus in Schutt und Asche legen zu lassen.[185] Die entsetzten Einwohner scharten sich um ihren lokalen Anachoreten Johannes von Lykopolis. Sein Rat beinhaltete keine Überraschung. Sie sollten einen würdigen *adventus* für den kaiserlichen Untersuchungsbeamten organisieren. »Wenn er eintrifft, geht ihm bis vor die Stadt entgegen, haltet die Evangelien und Kreuze hoch, schwingt Weihrauchkessel und tragt Palmen- und Olivenzweige. Zieht vor ihm her, bis ihr ihn an die Stadtgrenze geleitet habt.«[186] Dann sollte der Beamte zu Johannes geführt werden, damit er diesem vor seinem endgültigen Einzug in Siut den Höflichkeitsbesuch abstatte, den ein Statthalter einer religiösen Respektsperson schuldig war.

[185] P. Peeters, Une vie copte de S. Jean de Lycopolis, Analecta Bollandiana 54, 1936, 363 und W. Till, Koptische Heiligen- und Märtyrerlegenden, (Orientalia Christiana Analecta 102) Rom 1935, 147; Cracco Ruggini (Kap. 3 Anm. 188) 284–290.
[186] R. Basset, Le synaxaire arabe jacobite, (Patrologia Orientalis XVI) Paris 1922, 323–326.

Alles verlief erfolgreich nach Plan. Johannes heilte den kranken Sohn des Beamten und erinnerte ihn daran, daß »wir alle der Gnade Christi bedürfen«. Der Beamte erklärte sich bereit, in Johannes' Sinn nach Konstantinopel zu berichten. Aber um ganz sicher zu gehen, machte Johannes sich selbst nach Konstantinopel auf. Auf wunderbare Weise traf er dort augenblicklich ein und schwebte in Gestalt einer leuchtenden Wolke über dem kaiserlichen *consistorium*. Seine Hand reckte sich aus der Wolke, segnete den Kaiser und überreichte eine Bittschrift. Erst nachdem die Petition pflichtschuldigst unterzeichnet worden war (so wie Theodosius II. die Petition des Bischofs von Syene unterschrieben hatte), zog sich die Hand wieder zurück, und die Wolke eilte heimwärts nach Ägypten. Die Anordnung des Kaisers entsprach allen Erwartungen eines neuen Zeitalters: Der Zirkus und alle öffentlichen Versammlungsorte der Heiden sollten zerstört werden, der christliche Teil der Stadt, der sich um die Kirchen lagerte, hingegen erhalten bleiben.[187] So spiegelte eine Legende die Träume von Menschen wider, für die »eine positive Beziehung zum Zentrum« lebenswichtig geblieben war, aber in deren Herzen die alte Idee der Stadt ein Ende gefunden hatte.

Wenn wir solche Themen vom 4. bis ins 5. nachchristliche Jahrhundert verfolgen, bekommen wir eine schwache Vorstellung vom Umfang und vom Abenteuer jener Veränderung, die unter der täuschend einfachen Überschrift vom Aufstieg des Christentums im spätrömischen Reich bekannt geworden ist.

[187] Basset (Anm. 186) 323–326.

Register

dtv-Geschichte der Antike

Herausgegeben von Oswyn Murray

Die moderne Forschung, neue Entdeckungen und Funde haben unser Bild der Antike in wichtigen Punkten verändert; es ist daher an der Zeit, die Ergebnisse dem Publikum zugänglich zu machen. Die überarbeitete Neuausgabe der bewährten Reihe umfaßt die Antike von ihrem Beginn im frühen Griechenland bis zur Spätzeit des Römischen Reiches. Ziel ist es, die Darstellung der jeweils behandelten Periode zusammen mit möglichst vielen Zeugnissen zu bieten. So sind ausgewählte Dokumente in die Erzählung einbezogen und werden ausführlich erörtert. Wo Interpretationen umstritten sind, werden die verschiedenen Meinungen dem Leser vorgelegt. Jeder Band enthält zahlreiche Abbildungen, Kartenmaterial, eine Übersicht der unterschiedlichen Quellen der jeweiligen Epoche sowie Vorschläge zur vertiefenden Lektüre.

Oswyn Murray:
Das frühe Griechenland
dtv 4400

John K. Davies:
Das klassische Griechenland und die Demokratie
dtv 4401

Frank W. Walbank:
Die hellenistische Welt
dtv 4402

Michael Crawford:
Die römische Republik
dtv 4404

Colin Wells:
Das Römische Reich
dtv 4405

Averil Cameron:
Das späte Rom
dtv 4621

Denkanstöße – Philosophie im dtv

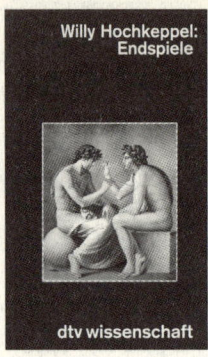

Wolfgang Bauer:
**China und
die Hoffnung
auf Glück**
Paradiese, Utopien,
Idealvorstellungen in
der Geistesgeschichte
Chinas
dtv 4547

William K. Frankena:
Analytische Ethik
dtv 4640

Ernest Gellner:
**Pflug, Schwert und
Buch**
Grundlinien der
Menschheits-
geschichte
dtv 4602

Christopher Robert
Hallpike:
**Die Grundlagen
primitiven Denkens**
dtv 4534

Willy Hochkeppel:
Endspiele
Zur Philosophie des
20. Jahrhunderts
dtv 4594

**Klassiker des
philosophischen
Denkens**
Hrsg. N. Hoerster
2 Bände
dtv 4386/4387

**Klassische Texte
der
Staatsphilosophie**
Hrsg. N. Hoerster
dtv 4455

Panajotis Kondylis:
**Die Aufklärung
im Rahmen des
neuzeitlichen
Rationalismus**
dtv 4450

Jacques Le Goff:
**Die Intellektuellen
im Mittelalter**
dtv 4581

Ernst R. Sandvoss:
**Geschichte der
Philosophie**

Band 1: **Indien,
China, Griechen-
land, Rom**
dtv 4440

Band 2: **Mittelalter,
Neuzeit, Gegenwart**
dtv 4441

Peter F. Strawson:
**Analyse und
Metaphysik**
dtv 4615

Texte zur Ethik
Hrsg. D. Birnbacher
und N. Hoerster
dtv 4456

Was das Schöne sei
Hrsg. M. Hauskeller
dtv 4626

**dtv-Atlas zur
Philosophie**
dtv 3229